RUSSEL MARTIN

El cabello de Beethoven

punto de lectura

Título: El cabello de Beethoven
Título original: *Beethoven's Hair*
© 2000 by Russell Martin
Traducción: Josefina Ruiz
© Ediciones B, S.A.
Publicado por acuerdo con The Doubleday Broadway Publishing
Group, una división de Random House, Inc.
© De esta edición: enero 2002, Suma de Letras, S.L.
Barquillo, 21. 28004 Madrid (España) www.puntodelectura.com

ISBN: 84-663-0486-X
Depósito legal: M-48.196-2001
Impreso en España – Printed in Spain

Diseño de colección: Ignacio Ballesteros

Impreso por Mateu Cromo, S.A.

RUSSELL MARTIN

El cabello de Beethoven

Dedicado a TK

¿Vive todavía? En ese caso, mostradme dónde está.
Daré dos mil libras por contemplarlo.
No tiene ojos; el polvo se los ha cegado.
Peinad sus cabellos: ¡Mirad, mirad! ¡Están todos de punta!
Se diría que son varillas untadas con liga para atrapar mi
[alma al vuelo.

WILLIAM SHAKESPEARE
Enrique VI, segunda parte

Ah, sería estupendo vivir mil vidas.

LUDWIG VAN BEETHOVEN
En una carta a Franz Wegeler

Preludio

En una cálida mañana de diciembre de 1995, un mechón de cabello de Beethoven, conservado durante casi dos siglos en el interior de un guardapelo de vidrio, estaba a punto de convertirse en el centro de atención de una serie de miradas atónitas. A sus dos propietarios —Ira Brilliant, un promotor inmobiliario jubilado de Phoenix nacido en Brooklyn, y un médico estadounidense de origen mexicano que respondía al sorprendente nombre de Che Guevara—, se les había unido un grupo de profesionales rebosantes de curiosidad en una de las aulas de la Facultad de Medicina de la Universidad de Arizona, emplazada en Tucson. Entre los presentes se encontraban un antropólogo forense, un médico clínico, una archivera y conservadora, un fotógrafo científico, un secretario encargado de registrar cuanto aconteciera, un notario público, un equipo de reporteros de una televisión local y un equipo de rodaje de la BBC que se había desplazado ex profeso desde Londres. Había mucho que hacer y se habían reunido a las 10.30. El primer punto del orden del día era la firma de un contrato que estipulaba las condiciones en que se dividiría el cabello. Después de contar los pelos uno por uno, se decidió que el veintisiete por ciento de aquel mechón de cabellos viejos y delicados permaneciera en poder de Guevara, el principal inversor, un cirujano especializado en urología de la ciudad fronteriza de Nogales. Brilliant, su copropietario, y él donarían el resto al Centro de Estudios Beethovenianos Ira F. Brilliant, con sede en la Universidad Estatal de San José, California, donde se guardaría de allí en adelante.

Una vez firmado el contrato y después de que el notario estampara en él el sello correspondiente, llegó el momento de abrir el guardapelo que contenía el cabello. El mechón de finos cabellos castaños y grises estaba apresado entre dos placas de vidrio cerradas herméticamente, una de ellas convexa, que enmarcaba en una caja oval de madera oscura cuya longitud sobrepasaba ligeramente los diez centímetros. Sobre el frágil papel estampado que cubría el fondo liso de la caja, un tal Paul Hiller había escrito mucho tiempo atrás las siguientes palabras en alemán, bajo las cuales había añadido su rúbrica:

Mi padre, el doctor Ferdinand v. Hiller, le cortó este mechón de cabello a Ludwig van Beethoven el día después de su muerte, es decir, el 27 de marzo de 1827, y me lo entregó

14

como regalo de cumpleaños en la ciudad de Colonia el día 1 de mayo de 1883.

Mientras Ira Brilliant y el resto del grupo contemplaban fascinados la escena, el doctor Guevara y la conservadora Nancy Odegaard, ambos vestidos con batas quirúrgicas de color verde, mascarillas y guantes, se pusieron a trabajar alrededor de una mesa esterilizada. Midieron con calibradores el vidrio y el marco del guardapelo que contenía el cabello al tiempo que anunciaban en voz alta una serie de cifras, así como sus impresiones acerca del estado de conservación del guardapelo. A continuación, Guevara se dispuso a acceder al interior de la caja empuñando un escalpelo. Se trataba de una especie de operación quirúrgica y el doctor procedió con cautela y firmeza, describiendo cada incisión y cada observación como si lo que tenía entre manos fuese un trozo de intestino humano y los observadores allí reunidos fueran médicos recién licenciados con cierta propensión al mareo.

—En este instante estoy realizando una incisión en los últimos restos de cola que mantienen el papel adherido al fondo —anunció en un tono que denotaba cierta preocupación—. Ahora extraeré el papel y... veamos qué tenemos aquí abajo... Aquí hay otra capa de papel con algo escrito encima y... yo diría que está en francés. ¿Podría alguien comprobar que, en efecto, se trata de un texto en francés y traducirnos su significado?

Una cámara de vídeo, diseñada con el fin de registrar los entresijos y complejidades de operaciones quirúrgicas bastante más convencionales que aquélla, apuntaba a la mesa desde lo alto mientras el resto del grupo seguía el trabajo del doctor a través de los monitores de televisión que había por toda la sala. Alguien dijo que, en efecto, se trataba de un texto en francés. Estaba escrito en caracteres de imprenta, pero resultaba difícil de entender. Los presentes no tardaron en llegar a la conclusión de que no era más que una hoja de periódico que se había utilizado como refuerzo. Sin embargo, según explicó Guevara, las palabras que aparecían en la siguiente capa eran tan inteligibles como sorprendentes. En esta ocasión el texto, que estaba redactado a mano y de nuevo en alemán, informaba de que un fabricante de marcos de Colonia había vuelto a encolar el guardapelo en el año 1911, cuando Paul Hiller debía de rondar los cincuenta y ocho años de edad, y más o menos por la misma época en que éste había escrito la nota aclaratoria en la capa externa de papel.

Al final, en las manos enguantadas del cirujano sólo quedaron las dos placas de vidrio unidas entre sí. Odegaard sujetó con firmeza el cristal por el borde al tiempo que Guevara empezaba a seccionar el sello con el escalpelo.

—¡Vaya! ¿Han oído eso? —preguntó—. Al empezar a separar el vidrio me ha parecido oír un ruido similar al que produce el aire cuando escapa de un recipiente que está herméticamente cerrado.

Durante dos minutos, el bisturí del cirujano rodeó el óvalo poco a poco hasta que, por fin, las dos placas de vidrio se separaron. Guevara alzó con delicadeza el vidrio convexo y, aunque nadie pronunció palabra, se podía palpar la gran emoción que embargaba a todos los presentes. Habían transcurrido por lo menos ochenta años, quizás incluso más, desde que el pelo de Beethoven estuviera en contacto con el aire por última vez y allí se encontraba, más oscuro de lo que parecía bajo el vidrio, aquel mechón cuidadosamente enrollado en espiral que debía de contener unos cien o doscientos cabellos, según los cálculos de uno de los integrantes del grupo. Después de que alguien lo ayudara a liberarse de las tiras que le sujetaban la mascarilla sobre la nariz, Guevara se inclinó sobre la mesa para oler el cabello y dijo que era inodoro. A continuación Ira Brilliant y el resto del grupo se acercaron con el fin de contemplar también la excepcional reliquia.

Antes de que la mañana tocara a su fin y de que el equipo aplazara la sesión de trabajo para disfrutar de una especie de almuerzo de celebración, se procedió a fotografiar, pesar y examinar el cabello de Beethoven con la ayuda de un microscopio de gran precisión. Tras un primer y rápido examen, el antropólogo forense Walter Birkby concluyó que, a juzgar por su aspecto, el cabello debía de tener unos doscientos años de antigüedad y que, a primera vista, parecía hallarse exento de piojos, vivos o muertos. Todos se mostraron entusiasmados cuando Walter añadió que algunos de los cabellos presentaban folículos pilosos. Se partió de la hipótesis de que Ferdinand Hiller, que por entonces debía de contar quince años, debió de tirar con fuerza del cabello al tiempo que lo cortaba de un tijeretazo. El hecho de que el joven Ferdinand arrancara de forma accidental unos pocos folículos del cuero cabelludo de Beethoven significaba que quizás pudiera realizarse una prueba de ADN, una posibilidad que ningún miembro del grupo se había aventurado a considerar hasta aquel preciso momento.

En una conferencia de prensa que se celebró a primera hora de la tarde, el equipo encabezado por el doctor Guevara esbozó por primera vez ante las cámaras el tipo de pruebas que pensaban llevar a cabo. Lo más probable es que, antes de someter el cabello a una prueba de ADN —en el caso de que fuera posible—, se realizaran diversos análisis con el fin de determinar si había sustancias opiáceas en el organismo de Beethoven en el momento de su muerte, e intentarían detectar posibles restos de metales en su cabello por medio de otros análisis. Así, por ejemplo, un elevado índice de zinc implicaría que el sistema inmunitario de Beethoven había corrido un grave peligro. La presencia de mercurio sería un claro indicador de que Beethoven había recibido tratamiento contra un proceso infeccioso, y un nivel elevado de mercurio podría explicar en parte la famosa excentricidad del músico. Por otro lado, una gran cantidad de plomo señalaría una posible causa de la sordera del compositor e incluso podría explicar el gran número de enfermedades que lo habían atormentado a lo largo de su vida adulta.

Guevara informó a los periodistas que acudieron a la rueda de prensa de que, partiendo de las técnicas y los métodos de análisis que se crearon en la década de los setenta para estudiar un mechón del cabello de Napoleón —unas pruebas que, contrariamente a la opinión que muchos historiadores sostuvieron durante largo tiempo, permitieron concluir que el emperador no fue envenenado—, las pruebas a las que iban a someter el cabello de Beethoven se diseñarían de modo que sólo se destruyera o modificara de forma irreversible una cantidad ínfima del cabello que acababan de extraer del guardapelo. Asimismo, Guevara dejó claro que sólo se encomendaría la realización de las pruebas a científicos muy cualificados:

—Prepararemos un protocolo para emplear los métodos más modernos y trabajar según las más estrictas condiciones de asepsia, respetando en todo momento los principios básicos de la medicina forense. Nuestra intención es consultar todos los detalles de este asunto con expertos avalados por el FBI, a los que solicitaremos posteriormente que propongan una serie de análisis concretos que podamos llevar a cabo. En cualquier caso, la mayor parte del cabello permanecerá intacta. Nos hemos embarcado en este proyecto con la esperanza de que dentro de doscientos años nadie pueda decir que los autores de estas pruebas fueron principiantes que no supieron hacer las cosas como Dios manda. Hace veinte o veinticinco años habría sido imposible realizar este tipo de pruebas. Y tal vez dentro de cincuenta años existan técnicas que permitan obtener mucha más información.

Sin embargo, los periodistas que asistían a la rueda de prensa deseaban saber más cosas. Querían conocer los motivos que habían llevado a Guevara y a su socio a comprar el cabello y dar los primeros pasos para someterlo a rigurosos análisis. ¿Qué tenía Beethoven que obsesionara de tal forma a aquellos dos hombres?

—Mi interés por Beethoven es como un fuego que arde en mi interior —respondió a la pregunta de un periodista Ira Brilliant, un hombre de setenta y tres años cuyo acento de Brooklyn apenas se había visto afectado por los treinta años que llevaba confinado en Arizona—. Hace veinte años empecé a coleccionar cartas suyas y primeras ediciones de sus composiciones movido por un fuerte deseo de poseer cosas que hubieran pasado por sus manos. Era mi forma de rendir homenaje a su grandeza.

Ira Brilliant, un hombre de corta estatura cuyos ojos de mirada profunda y cejas densamente pobladas parecían una copia de los del compositor, explicó que una mañana de noviembre de hacía casi un año, inmediatamente después de haber visto el mechón de cabello de Beethoven que anunciaba un catálogo de la casa de subastas Sotheby's, llamó por teléfono a su amigo Guevara, el cual compartía su ferviente pasión por Beethoven, y ambos decidieron pujar para hacerse con él.

—Era mucho más que un simple objeto que Beethoven hubiera tocado. El cabello en sí es Beethoven. Se trata de una reliquia excepcional.

Por supuesto, el doctor asintió. Guevara, a quien sus amigos conocían como «Che» desde sus días de universitario, era un hombre corpulento que poseía una espesa mata de cabello oscuro. Hablaba el inglés con un ligero acento español, recuerdo de su lengua materna, y sentía una obsesión por la música y la figura de Beethoven que rayaba en el fervor religioso:

—Como bien saben ustedes, Beethoven estaba sordo. Tenía piedras en el riñón, una afección en extremo dolorosa. Padeció hepatitis, así como múltiples infecciones gastrointestinales. Resulta extraordinario pensar que alguien que tuvo tantas enfermedades y sufrió tanto a lo largo de su vida fuera capaz de componer una música sobrenatural, una música que posee la capacidad de elevar el espíritu de quien la escucha a una dimensión por completo diferente de aquella en la que transcurren nuestras vidas.

Aunque el mechón de cabello de Beethoven, que mantenía la misma forma y posición de hacía casi doscientos años y estaba formado por varios cientos de pelos que esperaban a ser contados uno por uno, había sido trasladado a un lugar más seguro, Guevara hablaba de él como si aún estuviera en la sala:

—Estar tan cerca de un hombre que fue capaz de hacer algo así... para mí significa un triunfo personal. El hecho de haber comprado el cabello ha cambiado mi vida.

Una cálida tarde de mayo de hace ciento setenta años, Beethoven daba su habitual paseo por las calles de la ciudad con su melena leonina al viento mientras miraba a su alrededor con unos ojillos de brillo penetrante. Tenía la tez morena, la frente amplia y alta y gran parte de su rostro estaba picado de viruelas, una enfermedad que había contraído en su infancia. Era un hombre bajo, incluso para los patrones de su época, y debido a los problemas intestinales que arrastraba desde hacía treinta años en 1824 ya no era el muchacho corpulento y fornido que fuera en su juventud. Aquella tarde primaveral Beethoven caminaba con paso cansado, un paso que evidenciaba una extraña dificultad de movimientos, y era incapaz de oír el estruendo de la imponente y bulliciosa ciudad. Su sordera, que por entonces era ya total, le impedía oír el constante estrépito de las carretas y carruajes de los vendedores. Tampoco oía la insoportable barahúnda de los malabaristas, titiriteros y músicos callejeros que parecían ocupar cada esquina de la ciudad, ni los efusivos saludos de los transeúntes al cruzarse en la calle, ni las burlas de los golfillos que le seguían pisándole los talones. La sordera que empezara a robarle los sonidos más sutiles veinte años atrás había reducido inexorablemente su existencia a un mundo de profundo silencio y aislamiento, y a aquellas alturas sólo era capaz de oír los sonidos que su mente imaginaba.

A pesar de ello, Ludwig van Beethoven, el personaje raro y excéntrico al que la gente tomaba a veces por un mendigo, era en aquel momento el compositor más célebre de una ciudad en la que proliferaban los compositores. Pocos días atrás se había estrenado su Novena sinfonía, que el público acogió con fervor. Un cuarto de siglo después de fijar su residencia en Viena, Beethoven se había convertido en una auténtica leyenda en aquella ciudad y sus composiciones —intrépidas, apasionadas y revolucionarias— parecían ya destinadas a perdurar. Aquellos que lo saludaban o simplemente lo reconocían se daban cuenta de que Herr Beethoven estaba envejeciendo a pasos agigantados y, evidentemente, no se encontraba bien. Sin embargo, nadie habría dudado ni por un instante de que su música sobreviviría a lo largo de los siglos.

Beethoven: 1770-1792

El abuelo de Beethoven también se llamaba Ludwig, y a pesar de que cuando murió, en 1773, Beethoven sólo contaba dos años de edad, el compositor alemán siempre imaginó que su extraordinario talento le venía de su abuelo, al que idolatraba. El anciano Beethoven era hijo de un panadero de la ciudad flamenca de Malinas y en el año 1761 había sido nombrado *Kapellmeister* —director de música— de la corte del elector Maximiliano Federico en Bonn. Durante varios años el padre de Beethoven, Johann, formó parte del coro de la corte como tenor. También fue profesor de canto, así como un consumado pianista y violinista. Sin embargo, en el momento de la muerte de su padre, acaecida en 1773, la carrera musical de Johann languidecía y parecía del todo improbable que fuera a resurgir de sus cenizas. Su esposa, nacida con el nombre de Maria Magdalena Keverich, era la hija de un cocinero que trabajaba en el palacio de verano que Maximiliano Federico poseía en Ehrenbreitstein. Maria Magdalena había perdido a su marido unos días antes de cumplir los veintiún años y por tanto era viuda cuando contrajo matrimonio con Johann en el otoño de 1767. El primer hijo de su primer matrimonio había muerto al poco de nacer; el mismo destino corrió su segundo hijo, Ludwig Maria, fallecido seis días después de venir al mundo, en 1769, un año antes de que naciera su tercer hijo, a quien bautizaron también con el nombre de Ludwig.

Maria Magdalena van Beethoven era una mujer inteligente, paciente, bondadosa y, según parece, exenta de toda ambición. Para la joven familia, Maria Magdalena representó el contrapunto perfecto de Johann. Éste, con el paso de los años y sobre todo a raíz de la muerte de su padre y del rechazo de la solicitud que presentara para sucederle en el cargo de *Kapellmeister*, se convirtió en un ser cada vez más jactancioso, excéntrico e inestable; un comportamiento que se vio agudizado por su adicción a la bebida. Según señalan las escasas referencias que existen, mientras que Maria Magdalena fue un refugio constante para el pequeño Ludwig, su esposo solía aterrorizar al chico, a quien tiranizó y llegó a golpear en más de una ocasión. Asimismo, se dice que en cierta ocasión en que se encontraba totalmente ebrio, Johann llegó al extremo de sacar a rastras de la cama a su hijo de cinco años para que tocara el piano de madrugada y lo obligó a practicar una y otra vez, indiferente a las lágrimas del pequeño.

Pero ni los ataques de ira ni la conducta despótica del padre hicieron mella en la precoz pasión por la música que empezaba a mostrar el niño, cuyo extraordinario talento afloró rápidamente a pesar de tan adversas circunstancias. El pequeño Ludwig contaba sólo siete años de edad cuando dio su primer concierto de piano; a la edad de ocho años ya recibía lecciones de piano, violín y viola de manos de una serie de afamados músicos de la corte; y con sólo once años se convirtió en suplente de Christian Gottlob Neefe, el organista de la corte, quien un año atrás había tomado al niño bajo su tutela. Cuando Neefe tenía que ausentarse, Beethoven, cuya formación académica ya había concluido, se encargaba de tocar el órgano en las misas y ceremonias de la corte. Neefe no tenía ningún reparo en colmar de alabanzas a su joven protegido. Fue precisamente a petición del propio Neefe que los editores de la publicación alemana *Magazin der Musik* publicaron en el ejemplar de marzo de 1783 un artículo en el que se elogiaba al joven Beethoven, calificándolo como «el talento más prometedor del momento. Toca el clavicémbalo con gran virtuosismo y autoridad y posee la habilidad de leer partituras a la vista con gran destreza. Este joven genio de la música se merece una beca que le permita viajar. Si continúa así, no cabe duda de que Beethoven está destinado a convertirse en un segundo Mozart».

Fue también el propio Neefe quien planeó cuatro años después la primera visita de Beethoven a Viena, por entonces sede del trono de los Habsburgo, capital del Sacro Imperio Romano y centro neurálgico de la pasión de la vieja Europa por la música. Neefe, cuyo carácter se asemejaba más al del abuelo que al del padre de Beethoven, era un hombre comprensivo, culto e instruido, además de un músico de extraordinario talento, y dio por sentado que Beethoven debía ampliar sus estudios musicales en Viena, una ciudad cuyo exclusivo ambiente musical contribuiría sin duda a transformar al excepcional joven de dieciséis años en un músico maduro y de renombre. Incluso había llegado a albergar esperanzas de que el muchacho se llegara a convertir en pupilo de Wolfgang Mozart. Sin embargo, todo parece indicar que el genio austriaco, que moriría cuatro años más tarde, sólo escuchó tocar al joven músico alemán en una ocasión.

En un primer momento, Mozart acogió con indiferencia el repertorio que el joven pianista de Bonn había seleccionado para él. Sin duda, en Viena había docenas de jovencitos capaces de interpretar a la perfección una pieza difícil previamente ensayada. Sin embargo, cuando Beethoven suplicó que le dieran un tema sobre el que improvisar, Mozart dio su consentimiento y casi de inmediato quedó asombrado ante la fuerza, la extraordinaria capacidad de inventiva y el perfecto dominio interpretativo que mostraba aquel muchacho. El joven Beethoven seguía hechizado por la música que hacía brotar del piano del maestro, cuando Mozart decidió finalmente salir de la sala y, tras dirigirse a un grupo de cortesanos a quienes había hecho esperar, les confesó entusiasmado:

—No pierdan de vista a ese muchacho. Algún día el mundo entero hablará de él.

Es probable que Beethoven coincidiera con Mozart en alguna otra ocasión. Tampoco cabe descartar la posibilidad de que estudiara con él durante algún tiempo. Sin embargo, Beethoven tuvo que abandonar Viena de forma repentina al enterarse de que su madre estaba gravemente enferma y, aunque llegó a tiempo de verla antes de que la tuberculosis pusiera fin a su vida, su muerte fue un golpe terrible para toda la familia. La hermana pequeña de Beethoven, Maria Margaretha, murió pocos meses después. Beethoven tuvo que encargarse a partir de entonces de sus dos hermanos pequeños mientras su padre, que se había quedado sin el amparo y la influencia moderadora de la esposa, se dedicaba a beber sin control alguno hasta arruinar su vida y su carrera profesional. En 1789, cuando Johann se vio obligado a renunciar a su modesto cargo, Beethoven, que aún no había cumplido los diecinueve años, logró que la corte le concediera la mitad del antiguo salario de su padre para evitar que la familia cayera en la miseria. Así fue como Beethoven pasó a convertirse en el verdadero cabeza de familia.

Sin embargo, y a pesar de que a partir de entonces tuvo que dedicar mucho tiempo a ocuparse de los asuntos familiares, la vida social de Beethoven empezó a florecer en los años que siguieron a la muerte de su madre. Tocó la viola en las orquestas de la capilla y del teatro de la corte, donde forjó amistades sólidas con otros músicos también jóvenes. Fue en aquella época cuando conoció al conde Ferdinand Waldstein, ocho años mayor que él, un apasionado de la música a quien pronto le unieron estrechos lazos de amistad. Y fue su vínculo con los Breuning, una renombrada familia de talante progresista y grandes inquietudes intelectuales a cuya cabeza se encontraba Hélène von Breuning, una joven viuda llena de vitalidad, lo que puso en contacto a Beethoven por primera vez con una especie de *joie de vivre*, algo que siempre había faltado en su propio hogar. Su relación con los Breuning se hizo tan estrecha que pronto empezó a pasar alguna que otra noche en casa de éstos. En muy poco tiempo, Beethoven se convirtió en una especie de hijastro para Frau Von Breuning, quien colmó al joven músico de afecto y cuidados. Hélène lo asistió en sus enfermedades, le ayudó a batallar contra sus constantes arranques de cólera y la taciturna melancolía, y trató por todos sus medios de fortalecer la confianza en sí mismo de aquel joven al que la timidez llegaba a paralizar en algunas ocasiones.

Fueron Frau Von Breuning, el conde Waldstein y Neefe quienes iniciaron al joven Beethoven en las novedosas y apasionantes ideas de reforma, libertad y fraternidad —la llamada *Aufklärung* o Ilustración—, que por aquel entonces se estaban convirtiendo en tema de conversación habitual en las ciudades que se alzaban a orillas del Rin y en gran parte de Europa Central. Pero fue sobre todo Waldstein quien hizo más por impulsar la carrera musical de Beethoven. Con gran discreción, el conde Waldstein se las arregló para proporcionar de forma regular una considerable cantidad de dinero al joven al que no tenía reparos en catalogar públicamente de genio de la música. Asimismo, encargó a Beethoven que compusiera la música de un ballet de tema folclórico que él mismo financiaba. Waldstein era miembro de la Asociación Artística de Bonn, integrada por un amplio grupo de nobles de dicha ciudad, que encargaron a Beethoven la composición de dos cantatas con ocasión de la muerte del emperador José II y la subida al trono de su sucesor, Leopoldo II. A pesar de que ninguna de ambas composiciones llegó a estrenarse, Waldstein admitió que se trataba de dos piezas espléndidas. Es probable que fuera el propio Waldstein quien hizo llegar la *Cantata de José* al compositor Franz Joseph Haydn, coincidiendo con el viaje que éste hizo a Bonn en 1792. Aquel gesto tenía como fin convencer a Haydn para que a su regreso a Viena se encargara de la formación musical del joven Beethoven. De lo que no cabe ninguna duda es que fue Waldstein quien convenció a su amigo, el príncipe Maximiliano Francisco, sucesor de Federico, para que subvencionara el viaje de Beethoven a Viena y se hiciera cargo de los gastos de manutención durante su estancia en aquella ciudad.

Tres años antes había estallado en Francia una revolución que levantó vientos de guerra en casi toda Europa. El nuevo régimen francés declaró la guerra a Austria y las tropas francesas llegaron al Rin. Pese el precario estado de salud de su padre, Beethoven comprendió que debía abandonar

Bonn rápidamente si no quería tener problemas durante el viaje en diligencia que pensaba realizar a Viena. A medida que se acercaba la fecha de su partida, Beethoven recibió numerosos mensajes de despedida de docenas de amigos y admiradores que le deseaban lo mejor. Todos ellos estaban convencidos de que no tardaría en regresar a su ciudad natal. Ludwig quiso conservar en un álbum el recuerdo de todos los amigos a quienes había conocido. Entre las numerosas palabras de apoyo que guardaba aquel álbum se leía el siguiente mensaje de su leal mecenas:

Querido Beethoven:
Por fin se dirige usted a Viena para satisfacer un deseo largo tiempo acariciado. El genio de la Música todavía está de duelo y llora por la muerte de su discípulo, Mozart. Aunque ha encontrado refugio provisional en el incombustible Haydn, pero sigue sin hallar un hogar definitivo. A través de él desea una vez más formar una unión con un espíritu superior. Con la ayuda de un trabajo perseverante, recibirá usted el espíritu de Mozart de las manos de Haydn.
Su sincero amigo,

WALDSTEIN

El muchacho que cortó el cabello

El *Kapellmeister* Ferdinand Hiller, el corpulento decano de música de la ciudad alemana de Colonia, no describiría hasta 1871 a los fascinados lectores alemanes lo que había significado para él conocer personalmente a Ludwig van Beethoven y cuáles habían sido las circunstancias que rodearon los últimos días del genial compositor. «Por mucho que lo lamente, no me arrepiento de no haber tomado notas más exhaustivas —escribió el anciano Hiller a sus sesenta años—; de hecho, me llena de alegría y satisfacción pensar que yo, entonces un muchacho de quince años que pisaba por primera vez una gran ciudad, tuviese la suficiente presencia de ánimo para fijarse en los detalles. [Sin embargo], puedo garantizar con la conciencia tranquila que las cosas ocurrieron exactamente como las recuerdo.»

A mediados de invierno de 1827, Ferdinand Hiller se trasladó desde Weimar hasta la mágica y musical ciudad de Viena en compañía de Johann Nepomuk Hummel, su profesor de piano y composición, a quien le habían llegado noticias de que Beethoven, su viejo amigo y rival musical, agonizaba en Viena. Aunque se trataba de un viaje largo y pesado debido a la nieve que cubría los caminos, Hummel decidió emprenderlo para ver y abrazar a Beethoven antes de que muriera, con la esperanza de que unos pocos minutos en compañía de un músico de tamaña grandeza sirvieran de inspiración a su talentoso protegido. El 8 de marzo de 1827, Beethoven recibió afectuosamente a ambos hombres y les aseguró que su compañía le produciría un efecto beneficioso. Aquel día pasaron cuatro horas con él, y a lo largo de las dos semanas siguientes regresaron tres veces más a la casa del compositor alemán, antes de que Beethoven sucumbiera finalmente por culpa de un hígado enfermo y una vida de prolongado sufrimiento. Y, sin embargo, Hiller recordaba que el día del primer encuentro le había parecido que aquel hombre moribundo aún estaba lleno de vida:

Atravesamos una antesala espaciosa, flanqueada por altas vitrinas en las que se apilaban gruesos legajos repletos de partituras, y llegamos —¡mi corazón latía con fuerza!— a la estancia de Beethoven. Nos causó cierta sorpresa encontrar al maestro sentado con aparente comodidad junto a la ventana. Vestía un camisón largo de color gris y calzaba unas botas altas que le llegaban a la rodilla. Estaba demacrado debido a la grave enfermedad que padecía desde hacía mucho tiempo, y cuando se puso en pie me pareció un hombre de elevada estatura; iba sin afeitar y su cabellera, espesa y medio canosa, le caía desordenadamente sobre las sienes. Al ver a Hummel, su rostro cobró vida y me dio la impresión de que le embargaba una alegría inmensa. Ambos hombres se abrazaron con gran cordialidad. Hummel me presentó a Beethoven, que se mostró amabilísimo y me invitó a sentarme frente a él junto a la ventana...

[Para poder mantener una conversación] siempre tenía a la mano gruesos cuadernos de papel de escribir de tipo corriente y lápices con mina de plomo. ¡Pensé en lo doloroso que debía de resultar para un hombre como él, tan vivaz e impaciente, tener que esperar a que su interlocutor le contestase, interrumpir la conversación constantemente y, por así decirlo, verse obligado a paralizar sus pensamientos! Siempre seguía la mano de aquel que escribía con ojos ávidos, y le bastaba con echar un vistazo para comprender lo que había escrito... La conversación se centró en un primer momento en nuestro reciente viaje, nuestra estancia en la ciudad, mi relación con Hummel y otros temas similares. Beethoven se mostró muy interesado por el estado de salud de Goethe y nos resultó fácil satisfacer su curiosidad, ya que sólo unos días antes el gran poeta había escrito unas palabras en mi álbum y disponíamos de información de primera mano.

El pobre Beethoven se pasó todo el rato quejándose de su lamentable estado de salud:

—¡Llevo cuatro meses guardando reposo! —exclamó—. ¡Uno acaba por perder la paciencia!

En Viena había otras cosas que no eran de su agrado. Por ejemplo, habló con dureza de «las tendencias artísticas que están de moda en la actualidad» y del «diletantismo, que lo está arruinando todo». Tampoco se salvaron de sus airados comentarios el gobierno ni los responsables de la justicia…

—¡Los ladronzuelos acaban en la horca, mientras que los mayores delincuentes quedan en libertad! —exclamó malhumorado.

Se interesó por mis estudios de música y me animó a seguir adelante diciéndome:

—Hay que hacer lo posible por fomentar el arte.

Cuando le pregunté su opinión acerca del ferviente interés por la ópera italiana que prevalecía entonces en Viena, pronunció las memorables palabras:

—Se dice que *vox populi, vox dei*. Es una opinión que nunca he compartido.

El 13 de marzo, Hummel me llevó por segunda vez a ver a Beethoven. Lo encontramos visiblemente desmejorado. Se hallaba echado en la cama, parecía sufrir fuertes dolores y de vez en cuando lanzaba profundos gemidos. A pesar de ello, habló mucho y con gran animación. En una ocasión, rogó a Hummel que trajera a su esposa a verle; ella se había negado a acompañarnos para no tener que ver en semejantes condiciones al hombre a quien había conocido en el apogeo de sus facultades. Aquel mismo día, había recibido un cuadro de la casa en la que había nacido Haydn. Lo tenía junto a él y nos lo enseñó.

—Cuando lo contemplo, disfruto como un niño —dijo, y acto seguido añadió—: ¡La cuna de un hombre tan grande!

Poco tiempo después de nuestra segunda visita, empezó a circular por Viena el rumor de que la Sociedad Filarmónica de Londres había enviado a Beethoven cien libras con el fin de ayudar al músico enfermo. También se dijo que el pobre hombre se había llevado una impresión tan grata que incluso había experimentado cierta mejoría. El día 20, cuando volvimos a visitarlo y hablamos con él, nos dimos cuenta de la gran alegría que le había causado aquel gesto altruista, aunque lo cierto es que se encontraba muy débil y sólo pronunciaba frases inconexas que apenas resultaban inteligibles.

—Sin duda, pronto estaré allá arriba —susurró después de que le saludáramos, y volvió a hacer comentarios similares cada poco tiempo.

A pesar de todo, también nos habló de sueños y de proyectos que estaban destinados a no materializarse jamás. Refiriéndose a la noble conducta de la Sociedad Filarmónica y del pueblo inglés, para el que sólo tenía palabras de elogio, expresó su intención de emprender un viaje a Londres en cuanto mejorara su salud.

—Compondré para ellos una gran obertura y una sinfonía.

Tras pronunciar aquellas palabras, se dirigió a Frau Hummel, que aquel día había decidido acompañar a su marido, y le prometió que la visitaría y que iría a no sé cuántos lugares. Sus ojos, que todavía habían estado llenos de vida en nuestra anterior visita, apenas asomaban bajo sus párpados caídos, y tenía que hacer un gran esfuerzo cada vez que trataba de incorporarse. Ya no era posible albergar esperanza alguna. Sólo cabía esperar lo peor.

Cuando lo volvimos a ver el 23 de marzo, aquel hombre extraordinario presentaba un aspecto desolador. De hecho, fue la última vez que lo vimos con vida. Estaba tumbado en la cama, débil y abatido, y de vez en cuando suspiraba profundamente. No pronunció una sola palabra. Tenía la frente empapada en sudor. Como no tenía un pañuelo al alcance de la mano, la esposa de Hummel sacó el suyo, que era de fina batista, y le secó la cara una y otra vez. Jamás olvidaré la mirada llena de agradecimiento con la que la contemplaron aquellos ojos exánimes.

Tres días más tarde, un lunes por la noche, Hiller y el matrimonio Hummel se encontraban cenando en casa de unos amigos cuando un grupo de invitados llegó con la terrible noticia de la muerte de Beethoven. El compositor había fallecido en medio de una repentina tormenta vespertina. Cuando Hummel y el muchacho regresaron el martes a la casa conocida como *Schwarzspanierhaus*, para rendir el último homenaje al difunto, el rostro del hombre a quien Hummel tanto amaba y que había fascinado al joven Hiller ofrecía un aspecto distinto y extraño. El cuerpo de Beethoven permanecía en el dormitorio, en el interior de un ataúd de roble que sostenían en alto unas andas de latón. Su cabeza reposaba sobre un almohadón de seda blanco y una guirnalda de rosas blancas coronaba su larga cabellera, perfectamente peinada. Sin embargo, su rostro gris había adquirido un tono violáceo y tenía los lados de la cara extrañamente hundidos como resultado de la autopsia que se le había practicado aquella mañana. Durante la autopsia, se le habían extraído al cadáver los huesos temporales y los huesecillos de los oídos con el propósito de someterlos a futuros exámenes.

Los autores de la autopsia habían sido el doctor Johannes Wagner, patólogo, y su colega el doctor Andreas Wawruch, el médico que asistiera a Beethoven en sus últimos días de vida. Aquella mañana, durante el procedimiento metodológico habitual, los dos facultativos descubrieron que el hígado de Beethoven mostraba un tamaño aproximadamente que equivalía a la mitad de un hígado sano, y estaba endurecido y cubierto de nódulos; el bazo era negro, duro y el doble de grande de lo

normal; el páncreas también era desmesurada-
mente grande y duro; y cada uno de los pálidos ri-
ñones contenía numerosas piedras calcificadas.
Los nervios auditivos del músico sordo aparecían
resecos y desmielinizados, mientras que los nervios faciales próximos eran extraordinariamente
grandes; las arterias auditivas se hallaban «dilata-
das, su tamaño superaba al de una pluma de cuer-
vo» y presentaban también un aspecto sorpren-
dentemente frágil; el cráneo era asombrosamente
compacto y las circunvoluciones del cerebro —sin-
gularmente blancas y llenas de fluido— eran mucho más profundas, anchas y numerosas de lo que
cabría imaginar. Si bien es cierto que ninguno de
los dos médicos se extrañó al descubrir tantas ano-
malías, también es verdad que en aquella época los
conocimientos de patología y etiología eran tan limitados que ninguno de ellos pudo deducir a partir de aquellos hallazgos las posibles causas de la
sordera del compositor o de cualquiera de sus
otras numerosas enfermedades.

Debido a los daños causados por la autopsia
—el rostro aparecía desfigurado por la extracción
de algunos huesos—, el aspecto de Beethoven sólo
recordaba vagamente al hombre con el que Hummel y Ferdinand Hiller habían conversado unos
días atrás, y ninguno de los dos permaneció mucho
tiempo junto al ataúd. Pero antes de irse, el joven
Hiller preguntó a su maestro si sería posible cortar
un mechón del cabello del difunto compositor.
Hiller decidió no mencionar la petición en su relación de 1871. Es posible que su reticencia a dar

detalles o a admitir siquiera que la hubiera realizado, incluso después de que transcurriera medio siglo, se debiese al hecho de que a lo largo de su vida, Hiller, quien por lo demás siempre se había caracterizado por ser un hombre sincero, prácticamente nunca había hablado acerca de su vida privada o de todo aquello que tenía en más estima. No obstante, tal omisión también podría atribuirse al hecho de que ni Johann, el hermano de Beethoven, ni Stephan von Breuning, albacea del difunto, ni tampoco el factótum Anton Schindler le hubieran concedido permiso explícito para llevarse tal recuerdo. Sin embargo, era evidente que ya se habían cortado otros mechones de cabello, por lo que Hummel debió de decir al oído a su pupilo que estaba de acuerdo con su propuesta; seguramente, ambos hombres guardaron silencio —conmovidos por la sencillez del ritual y la tristeza del momento— y permanecieron inmóviles durante un corto espacio de tiempo hasta que al fin Ferdinand Hiller empuñó las tijeras que guardaba con el propósito de ver satisfecho su deseo y, agarrando con la otra mano un gran mechón de la larga cabellera canosa de Beethoven, lo separó de la cabeza del compositor de un rápido tijeretazo.

Ferdinand Hiller nació en Frankfurt en 1811, hijo de un mercader adinerado que había cambiado su nombre de Isaac Hildesheim por el de Justus Hiller con objeto de ocultar su identidad judía en una época —como tantas otras en el curso de la historia— en que una peligrosa ola de antisemitismo volvía a recorrer el continente europeo. Sin embargo, Frankfurt era una ciudad relativamente tolerante en la que los judíos, a pesar de sufrir algunas limitaciones significativas, podían vivir sin miedo a la persecución. El padre de Ferdinand y su esposa, Regina Sichel Hiller, constituían un matrimonio acomodado, educado y culto. Ambos se habían comprometido a hacer cuanto estuviera en sus manos para que su hijo se integrara por completo en la cultura alemana. Sin embargo, también estaban decididos a proporcionarle una infancia feliz, tratando —sin demasiado éxito como muy pronto quedaría de manifiesto— de no conceder una importancia excesiva a su extraordinario y precoz talento musical. Cuando el hijo cumplió los siete años de edad, cedieron a los insistentes ruegos de sus amigos y permitieron que el niño pasara a ser pupilo del pianista Aloys Schmitt y recibiera lecciones de composición de J. G. Vollweiler, un compositor de Frankfurt. Al cabo de tres años, el pequeño Hiller, que a la sazón contaba diez años de edad, actuó en público por primera vez, interpretando al piano el *Concierto en do menor* de W. A. Mozart. Entre el público que asistió a aquel recital se encontraban Ludwig Spohr e Ignaz Moscheles, dos músicos amigos de sus padres y colegas de Beethoven durante la época que habían pasado en Viena, los cuales quedaron deslumbrados por la interpretación del joven pianista. Ambos hombres insistieron en que debían enviar al muchacho sin falta a Weimar para que estudiara bajo la tutela del

Kapellmeister Johann Hummel; éste no sólo era contemporáneo y amigo de Beethoven, sino también el único compositor cuyo talento podía compararse al de Beethoven, al menos según la opinión de Spohr y Moscheles.

El idolatrado y respetado Hummel, un hombre afectuoso, generoso y tremendamente sencillo, tenía por costumbre aceptar muy pocos estudiantes. Sin embargo, dado que cuarenta años atrás él también había sido un joven prodigio de la música en Viena y había vivido dos años como alumno de Mozart, en aquel momento se sentía obligado a corresponder con la misma moneda y compartir aquella experiencia que siempre había considerado en extremo enriquecedora. Cuando conoció a Hiller y le escuchó tocar el piano por primera vez, quedó impresionado por el talento de aquel joven y prometedor músico. En 1825, poco después de aquel primer encuentro, Hiller se convirtió en su pupilo y ambos no tardaron en entablar una estrecha amistad. Hummel y su esposa Elisabeth cuidaron a Hiller, que entonces contaba trece años de edad, como si fuera su propio hijo y animaron al muchacho a desplegar su talento al máximo. Con ese fin, le presentaron a otro muchacho que había sido alumno suyo hasta hacía poco tiempo: Felix Mendelssohn, un joven prodigio de la música que sólo tenía dos años más que Hiller. Gracias al matrimonio Hummel, Hiller conoció también al célebre poeta y dramaturgo Johann Wolfgang von Goethe. En la primavera de 1827, unos días antes de viajar de Weimar a Viena,

Goethe dejó escritos en el álbum de recuerdos del joven Hiller los siguientes versos:

Has tomado posesión de un talento al servicio de todo
[el mundo.
Aquel que llega con dulces tonalidades es bien
[recibido en todas partes.
¡Qué compañía tan maravillosa! Avanzas con tu
[maestro a tu lado.
Él se complace en tu instrucción. Tú te deleitas en su
[gloria.

Cuando Hiller y Hummel fueron a ver a Beethoven días antes de su muerte, el compositor alemán se alegró mucho de recibir noticias de Goethe. Hiller volvió a oír el nombre del venerado poeta a las puertas del cementerio de Währing la tarde en que se celebró el funeral de Beethoven. El actor Heinrich Anschütz declaró que Beethoven y Goethe habían sido durante largos años las figuras más prominentes del panorama artístico de habla germana. El joven Hiller se emocionaba al pensar que él había tenido el privilegio de conversar con aquellos dos gigantes del arte. Cuando, en aquel cementerio, vio a Hummel —su corpulento amigo y magnífico maestro— adelantarse con el fin de lanzar tres coronas de laurel sobre el ataúd cerrado que reposaba en lo más profundo de la fosa, Ferdinand Hiller, que acababa de guardar en su álbum el preciado mechón de Beethoven, pensó que a partir de aquel instante su único objetivo en la vida sería dedicarse en cuerpo y alma al mundo del arte.

En julio, tras regresar de nuevo a Weimar, Hiller leyó en el *Abendzeitung*, un periódico de Dresde, un obituario que firmaba el poeta e historiador Johann Sporschild. En él se describía una faceta de la vida de Beethoven que el muchacho no había tenido la fortuna de conocer:

> Los ciudadanos de la acogedora ciudad de Viena ya no podrán ver nunca más a Beethoven caminando a toda prisa por la calle con sus pasos cortos, aunque firmes, que parecían no tocar apenas el suelo, antes de desaparecer tras una esquina con la velocidad de un relámpago. Tampoco podrán ya susurrarse unos a otros, henchidos de un orgullo benévolo e indulgente: «¿Has visto? ¡Era Beethoven!».

Sí, Hiller lo había visto. Lo había saludado con un apretón de manos e incluso le había escrito palabras de ánimo en sus cuadernos de conversación. Había departido con él acerca de Goethe y el esplendor de Weimar. Incluso había bromeado con él sobre el fin de aquella obsesión generalizada por la ópera italiana. Sin embargo, por desgracia, el Beethoven que había conocido ya no tenía la fuerza necesaria para pasear por las calles empedradas de la ciudad. Él había conocido a un anciano postrado en cama al que le faltaban apenas unos días para morir. Pero, a pesar de todo, aquel hombre era Beethoven, un gran compositor del que incluso conservaba un mechón de cabello. Aquel recuerdo había formado parte de Beethoven. No era ni su carne ni su sangre pero, en cualquier caso, era él. La cabellera, larga y alborotada, era de hecho el rasgo físico más característico de Beethoven. Podía decirse que aquella cabellera constituía en cierta forma una metáfora de su excentricidad, de su completa imprevisibilidad, de su asombrosa energía creativa, y Hiller sabía que aquel mechón siempre sería su tesoro más preciado y que lo cuidaría con esmero, como si cada uno de aquellos cabellos canosos fuera la perla o el diamante de un valiosísimo collar.

Quizás Hiller mandara enmarcar el mechón durante su estancia en Weimar o durante los meses que pasó en casa de sus padres en Frankfurt, pero de lo que no cabe ninguna duda es de que, antes de iniciar su viaje a París en octubre de 1828, Ferdinand Hiller había encargado a un fabricante de marcos que pusiera el mechón a buen recaudo en el interior de un pequeño marco de madera ovalado pintado de negro, el típico guardapelo en el que se solían conservar retratos en miniatura. Antes de introducirlo entre las dos placas de vidrio, se había procedido a enrollar con sumo cuidado el montón de cabellos —¿quién iba a saber cuántos había en realidad?— en forma de espiral. De esta forma, en las raras ocasiones en que decidiera mostrar la reliquia a sus amigos más cercanos podría hacerlo sin temor a que el mechón sufriera daño alguno. Lo cierto es que Hiller sólo enseñó el guardapelo a los amigos que tenía la certeza de que sabrían apreciar su valor y mostrarían el respeto que merecía una reliquia así cuando sostuvieran brevemente en sus manos algo que había pertenecido al mismísimo Beethoven.

Aunque acababa de cumplir diecisiete años en 1828, el viaje a París que Hiller realizó aquel mismo año marcó el inicio de su vida adulta. Sus padres se mostraron de acuerdo con la decisión de residir en París durante una temporada y únicamente se aseguraron de que el hijo no tuviera problemas económicos durante su estancia en la capital francesa. A diferencia del joven Beethoven, *Le Savant Hiller*, como no tardó en conocérsele en los círculos musicales parisinos, lo tenía todo a su favor: una infancia feliz, una familia acaudalada y una apariencia física atractiva. Hiller era un joven de estatura mediana y ojos oscuros, cuyo rostro redondeado y expresivo dejaba entrever un carácter franco que atraía a la gente. Convertida ya la revolución en cosa del pasado y a punto de consumarse la derrota definitiva de Napoleón en 1815, las riendas de Francia habían vuelto a manos de una monarquía represiva y claramente inestable. Pese a ello, todavía soplaban tímidos aires de revuelta en los barrios más miserables e insalubres de París. Una vez más, ricos y pobres vivían existencias completamente separadas en una ciudad que contaba por aquel entonces con un millón de habitantes. Para un emigrante adinerado como Ferdinand Hiller resultaba difícil imaginar un lugar más estimulante y lleno de vida para proseguir su carrera musical.

Sin embargo, Hiller creía que la cultura musical de París sólo tenía un defecto grave. Contrariamente a lo que sucedía en todas las ciudades alemanas y austriacas en las que había vivido o había visitado, donde las obras de Ludwig van Beethoven gozaban ya de la admiración de buena parte de los aficionados a la música, en París, la música del compositor recientemente fallecido todavía se consideraba demasiado peculiar, demasiado intensa, excesivamente «compleja», y de hecho hacía muy poco que se empezaba a incluir en los programas de los conciertos. Sin embargo, en el invierno de 1829, Hiller conoció a un músico francés de veinticinco años que estaba totalmente decidido a sacar del error a sus compatriotas y a darles a conocer de una vez por todas «aquella obra extraordinaria que había creado el genio más reflexivo y sombrío de todos los tiempos». Hector Berlioz, que nació en La Côte-Saint-André, se había trasladado a París hacía seis años con el fin de estudiar medicina y música; era un hombre joven de risa fácil que parecía rebosar siempre una energía ilimitada. Hiller no tardó en quedar fascinado tanto por su personalidad como por la defensa incondicional que hacía de Beethoven y su música. «No creo que nadie pudiera conocer a Berlioz sin sentirse cautivado por la extraordinaria expresión de su rostro —escribiría Hiller años después en una autobiografía—. La frente alta, que se alzaba como un acantilado sobre unos ojos hundidos, la enorme nariz aguileña, los labios delgados aunque bien definidos, la barbilla más bien pequeña, la voluminosa melena… Cualquiera que hubiera visto aquella cabeza no habría podido olvidarla jamás.»

Por su parte, a Berlioz le parecía increíble y maravilloso que Hiller hubiera conocido en persona a Beethoven, se hubiese sentado junto a él y le hubiera oído hablar, e incluso que le hubiese cortado un mechón de cabello, y ambos hombres no tardaron en hacerse buenos amigos. Berlioz creía fervientemente que la cultura germánica poseía un carácter más ilustrado y progresista que la suya, por lo que, a pesar de que el alemán era todavía un adolescente cuya inocencia le mantenía al margen de los placeres y peligros del mundo, estaba impaciente por intimar con Hiller. Berlioz disfrutaba escandalizando a su nuevo amigo con historias repugnantes acerca del depósito de cadáveres del hospital donde había estudiado, y se esforzaba por todos los medios en instruirlo en los placeres del amor, convirtiendo a Hiller en su eterno confidente y escribiéndole exaltadas cartas en las que le confesaba la profunda pasión que sentía por la actriz irlandesa Harriet Smithson. «¡Mi querido Ferdinand! —escribió en cierta ocasión—. ¿Puedes explicarme de dónde procede esta desbordante capacidad para sentir, esta facultad para sufrir que me está matando?… ¡Oh, no permitas que siga llorando!… Me he pasado un rato intentando enjugar el torrente de lágrimas que brotaba de mis ojos mientras Beethoven me contemplaba con gesto severo. Hoy hace un año que la vi por última vez. ¡Oh, Julieta, Ofelia! Nombres que el infierno repite de forma incesante. Sin duda, soy el hombre más desgraciado del mundo.»

Berlioz se había quedado prendado de la señorita Smithson un año antes, al verla actuar en una función de *Hamlet* en versión original a la que asistió en París llevado por su afición a las obras de Shakespeare, la segunda de sus dos grandes pasiones. De hecho, su amor hacia Shakespeare era anterior a su fascinación por Beethoven. «De vez en cuando, en la vida de un artista un rayo sigue a otro con tanta rapidez como en las grandes tormentas de la naturaleza... —escribiría años después—. Apenas me había repuesto de la visión de Shakespeare cuando divisé en el horizonte la grandiosa silueta de Beethoven. La conmoción fue casi tan intensa como la que sentí en su día al descubrir a Shakespeare, y se abrió ante mí un nuevo universo musical.»

Pensar que Beethoven pudiera contemplar desde lo alto, como si de un dios se tratase, al joven Berlioz y pudiera juzgar si aquel vehemente deseo de obtener el amor de una joven actriz justificaba o no sus emociones atormentadas, resultaba, cuando menos, extraño. Sin embargo, aquél era el grado de omnipotencia que Berlioz atribuía a su héroe y la autoridad trascendental que su música ejercía sobre aquellos que le abrían su corazón. Y Berlioz no era ni mucho menos el único que creía que el difunto Beethoven poseía una especie de poder divino que le permitía influir en las vidas de la gente de su tiempo. Para muchos artistas jóvenes, entre los que también se contaba un gran número de escritores y músicos, el mundo había experimentado un cambio radical a lo largo de la época de las guerras napoleónicas y la etapa posterior: muchas de las ideas y formas clásicas que prevalecieran durante largo tiempo quedaban ahora anticuadas, perdían vigencia y eran sustituidas por una nueva corriente artística e intelectual que se caracterizaba por el amor a la naturaleza, la emoción y la imaginación, así como por una rebelión deliberada contra las reglas y convenciones establecidas. ¿Quién mejor que Beethoven para personificar el Romanticismo, aquel nuevo y apasionante movimiento artístico que rezumaba vitalidad? ¿Y qué lugar podía ser mejor que París para aquellos jóvenes unidos por la rebeldía, la complicidad y la necesidad de apoyo, que se habían entregado en cuerpo y alma a la nueva forma de expresión artística que reivindicaba la supremacía del individuo? Cuando Hiller llegó a la ciudad, en los barrios más bohemios y elegantes ya se había establecido un gran número de jóvenes artistas románticos. Entre ellos figuraban escritores de la talla de Victor Hugo, Honoré de Balzac, George Sand, el poeta alemán Heinrich Heine y pintores como Eugène Delacroix. Entre los numerosos músicos para quienes París se había convertido en el epicentro de la innovación romántica destacaban el compositor y pianista polaco Frédéric Chopin, el húngaro Franz Liszt, el italiano Vincenzo Bellini, así como el propio Berlioz. Otros músicos, de más edad y mucho menos dispuestos a dejarse deslumbrar por aquel nuevo movimiento musical, como los compositores italianos Luigi Cherubini y Giacchino Rossini y el *faux* alemán Giacomo Meyerbeer —nacido con el nombre de Jakob Beer—, también se sentían a gusto en París. Estos músicos veteranos, a pesar de no compartir la adoración que sus colegas y pupilos más jóvenes profesaban a Beethoven, también se sentían fascinados por su legado musical. En conjunto, todos ellos formaban una elite cultural cuyos miembros presumían de saber apreciar todo aquello que escapaba a mentes menos sensibles y románticas. «El otro día asistí a un concierto en que se interpretó uno de los últimos cuartetos de cuerda de Beethoven... —escribió Berlioz a su hermana Nanci—. Había casi trescientas personas presentes, de las cuales seis estuvimos a punto de caer fulminadas a causa de la emoción tan intensa que nos produjo aquella música. Fuimos las únicas que no encontramos su composición absurda, incomprensible, atroz. Era una música tan sublime que cortaba la respiración. [Sólo] es apta para él o para los que hemos seguido el infinito vuelo de su genio.»

Si bien entre el grupo de los músicos de mayor edad, sobre todo Cherubini tenía dudas de que Beethoven fuera en verdad merecedor de tan alta consideración, lo cierto es que, como director del Conservatorio de París, aquel hombre desempeñó un papel clave en dar a conocer la música de Beethoven al público francés. Unos meses antes de la llegada de Hiller a París, la Société de Concerts du Conservatoire había organizado el estreno en Francia de la *Heroica*. A aquel concierto, que se saldó con un gran éxito, le siguió pronto una interpretación de la Quinta sinfonía que dejó *foudroyé*, estupefactos, a los entendidos en música que había entre el público, según palabras de Berlioz. Sin embargo, a diferencia de lo que ocurre en la actualidad, no era habitual que en los conciertos se interpretaran grandes sinfonías, y la música de cámara de Beethoven sólo podía escucharse de forma regular en conciertos que organizaban los propios músicos y artistas, así como sus adinerados mecenas, los cuales se celebraban en pequeños salones donde el público, selecto y entendido, se dedicaba a analizar y colmar de elogios la música que acababa de escuchar. El hecho de que Hiller organizara cada mes una velada musical en su propio salón era una muestra de su encanto, simpatía y buen humor, así como de su desahogada situación financiera. Las invitaciones para asistir a aquel evento mensual estaban muy solicitadas, sobre todo después de que la madre de Hiller, Regine, se trasladara a París en 1833 con el evidente propósito de ayudar a su hijo en la tarea de convertir aquellas veladas en acontecimientos memorables. Eran noches de despilfarro, en las que nunca faltaba comida, bebida, conversaciones animadas e interpretaciones musicales apasionadas; noches en las que de vez en cuando un mechón de cabello, enmarcado en un guardapelo ovalado de madera oscura, pasaba de mano en mano entre gestos y exclamaciones de admiración.

En París había tal derroche de arte y de placeres que Hiller se empeñó en que su amigo Felix Mendelssohn, que se había quedado en Alemania, tomara parte en él. Así, desde diciembre de 1831

Hiller, Chopin, Liszt y Mendelssohn formaron durante una temporada un llamativo cuarteto parisino. De vez en cuando tocaban juntos en conciertos y en recitales de salón y cada día pasaban largas horas en la terraza de su café favorito, que se hallaba en el Boulevard des Italiens, donde comían pasteles, jugaban al ajedrez y conversaban animadamente.

Mendelssohn contó a Hiller y a sus nuevos amigos que, en la primavera de 1830 había visitado a Goethe en su hogar de Weimar y, ante la insistencia del anciano poeta, había tocado para él una selección de las grandes obras de la música de la época, piezas que presentó e interpretó por estricto orden cronológico. Si bien Goethe había confesado en más de una ocasión su admiración por Beethoven, a quien calificara de artista genial hacía dieciocho años, tras su primer encuentro en Teplice, nunca había logrado disfrutar de su obra. En aquella clase particular de apreciación de la música que impartiera el joven músico a quien el poeta veía como un nieto, Goethe había expresado su deseo de que pasara por alto la música del compositor a quien su invitado consideraba el más grande de cuantos habían existido.

—No quería saber nada de Beethoven —explicó Mendelssohn, fingiendo cierta indignación—. Pero yo le dije que no podía dejar de escuchar la música de aquel genial compositor y, acto seguido, empecé a tocar el primer movimiento de la [Quinta] sinfonía en do menor. Produjo un extraño efecto en él. En un primer momento comentó: «Esta

56

música no despierta emoción alguna, sólo provoca desconcierto y es pomposa». Continuó murmurando reproches parecidos, pero tras una larga pausa retomó la palabra: «Es una música magnífica y ciertamente salvaje. Hace que uno tema que la casa se le vaya a caer encima».

Los tres hombres que acababan de escuchar aquella historia se deleitaron con la idea de que, con aquel gesto osado, Mendelssohn hubiera convertido al gran bardo de las letras germanas en un ferviente admirador de la música de Beethoven. Sin embargo, Chopin, apodado el *Pequeño Chopinetto*, compartía realmente alguna de las reservas que manifestara Goethe respecto a la grandeza de Beethoven. Chopin era sin duda el miembro más tranquilo e introvertido de aquel cuarteto parisino. Su salud ya era precaria cuando llegó a la capital francesa procedente de Varsovia en el año 1831. Era una persona de porte delicado y naturaleza reservada, a la que repugnaban las expresiones efusivas y apasionadas, ya fueran musicales como de cualquier otra índole. El joven Chopin hacía todo lo posible por evitar el constante histrionismo emocional de hombres como Hector Berlioz. Era un romántico que aborrecía el Romanticismo, explicaría años después Franz Liszt al describir las dudas que habían acosado a su colega ya fallecido acerca del culto que se erigía en torno a la figura del compositor vienés.

Por su lado, el pálido pero elegante Liszt —su rostro dotado de una deslumbrante hermosura y expresividad y enmarcado por una larga cabellera oscura que trazaba una línea perfecta debajo de sus orejas— pertenecía, al igual que Berlioz, al grupo de los más fervientes creyentes en la obra y la persona de Beethoven. Nacido en Hungría, llevaba más de diez años viviendo en París, tiempo que le había servido para labrarse la reputación de ser un pianista en extremo innovador, un pianista para quien las dificultades interpretativas que entrañaban las composiciones de Beethoven sólo contribuían a realzar su propio virtuosismo. «Para quienes nos dedicamos a la música —declaró Liszt en cierta ocasión—, la obra de Beethoven es como la columna de nube y de fuego que guió a los israelitas a través del desierto.»

La trayectoria artística de Beethoven se convirtió en una senda que Hiller y sus compañeros músicos tenían mucho interés en seguir. Para ellos no sólo representaba una muestra de la genialidad que atesoraba el admirado compositor, sino también una visión del rumbo que podrían tomar sus propias carreras musicales en el futuro. La composición de sinfonías, cuartetos de cuerda o piezas para piano era un trabajo que exigía mucho tiempo y esfuerzo, una labor que dependía tanto de la inspiración como de una dedicación constante. Gracias a su próspera situación económica, tanto Mendelssohn como Hiller se podían permitir el lujo de vivir y trabajar donde más les conviniera. Así, a principios de 1836 Mendelssohn, quien ya había regresado a su hogar en Alemania, hizo ver a Hiller, el cual por entonces contaba ya veinticuatro años de edad, que a pesar de las amistades que había hecho, de su creciente reputación como profesor de órgano y de la alta estima en que se le tenía gracias a las célebres y concurridas veladas musicales que organizaba cada mes en su salón, había llegado la hora de dedicar todas sus energías a componer música, y para ello debía «abandonar París y su ambiente de gloria y placer y mudarse a los barrios obreros».

Ludwig van Beethoven nunca viajó a Inglaterra, por lo que murió sin haber visto cumplido su antiguo sueño de visitar aquel país. Tampoco pudo regresar jamás al extenso valle del Rin donde se había criado. Sin embargo, en el año 1844, el mechón de largos cabellos que Ferdinand Hiller le cortara después de muerto se había convertido en un viajero incansable. Siempre bajo la atenta mirada de Hiller, se había trasladado primero a Frankfurt y a Weimar y de allí a la hedonista París, donde permaneció durante seis años, tras los cuales acompañaría de nuevo al joven compositor en cada uno de los viajes que éste realizaba a Frankfurt anualmente. Desde Frankfurt viajó hasta Milán para regresar de nuevo a Frankfurt. A continuación partió rumbo a Leipzig antes de regresar a Italia —en aquella ocasión, a Florencia y Roma—, desde donde emprendió el viaje de vuelta a Frankfurt. Luego regresó a Leipzig y por último se dirigió a Dresde, donde Hiller decidió establecerse y hacer un alto de tres años en su peregrinación por Europa. Desde su partida de París, Hiller había andado en busca de un empleo estable que tuviera relación con la música, en un intento desesperado de dejar de ser un niño prodigio y adolescente *savant* para convertirse en un músico maduro y de renombre. Pero, por motivos que parecían estar más vinculados a la mala fortuna que a sus propias carencias, todavía no había logrado encontrar el tipo de trabajo que tanto deseaba, e incapaz de hallar la estabilidad laboral que su amigo Felix Mendelssohn obtuviera en la ciudad de Leipzig, donde ocupaba el cargo de director de la prestigiosa Orquesta Gewandhaus, Ferdinand Hiller llegó a la conclusión de que no le quedaba más remedio que acudir allá donde surgieran nuevas oportunidades.

En Frankfurt, en 1836, había sustituido durante una temporada al reverenciado J. N. Schelble, que se hallaba gravemente enfermo, como director de la Sociedad de Santa Cecilia. Sin embargo, al finalizar la temporada, se consideró que Hiller era demasiado joven para nombrarlo el sucesor permanente de Schelble. Por otro lado, durante su estancia en Roma había fundado una sociedad coral. Sin embargo, tampoco había encontrado en aquella ciudad un empleo estable lo bastante atractivo para quedarse allí. En Frankfurt, en 1842, se había convertido en uno de los pilares del Tutti Frutti Verein, un salón al que acudía la flor y nata del mundillo artístico e intelectual de la ciudad y que guardaba un gran parecido con aquel antiguo salón de París que tuviera una acogida tan entusiasta entre la elite artística parisina. Sin embargo, durante su estancia en Frankfurt había fracasado en su empeño por convertirse en el *Kapellmeister* de la ciudad. En Milán había dirigido su primera ópera,

Romilda, una producción que el público acogió con frialdad. En Leipzig, había supervisado la representación de un oratorio suyo al que había titulado *La destrucción de Jerusalén*, y obtuvo un gran éxito. En el año 1841 ocupó el cargo de director de la orquesta de Leipzig en sustitución de su amigo Mendelssohn, que había decidido aceptar la invitación del monarca Federico Guillermo IV, apodado *El Rey Romántico*, de viajar a Berlín. El monarca alemán deseaba que Mendelssohn creara un departamento de música en la Academia de las Artes. Sin embargo, durante el año en que Hiller estuvo al frente de la orquesta de Leipzig, se empezó a producir un distanciamiento, inexplicable y de consecuencias fatales, entre él y Mendelssohn. Ninguno de los dos confesaría jamás las causas de aquel enfriamiento en su amistad. «Fue una disputa provocada por susceptibilidades sociales, no por motivos personales», afirmaría Hiller en cierta ocasión. Ambos se negaron a salvar una amistad que duraba ya veintiún años, si no recibían antes una disculpa del otro.

Durante su estancia en Italia el año anterior, Hiller había conocido a la cantante de ópera Antolka Hogé, con quien contrajo matrimonio al poco de conocerla. Antolka, nacida en Polonia, poseía una belleza deslumbrante que le había hecho ganarse entre los críticos de música el sobrenombre de *La Bella Polaca*. Ella era católica, mientras que él había sido durante largo tiempo judío no practicante. Para evitar lo que a todas luces se habría considerado una unión incompatible y escandalosa, ambos decidieron convertirse al protestantismo. Parece del todo probable que tal decisión respondiera más a motivos de conveniencia que al descubrimiento de una nueva fe. A diferencia de su amigo Hector Berlioz, que siempre se había caracterizado por ser un hombre descarado que hablaba sin pudor alguno acerca de sus idilios amorosos, Hiller siempre mantenía en secreto los detalles referentes a sus relaciones con el sexo femenino. A pesar de su talante gregario y sociable, en el fondo Hiller era una persona reservada en todo aquello que afectaba a su intimidad, y en su diario sólo es posible encontrar referencias indirectas al hecho, más que probable, de que los primeros años de su matrimonio no fueran precisamente un camino de rosas. Ferdinand no se privó de seguir disfrutando de la compañía de sus amigas —relaciones de las que siempre receló su nueva esposa— y a pesar de que la pareja no tendría su primer hijo hasta unos diez años después de su enlace matrimonial, Antolka se vio obligada a sacrificar su carrera como cantante poco después de casarse para que su marido consiguiera el prestigioso cargo musical que andaba buscando. Como consecuencia de ello, a Antolka no le quedó más remedio que renunciar a su carrera musical y a la creciente fama de la que empezaba a gozar en Italia para convertirse en la esposa de un compositor alemán itinerante.

Una vez instalados en Dresde en 1844, Antolka Hiller ayudó a su marido en el establecimiento de un nuevo salón, donde pronto empezó a reunirse lo más florido del mundillo intelectual y artístico de la ciudad. Entre los habituales de aquel salón se encontraban el compositor y crítico musical Robert Schumann y su esposa Clara, así como Richard Wagner, cuya ópera *Tannhäuser* se había estrenado recientemente en Dresde ante un público que acogió con asombro el carácter innovador y espectacular de la obra. Como tantos de los contemporáneos musicales de Ferdinand Hiller, Robert Schumann y su esposa creían firmemente que Beethoven había sido uno de los grandes genios de la música, y el hecho de que Hiller los agasajara con la historia de sus visitas al lecho de muerte del compositor alemán contribuyó a asentar los cimientos de la amistad que había surgido entre ellos.

En 1838, Robert Schumann había ido a Viena con la esperanza de convencer al padre de Clara, que siempre se había opuesto a la relación de los dos jóvenes, acerca de la conveniencia de contraer matrimonio tras el largo noviazgo entre ambos. Asimismo, Schumann aprovechó el viaje para visitar el cementerio de Währing, una experiencia que relató en una carta que envió a su hermano: «Nunca podrás imaginar lo que encontré en la tumba de Beethoven: una pluma, una pluma estilográfica de acero. Pensé que se trataba de un buen presagio. Siempre conservaré esta pluma como algo sagrado». Sin embargo, durante los días que pasó en Viena, se llevó una gran decepción al descubrir que en aquella ciudad nadie parecía mostrar excesivo interés por el legado del compositor a quien tanto admiraba: «Es probable que no exista ningún lugar en el mundo donde Beethoven sea tan poco interpretado y mencionado como en Viena», escribió con gran consternación. Sin embargo, Clara no tardó en ponerse en movimiento y hacer todo lo que estuvo en su mano para luchar contra aquella injusta situación. Con aquel propósito, organizó en Viena un concierto en el que ella misma interpretó al piano la *Appassionata* y otras dos sonatas compuestas por Beethoven. Aquel concierto obtuvo un rotundo éxito, un éxito que se tradujo en la aparición en la prensa de la ciudad de una serie de elogiosas reseñas. Uno de los asistentes al concierto, el famoso Franz Grillparzer, inspirado por la música que había escuchado, escribió un poema en el que elogiaba tanto a Beethoven, a quien comparaba a «un mago que había encerrado su magia bajo llave en un cofre sagrado», como a Clara, de quien decía que era como «la hija de un pastor que había descubierto la llave con la que liberar la magia musical para entregarla a una ciudad que siempre le estaría agradecida».

Por su lado, la pasión de Wagner por Beethoven superaba incluso la adoración que sentía el matrimonio Schumann, con quienes ya había trabado amistad antes de que los tres llegaran a Dresde en la década de 1840. Como Berlioz, había caído rendido ante la música de Beethoven en un concierto celebrado en 1839 en el *conservatoire* de París, en el que se interpretó la Novena sinfonía. Allí Wagner descubrió la música del compositor de Bonn, cuya obra y figura se convirtieron desde entonces en una obsesión que le acompañaría hasta el día de su muerte. Al igual que Berlioz, Wagner también creyó desde aquel instante que nadie podría igualar jamás el genio artístico de Shakespeare o de Beethoven. Del mismo modo que el francés, Wagner llegó a la conclusión de que el compositor fallecido había sido algo más que un simple mortal:

No puedo describir el efecto que produjo en mí. A ello debe añadirse la impresión que me llevé al contemplar por primera vez el semblante de Beethoven, cuyo rostro vi en una de las muchas litografías que circulaban en aquella época. Cuando supe que había sido sordo y que había vivido una vida tranquila y recluida, empecé a imaginármelo como un ser sobrenatural, sublime e incomparable. A partir de entonces, mi mente asoció su imagen a la de Shakespeare. Extasiado, soñaba que me encontraba a ambos hombres, los veía y conversaba con ellos, y siempre me despertaba bañado en lágrimas.

En el París de la década de 1840, la música de Beethoven tenía un gran número de adeptos. Sus composiciones habían dejado de ser demasiado *avant-garde* para el gusto francés. Pero su música no era lo único que fascinaba a los parisinos. A lo largo de los diecinueve años que habían transcurrido desde la muerte de Beethoven, jóvenes músicos románticos como Wagner, Berlioz, Liszt, el matrimonio Schumann y Ferdinand Hiller proclamaron a los cuatro vientos que por fuerza debía haber algo sobrenatural en aquel músico; según ellos, era evidente que un simple mortal no podría haber alcanzado cotas tan altas de creatividad artística, y la idea se había hecho muy popular en los últimos años. Aunque resultaba innegable que Beethoven había sido tan mortal como cualquier otro hombre, saltaba a la vista que no se trataba de un hombre cualquiera.

Pocos días después de su muerte, se colocó sobre la sepultura del cementerio de Währing una lápida piramidal con la palabra «BEETHOVEN» grabada en mayúsculas como único epitafio. Tras ser sepultado, se procedió a inventariar toda su hacienda, que a continuación se subastó en su totalidad: desde los manuscritos e instrumentos musicales hasta los enseres domésticos, prendas de ropa y zapatos. La partitura autógrafa de la Quinta sinfonía, que se había valorado en cinco florines austriacos, se vendió finalmente por seis; el piano de Beethoven, un Broadwood & Son, alcanzó los cien florines; un lote que incluía dos trajes de chaqueta, dos *spencer*, dos chaquetas estilo príncipe Alberto y un gabán de paño azul alcanzó la cifra de quince florines; y por otro lote formado por una vajilla de catorce platos de porcelana, algunas piezas de vajilla de loza, una copa de plomo y varios vasos, botellas y tazones se pagó la cantidad de cuatro florines. Stephen von Breuning, albacea de Beethoven y tutor de su sobrino Karl, falleció de modo inesperado sólo dos meses después de Beethoven. Tras la muerte de este hombre, la tarea de liquidar la hacienda de Beethoven —así como la futura supervisión de la herencia de Karl— pasó a manos del abogado Jacob Hotschevar.

En los días que siguieron a la muerte del compositor, Anton Schindler, el factótum de quien Beethoven dependiera en la misma medida que recelara, se apropió de cuatro paquetes de cuadernos de conversación, numerosos manuscritos y cartas, los anteojos y trompetillas, así como del reloj favorito y otros objetos personales del músico. Schindler alegó que se había llevado el material escrito con el consentimiento de Beethoven, quien le había rogado que lo hiciera llegar a Johann Friedrich Rochlitz, editor del *Allgemeine musikalische Zeitung* y el hombre a quien Beethoven había encargado la tarea de escribir su biografía. Sin embargo, cuando Rochlitz se vio obligado a renunciar a aquel proyecto por motivos de edad y salud, Schindler creyó que no existía nadie más calificado que él mismo para llevar a cabo tal empresa y escribió un libro en el que sostenía que Beethoven había trabajado junto a él durante más tiempo y más estrechamente de lo que habían sido en realidad. Sin embargo, la fidelidad con que la obra trataba muchos aspectos de la vida del compositor quedó en entredicho al poco de su publicación.

De hecho, un año antes de morir Beethoven había autorizado a Karl Holz, el rival de Schindler, a escribir su biografía, «siempre y cuando él deseara ocuparse del tema». Sin embargo, y por motivos que todavía se desconocen, Holz nunca emprendió aquel proyecto. En 1828, un editor de

Praga se había apresurado a publicar una biografía de Beethoven, breve y repleta de imprecisiones, que aparecía firmada por un tal Johann Aloys Scholsser. Sin embargo, deberían pasar diez años para que saliera a la luz la primera relación fidedigna de la vida del compositor. Su autor fue Franz Wegeler, el mejor amigo de la infancia de Beethoven. Además de contar con la inestimable ayuda de Ferdinand Ries, un aplicado alumno de piano de Beethoven, Wegeler había reunido una multitud de documentos, anécdotas e impresiones procedentes de las más diversas fuentes para la elaboración de lo que él llamó una «nota biográfica». La redacción de aquella biografía respondía a un deseo de difundir la vida de Beethoven entre aquellos que hubieran oído hablar del compositor y entre quienes sentían pasión por su música. Asimismo, Wegeler pensó que su obra podría constituir una valiosa fuente de información para cualquier persona que decidiera escribir una biografía más exhaustiva de Beethoven, una empresa que por aquel entonces ya empezaba a rondar la mente de un joven abogado estadounidense llamado Alexander Wheelock Thayer. En un principio Thayer, que sentía una fascinación por la música de Beethoven similar a la que experimentaran los músicos románticos, sólo pretendía traducir el libro de Schindler a los lectores estadounidenses. Sin embargo, cuando empezó a cotejar aquel texto con la *Notizen* de Wegeler y Ries, le sorprendió que existieran discrepancias tan numerosas y sustanciales entre ambas biografías. Pensó entonces en realizar un viaje a Europa, donde podría iniciar un trabajo de investigación que le permitiera reunir la información necesaria para escribir una tercera biografía que conciliara las dos versiones anteriores y ofreciera plena garantía a sus lectores. La idea fue tomando forma hasta convertirse en un proyecto de dimensiones monumentales que de hecho no emprendería hasta 1849, y al que finalmente acabaría dedicando el resto de su vida.

A los seguidores más acérrimos de Beethoven, como Franz Liszt, no les parecía mal que se escribieran biografías sobre el gran hombre, pero estaban convencidos de que en aquel momento era más importante erigir un monumento escultórico en honor del inmortal Beethoven. En 1839, Liszt respondió al llamamiento realizado por un grupo de distinguidos ciudadanos de Bonn con objeto de recaudar el dinero necesario para levantar una estatua en honor de su conciudadano. Con el propósito de contribuir a aquella colecta, Liszt organizó una serie de conciertos benéficos en Viena, París y Londres, en los que él mismo interpretó al piano diversas obras del gran maestro alemán. Asimismo, se ofreció para reunir por su cuenta el dinero que faltara para la construcción del monumento, a condición de que se le permitiera elegir al escultor. El comité de Bonn, que finalmente decidió rechazar al artista elegido por Liszt, no tuvo en cambio ningún reparo en aceptar el dinero que recaudara el compositor, y en señal de agradecimiento le encargó la composición de una obra que se estrenaría en el transcurso de una gala incluida en el programa del Festival Beethoven, cuyo plato fuerte sería el descubrimiento de una colosal estatua de Beethoven en la Münsterplatz de Bonn.

En agosto de 1845, el monumento de bronce —obra de Ernst Julius Hähnel, un prestigioso escultor de Dresde— estaba terminado y listo para ser descubierto. Aquel acontecimiento había atraído a la ciudad a más de cinco mil visitantes, entre los que se encontraban personajes tan ilustres como la reina Victoria de Inglaterra y su esposo el príncipe Alberto y el rey Federico Guillermo IV de Prusia y su esposa, la reina Isabel. El magnánimo Liszt había compuesto una cantata en honor a Beethoven, que también estaba lista para ser estrenada. Unos días antes de su estreno, Liszt había descrito aquella obra como «una especie de *Magnificat* dedicado al genio del ser humano, que Dios conquistó en la eterna revelación a través del espacio y tiempo. Se trata de un texto que podría hacer referencia tanto a Goethe como a Rafael, a Colón o a Beethoven».

A pesar de que, en conjunto, fue un evento un tanto caótico, aquel festival de cuatro días se saldó con un éxito rotundo. Entre los muchos conciertos que se ofrecieron, destacaron los de la *Missa solemnis* y la Novena sinfonía de Beethoven, así como el de la ya mencionada cantata de Liszt. Hubo asimismo numerosas veladas y grandes banquetes e incluso, coincidiendo con el festival, se celebró la ceremonia de botadura del *S. S. Ludwig van Beethoven*, un barco que en adelante surcaría las lánguidas aguas del Rin. Anton Schindler y Carl Holz, ambos en la madurez de sus vidas, hicieron por separado el largo viaje a Bonn para asistir al descubrimiento de la colosal estatua del compositor. La estatua, que se erigía en lo alto de un enorme pedestal, mostraba a un Beethoven ataviado con toga —lo que le daba un aire entre autoritario y místico— que sostenía una pluma en una mano y un cuaderno en la otra. Franz Wegeler, quien por entonces ya era un anciano octogenario, asistió orgulloso a la inauguración del monumento. También estuvo presente Hector Berlioz, que a sus cuarenta y un años de edad se sentía terriblemente viejo. Sin embargo, los organizadores del festival también advirtieron algunas ausencias destacadas. Robert Schumann, que había donado gustosamente al festival todo el dinero que obtuviera de la venta de las partituras de su *Phantasie*, decidió quedarse junto a su esposa Clara en su casa de Dresde. De hecho, Robert todavía se estaba recuperando de la terrible crisis de locura que había sufrido el año anterior. Richard Wagner, que había quedado exhausto tras una temporada musical que él mismo calificó de agotadora, descansaba y tomaba las aguas en un balneario de Marienbad por prescripción médica, si bien en una carta dirigida a Liszt el músico alemán había hecho hincapié en su deseo de poder estar a orillas del Rin junto a él y el resto de discípulos de Beethoven durante la celebración de aquel festival.

Por su parte, Frédéric Chopin, declinó la invitación para asistir a aquel acontecimiento alegando que, sólo de pensarlo, se le revolvía el estómago. «Liszt será el encargado de gritar los vivas en Bonn, ciudad que albergará el monumento a Beethoven —escribió a su familia en los días previos al inicio del festival—. Estos días en Bonn se venden puros, *véritables cigarres à la Beethoven*, quien probablemente sólo fumó pipas vienesas. La venta de antiguos escritorios y burós que supuestamente pertenecieron a Beethoven ha alcanzado tales proporciones que a uno le da por pensar que al pobre compositor de la *symphonie pastorale* le hubiera ido mejor dedicándose a la venta de muebles.» Tampoco estuvo presente Felix Mendelssohn, en parte debido a su precario estado de salud y en parte porque, al igual que a Chopin, le repelía el grado de protagonismo que Liszt iba a adquirir durante los cuatro días que durase el festival. Mendelssohn no podía soportar la idea de que Liszt eclipsara injustamente al auténtico homenajeado. Sin duda, Ferdinand Hiller, que había decidido pasar aquel mes de agosto en su casa de Dresde, compartía el punto de vista de Chopin, pero también había empezado a desconfiar de Liszt por otro motivo: había oído rumores de que el audaz compositor húngaro no tenía el menor reparo en manifestar abiertamente su desprecio hacia los judíos.

En un principio le costó creerlo. Hiller y Liszt se habían divertido mucho juntos durante su estancia en París; habían quedado varias veces en Italia y, a pesar de que no podían verse tan a menudo como antes debido a la distancia que los separaba, de vez en cuando se escribían cartas en las que ambos expresaban su mutuo afecto. Todavía afectado por la forma en que se rompiera su amistad con Mendelssohn, Ferdinand Hiller estaba decidido a no perder otra amistad de años. Así, optó por hacer caso omiso de los rumores que fueron llegando a sus oídos en el transcurso de los siete años siguientes, a lo largo de los cuales puso fin a su estancia en Dresde —que no dudó en calificar de muy provechosa—, ocupó durante tres de ellos el cargo de director de la orquesta de Düsseldorf y se instaló en Colonia, una ciudad situada junto al Rin, a sólo veinte kilómetros de Bonn, en la que acabaría desarrollándose el resto de una existencia emocionante y enriquecedora. Cuando en el año 1850 fue nombrado *Kapellmeister* titular de la ciudad de Colonia, Hiller vio al fin cumplido el sueño que había alimentado durante los últimos catorce años.

En 1851, en señal de amistad a quien fuera su compañero al piano —en cierta ocasión Liszt y él habían tocado juntos en el Salle Pleyel de París una brillante pieza para dos pianos compuesta por el propio Liszt—, Hiller dedicó sus *Études Rhythmiques* a Liszt, a quien seguía considerando el mejor pianista de todos a cuantos había oído tocar. Un año después, Liszt correspondió a Hiller enviándole una carta en la que se leía: «Te escribo para comunicarte la excelente impresión que ha causado tu hermosa sinfonía, estrenada esta noche en nuestro teatro… y deseo hacerte llegar las sinceras felicitaciones de tu público de Weimar». Por aquel entonces Liszt trabajaba en Weimar como director de música, al servicio del gran duque Carlos Alejandro. Sin embargo, a los pocos meses de escribir aquella carta Liszt volvió a disgustar profundamente a Hiller con una serie de ataques a los judíos que aparecían en las páginas de un libro escrito por él, *Les Bohémiens*, que se publicó en Francia y cuya temática giraba en torno a los gitanos húngaros y su música. En aquella obra, Liszt declaraba que los judíos carecían de toda habilidad creativa y los exhortaba a que abandonaran en masa la culta Europa y se trasladaran a Palestina. ¿Era posible que el autor de tales afirmaciones ignorara que Ferdinand Hiller era judío? Probablemente no, sobre todo si se tiene en cuenta que el propio Hiller había declarado en cierta ocasión: «Nunca he sido lo bastante modesto para ocultar mi pertenencia a una de las razas más antiguas del mundo, gracias a lo cual tengo el honor de enriquecer las arcas de la ciudad cada semana». Acerca de esto último, cabe decir que el gobierno alemán había impuesto a los judíos el pago de unos tributos especiales.

Si bien no existe ninguna prueba que demuestre que Hiller leyó las palabras de Liszt poco después de su publicación o que las oyó de boca de algún amigo asombrado, lo cierto es que la relación entre Hiller y Liszt no empezó a deteriorarse de modo irreversible hasta 1855, es decir, tres años después de que se publicara *Les Bohémiens*. Fue en 1855 cuando ambos músicos empezaron a criticar públicamente el talento del otro. Aquellas críticas se fueron haciendo cada vez más frecuentes y feroces. Al igual que Wagner, Liszt se había convertido en un apasionado defensor de lo que la gente empezaba a llamar la Nueva Escuela, y que Lizst y su amigo Richard Wagner preferían denominar «la música del futuro». Según Liszt, en sus obras aún ardía con fuerza la llama romántica de Beethoven, pero muchos de los compositores que habían seguido su estela —entre ellos Hiller, Mendelssohn, Schumann y Berlioz— habían traicionado al maestro con la creación de un estilo de música propio que, en palabras de Liszt, no era ni «chicha ni limonada». Liszt se quejaba también de que Hiller no pareciese «mostrar el menor interés por los aspectos filosóficos» de su propia música o de la de cualquier otro compositor. A su vez, el *Kapellmeister* de Colonia —un Hiller barbudo, gordo y medio calvo— respondió de forma mordaz a aquellas palabras de Liszt, escribiendo para el *Kölnische Zeitung*, por entonces el periódico más importante de Colonia, una extensa y despiadada crítica sobre el papel que había desempeñado Liszt como compositor y director de orquesta en un concierto del Festival de Música que se celebró en Aachen en 1857. Sin embargo, en su diario íntimo resumió la actuación con dos palabras: «¡Estoy furioso!».

Wagner, que se había exiliado en Zurich debido a sus ideas políticas radicales, en cuanto leyó la crítica de Hiller corrió a defender a Liszt de lo que él consideró una pataleta injustificada del «Falstaff de Colonia», un apodo que aludía irónicamente tanto a la envergadura de Hiller como a su fama de hombre tremendamente afable. Al cabo de poco, el propio Wagner, que no gozaba precisamente de la misma reputación, escribió una carta a Hiller en la que le comentaba la tristeza que había sentido al enterarse de que había reinstaurado el *Konservatorium* de música en Colonia. «Un *Destruktorium* hubiera sido mucho mejor», le sugirió con ironía para, a continuación, añadir que esperaba que no se tomara aquellos comentarios demasiado a pecho. Pero era del todo inútil albergar tal esperanza, pues siete años atrás Wagner había publicado su propia diatriba anónima contra los judíos, un discurso que de hecho era anterior a los comentarios antisemitas de Liszt. En su libro *Los judíos en la música*, publicado de forma anónima en 1850 y reeditado en 1869 bajo su verdadero nombre, Wagner lanzaba duras acusaciones contra el espíritu judío y su perniciosa influencia en la cultura germana. Según Wagner, los judíos sólo estaban interesados en la faceta comercial del arte. Asimismo, estaba convencido de que representaban una terrible amenaza para la gloria cultural de la patria alemana, debido a su afán por convertir el sublime reino del arte en un simple mercado. Sin mencionar explícitamente a Hiller ni a ningún otro artista, el compositor alemán se lamentaba de que por aquel entonces hubiera judíos ocupando importantes cargos artísticos a lo largo y ancho de Alemania. Wagner también mostraba su preocupación por la posibilidad de que aquellos artistas judíos acabaran ejerciendo una influencia negativa en la música y, sobre todo, en el teatro.

En 1870 ni Wagner ni Liszt, que se había convertido hacía poco en suegro del primero, ya no fingían conservar ningún vestigio de su antigua amistad con Ferdinand Hiller. Éste, a su vez, se dedicaba a lanzar ataques tan contundentes como virulentos contra las ideas políticas y las composiciones de ambos músicos. «Richard, el wagneriano, ya empezó años atrás a anatemizar a los judíos desde su púlpito de Suiza —escribió Hiller en el *Kölnische Zeitung*—, y su última sandez ha sido su intento de excomulgar a todo el clero musical, sean obispos o monaguillos, acusándolo de una infinita depravación... Wagner ha vuelto a publicar un nuevo panfleto repleto de falsedades y difamaciones injustas.»

Dos años después, Hiller se burlaba con sarcasmo de Wagner en una carta dirigida a su colega y director de orquesta Hermann Levi: «No me había comentado que Wagner le dio un beso. ¡Por lo visto no tuvo miedo de que le contagiara el virus judío!». Poco tiempo después, y una vez más a través del *Kölnische Zeitung*, Hiller respondía con palabras agrias a un comentario que había publicado ese mismo periódico. En él se decía que la próxima aparición de Wagner en Colonia, donde iba a estrenarse su ópera *Lohengrin*, recordaba a un «valiente caballero [adentrándose] en terreno de enemigos declarados». «No puedo negar el hecho de que la mayor parte de cuanto Herr Wagner escribe, compone y hace me resulta sumamente desagradable —escribió Hiller—. Sin embargo, debo señalar que a lo largo de los años yo mismo he presentado al público algunas de sus composiciones en conciertos magníficos. Ver a Herr Wagner dirigiendo una de sus obras es algo que debería interesar a sus enemigos y seguidores por igual, sobre todo si se tiene en cuenta que para ello usará una batuta y no su abyecta prosa germánica.»

Felix Mendelssohn había muerto de forma repentina en 1847, a la temprana edad de treinta y ocho años, antes de que él y Ferdinand Hiller tuvieran ocasión de recuperar su amistad perdida y en otra época llena de vitalidad. Ferdinand Hiller siempre consideró que la ruptura con Mendelssohn era una de las mayores pérdidas de su agitada vida. Chopin, el hombre de quien Hiller admitiera sentirse algo enamorado cuando se conocieron por primera vez en la maravillosa ciudad de París, había estado enfermo desde la muerte de Mendelssohn y falleció dos años después de éste; Schumann, cuyos ataques de locura habían ido cada vez en aumento, pasó los últimos años de su vida internado en un manicomio de Bonn antes de morir en 1856. También Berlioz, quien en el pasado fuera un hombre rebosante de vitalidad, había muerto. La pareja de racistas formada por Liszt y Wagner seguía con vida. A pesar de que Liszt no se cansaba de repetir que las opiniones antisemitas que le atribuían las había introducido en el libro sin su consentimiento la princesa Carolyne de Sayn-Wittgenstein, de quien había sido amante durante largo tiempo, y de que jurara por todos los santos que él sentía simpatía hacia los judíos, lo cierto es que Hiller hizo todo cuanto estuvo en su mano por mantener a ambos hombres lo más lejos posible de su vida. Como consecuencia de todas aquellas muertes y de su enfrentamiento con Liszt y Wagner, Hiller, el viejo romántico, se encontraba bastante solo.

Y sin embargo, durante veinte años Ferdinand Hiller había sido el motor de la intensa vida musical de Colonia, y se sentía muy satisfecho de su obra. El conservatorio de música de la ciudad prosperaba a pasos agigantados y la excelente calidad de sus métodos de enseñanza gozaba de renombre a lo largo y ancho de Alemania. Asimismo, instituyó los llamados conciertos Gürzenich, que se celebraban cada mes, y el Niederrheinische Musikfeste, un festival de verano que traía a Colonia a los mejores compositores y músicos del momento. Gracias a aquellos festivales de verano, dirigió en varias ocasiones la Novena sinfonía de Beethoven. Durante su estancia en Colonia, Hiller se convirtió en un director de orquesta muy solicitado por orquestas de toda Europa; organizó y presidió como jurado docenas de certámenes musicales, era un escritor y músico reputado y su talento como pianista —que quince años atrás despertara la admiración de los entendidos en la materia— continuaba siendo legendario. Si bien él y su esposa Antolka nunca formaron un matrimonio bien avenido ni una pareja que se apoyara mutuamente, lo cierto es que ambos habían decidido permanecer juntos, gracias a lo cual su salón de Colonia adquirió a lo largo de los años una fama similar al de los otros renombrados salones de los que ellos fueran anfitriones en diversas ciudades europeas. A pesar de que Hiller nunca escribió ni habló en público acerca de su vida familiar, no hay ninguna duda de que tanto su hijo Paul como su hija Tony lo adoraban. Por aquel entonces, sus dos hijos ya eran adultos y se habían convertido en músicos profesionales, algo que llenaba a Hiller de una profunda alegría y satisfacción.

Pero en los momentos en que era del todo sincero consigo mismo, Hiller reconocía que sólo se había llevado una decepción en su vida. Sin embargo, esa decepción había sido enorme: no materializar su sueño de convertirse en un gran compositor. Se acordaba muchas veces de lo que Hummel, su adorado mentor, le confesara en una ocasión acerca de sus propios vanos esfuerzos por alcanzar cierta grandeza como compositor, y se preguntaba si la vida no le reservaría a él un destino parecido. «En mi opinión, Hummel habría llegado más lejos como compositor si el genio arrollador de Beethoven no se hubiera interpuesto, como un obstáculo insalvable, en su carrera musical —escribió Hiller en un libro titulado *Vidas de artistas*—. "La aparición de Beethoven fue determinante en mi vida —me explicó mi maestro un día—. ¿Debía intentar seguir los pasos de aquel músico genial? Durante mucho tiempo no supe cuál era mi lugar."» Ferdinand Hiller también tuvo que hacer frente a una dura competencia a lo largo de su carrera como músico —la cabeza le daba vueltas cuando pensaba en el considerable número de grandes compositores que habían sido amigos suyos—, pero no podía evitar preguntarse si él no habría sido demasiado lento también en reconocer su lugar. Ninguna de sus seis óperas había sido acogida con entusiasmo; sólo una de sus tres sinfonías corrió mejor suerte; por otro lado, todos sus oratorios cosecharon un rotundo éxito, tanto de público como de crítica. En opinión de Hiller, lo mejor de su producción musical lo constituían sus piezas para piano, aunque seguía obsesionándole el comentario que Mendelssohn lanzara muchos años antes, en 1837, cuando Hiller le había suplicado que le hiciera una crítica honesta: «Creo que ahora posees el mismo talento que cualquier otro gran músico, pero no conozco ninguna pieza tuya que sea una obra redonda». Mucho tiempo después, más o menos cuando su relación empezaba a deteriorarse, el propio Liszt también comentó que la música de Hiller carecía de las cualidades necesarias que distinguen a la gran música: «Podría reprochársele que su música carece de defectos y que no hay motivos suficientes para criticarla. Hiller presume de ser un músico disciplinado y experimentado, lo cual no deja de ser cierto; sin embargo, no posee el talento de los grandes maestros de la música». Pero fue Schumann quien, antes de perder definitivamente sus facultades mentales, supo expresar las carencias de la música de Hiller de forma más breve y concisa: «Sencillamente, su música carece de la fuerza arrebatadora ante la que todos nos rendimos».

Con motivo del que hubiera sido el octogésimo cumpleaños de Beethoven, Hiller compuso la música y el texto de una cantata en su honor, que se oyó por primera y única vez en la Sociedad de Conciertos de Colonia la noche del 17 de diciembre de 1850. Un cuarto de siglo después de la muerte de Beethoven, el himno que Hiller le había dedicado declaraba:

Su música resuena a través de los siglos,
la mención de su nombre acelera los corazones.
Las generaciones futuras entran con reverencia
en el rincón humilde donde él moró…

Y así nosotros honramos,
al Elegido, dotado de un don divino,
cuyas canciones nos salvan de las derrotas terrenales,
prenden nuestras almas y las elevan
a regiones sublimes.
Un sacerdote fue él, un espíritu sagrado.
¡Y su música era rezo!

Dos decenios después, Ferdinand Hiller escribió un largo ensayo —publicado en un número especial que la revista *Salon* dedicó al centenario del nacimiento de Beethoven— en el que analizaba los momentos en que se mostraba con más fuerza el genio del compositor. Hiller había llegado a la conclusión de que la genialidad de la música de Beethoven se debía fundamentalmente a que poseía «dulzura sin debilidad, entusiasmo sin vacuidad, anhelo sin sentimentalismo, pasión sin locura». En aquel ensayo también aparecía la siguiente opinión de Hiller: «Beethoven es profundo pero nunca pesado, agradable pero nunca insípido, sublime pero nunca ampuloso. En la expresión del amor es ferviente, tierno y exaltado, aunque jamás con una sensualidad innoble. Puede ser cordial, alegre y jovial en exceso, pero nunca vulgar. En los momentos de sufrimiento más profundo no se dio nunca por vencido, sino que su voluntad combativa le llevó a triunfar sobre el dolor... Habrá quienes hayan logrado con su arte efectos más universales, pero no más profundos o nobles. No. Podemos decir sin que resulte exagerado que hasta el nacimiento de Beethoven nunca vivió artista alguno cuyas creaciones fueran tan verdaderamente nuevas. Su música se movió siempre en la esfera de lo imprevisible».

Resulta imposible saber si Caroline von Beethoven, viuda de Karl, el sobrino de Beethoven, tuvo ocasión de leer aquellas palabras antes de escribir a Ferdinand Hiller en marzo de 1876. Sin embargo, por algún motivo desconocido —quizás supiera que había conocido personalmente al célebre tío de su difunto marido, tal vez fuera su riqueza la que gozaba de renombre—, decidió escribir a Hiller, quien por entonces vivía en la lejana ciudad de Colonia, para pedirle ayuda económica. Karl van Beethoven, único heredero del compositor, había sido miembro del ejército austriaco hasta 1832, año en que contrajo matrimonio con Caroline. Nada más casarse, Karl se puso a trabajar como administrador de una granja, cargo que ejerció a lo largo de diez años hasta que se produjo la muerte de su tío Johann. Éste, al igual que su hermano Ludwig, falleció sin dejar descendencia. Como único heredero de sus dos tíos, Karl y su familia dispusieron de medios económicos suficientes para llevar una vida holgada. De hecho, Karl nunca volvió a trabajar hasta su muerte, que acaeció en abril de 1858.

Tras la muerte del marido, Caroline se las arregló para sacar adelante a sus cuatro hijas y a su hijo, bautizado con el nombre de Ludwig, con el escaso dinero que le quedaba de ambas herencias, así como el sueldo que le ofreciera la Sociedad de Amigos de la Música de Viena. Sin embargo, su viudez no estuvo exenta de complicaciones. Su hijo Ludwig, un niño problemático, al crecer se convirtió en un hombre de mala reputación que se ganaba la vida como traficante de objetos falsos de Beethoven. En cierta ocasión llegó a estafar una elevada suma de dinero al mismísimo rey Luis de Baviera, a quien había sido presentado por Wagner, antes de dar con sus huesos en la cárcel en el año 1872. En su carta a Hiller, Frau Van Beethoven le explicaba que Hermine, su hija más joven, había sufrido una larga enfermedad y cuán cerca había estado de caer en las «garras de la pobreza». La carta también relataba cómo en los últimos tiempos su familia atravesaba no pocas estrecheces, que la habían sumido en la desesperación. Los apuros económicos se agravaron aún más cuando la Sociedad de Amigos de la Música le notificó que los fondos para el monumento a Beethoven que se planeaba erigir en Viena resultaban del todo insuficientes y que, por lo tanto y muy a su pesar, la Sociedad se veía obligada a retirarle la pensión. Caroline confesaba en la carta que su hijo había cubierto a su familia de vergüenza y deshonra, un hecho que también perjudicó sobremanera a la economía familiar, pues habían dejado de recibir la ayuda de numerosos ciudadanos vieneses que con aquel dinero creían honrar la memoria del hombre que diera nombre a su hijo. «Nadie, y eso Dios lo sabe bien, desea ya acercarse ni a mí ni a mi hija», escribió Caroline en la carta dirigida a Hiller, en la que también dejaba claro que era Hermine y no ella la persona que necesitaba más ayuda, ya que su hija tenía planes de casarse pronto con un ferroviario que también andaba escaso de recursos.

La respuesta de Hiller a la carta de Caroline van Beethoven no ha llegado hasta nuestros días. Sin embargo, se conserva una segunda carta de Caroline de la que se deduce que Hiller en efecto escribió una respuesta a la petición de ayuda de aquella mujer. En aquella misiva, Hiller debió de sugerir a Caroline que difundiera sus estrecheces económicas a través de la publicación de un llamamiento en alguna revista musical. Sin embargo, en su segunda carta Caroline confesaba a Hiller sus temores de que un llamamiento público de aquellas características acarrearía sin duda consecuencias desastrosas. Sus parientes más cercanos ya estaban muy disgustados con ella por la forma en que había aireado públicamente su penosa situación económica y Caroline tenía miedo de que la familia del prometido de su hija Hermine tratara de impedir el futuro enlace matrimonial en el caso de que toda Viena se enterara de sus problemas económicos. En aquella segunda carta, Caroline suplicaba a Hiller que, aunque sólo fuera por su hija Hermine, intentara persuadir a la bondadosa gente de Bonn para que le ofrecieran algún tipo de ayuda. Asimismo, preguntaba a Hiller si sería posible que él montara en Colonia una producción de la ópera *Fidelio* con el fin de recaudar dinero para su hija.

Todo parece indicar que, llegado a este punto, Hiller se desentendió definitivamente de las súplicas de Caroline. Jamás llegó a consultar el asunto de aquella mujer con sus colegas de la ciudad de Bonn ni a organizar concierto benéfico alguno. Hermine contrajo matrimonio con Emil Axmann en 1876, el mismo año en que salió de prisión su hermano Ludwig, quien tras recobrar la libertad abandonó a su esposa y a su hijo de seis años para emigrar a Estados Unidos, donde trabajó durante algún tiempo como empleado de la compañía ferroviaria Union Pacific. A pesar de su pobreza, Caroline vivió todavía quince años más, tiempo suficiente para que en mayo de 1880 asistiera, junto a sus cuatro hijas, como invitada de honor a la ceremonia de descubrimiento de una estatua de bronce erigida en memoria del músico a quien jamás había conocido. La colosal estatua se asentaba sobre un pedestal de más de cinco metros de altura, y la base estaba decorada con una docena de ángeles y querubines. La escultura mostraba a un Beethoven ataviado con el tipo de ropa que solía vestir; los ojos parecían observar con profunda concentración a los varios miles de personas que se habían congregado a sus pies con motivo de tan solemne ocasión. El Beethoven que plasmaba aquella escultura presentaba un aspecto más parecido al de un ser humano que al del dios por el que le habían tomado Hiller y sus contemporáneos.

.

«Sólo me ha tocado vivir un *finale* pasable», escribió Ferdinand Hiller en noviembre de 1882 a su amigo y antiguo discípulo Max Bruch, compositor nacido en Colonia. En el curso de los últimos años había ingresado en la prestigiosa Academia de Berlín, la Universidad de Bonn le otorgó el título de doctor honoris causa y fue nombrado Caballero de la Orden de la Corona de Württemberg. En aquel momento recibía el tratamiento de doctor Ferdinand von Hiller, pero se sentía viejo y débil y se deprimía con frecuencia. «La enfermedad y el mal humor se apoderan de mí sin tregua. Intento sobreponerme por todos los medios, tanto física como mentalmente, para seguir adelante —explicaba en su carta a Bruch—. Lo que más desprecio de todo es la maldad y la vulgaridad, que parecen ser necesidades inherentes a la naturaleza humana.» El terrible peso con el que Hiller cargó durante tantos años empezaba a pasarle factura. Aquella vida tan intensa y activa había hecho mella en su corazón y su sistema circulatorio; aunque continuaba ejerciendo como director de música, la ocupación que fuera el eje de su existencia a lo largo de más de treinta años, sospechaba que su vida estaba tocando a su fin. Un año más tarde confesaba por carta a su querido amigo Johannes Brahms, que por entonces residía en Viena: «No tengo nada en contra de la posibilidad de vivir unos años más, pero espero que no sean demasiados».

El desprecio que había mostrado Brahms por la llamada Nueva Escuela, cuyo máximo exponente era la obra de Richard Wagner, así como el retorno a las formas musicales clásicas en sus composiciones, en clara oposición a las tendencias musicales de la época, le habían granjeado el afecto y la admiración de Hiller, que esperaba que los dirigentes políticos de la ciudad de Colonia siguieran sus consejos y accedieran algún día a nombrarle su sustituto permanente. Pero antes de abandonar definitivamente la vida pública, Hiller trabajó de forma incansable para ponerle fin de un modo digno. Continuó dirigiendo la orquesta y, aunque componía menos que antes, siguió escribiendo a menudo sobre música, religión y el mundo de la política, cuyos vaivenes había seguido con profundo interés durante toda su vida, aunque siempre desde cierta distancia.

En su libro *Cartas a una mujer anónima*, una colección de memorias y ensayos presentados en forma de misivas dirigidas a una mujer ficticia, de quien se suponía que había quedado prendado a pesar de haberla visto sólo en una ocasión, Hiller escribió:

Tiene razón, mi querida señora, la música y la religión son los dos temas de los que se han pensado, dicho y escrito las mayores equivocaciones. Por fortuna, nuestra música es una cosa completamente inocente, incapaz de causar gran daño alguno… Sus oficiantes son gente inofensiva… En cuanto a la religión, que comparte con la música el hecho de ser también un misterio todavía por resolver, debería imitar a ésta y permitir a sus adeptos adherirse a las manifestaciones que juzguen más convenientes… La ventaja que posee la música respecto a la religión es su capacidad de elevar e inspirar a tanta gente sin necesidad de aproximarse demasiado a la razón. [Sin embargo, ambas] comparten la misión de elevar a la humanidad por encima de la monotonía de la vida. Su misión es dar esperanza y consuelo, transformar penas y alegrías.

En su anterior obra, *Vidas de artistas*, Hiller había escrito con gran pasión acerca de la vida y el pensamiento del filósofo judío Moses Mendelssohn, abuelo del compositor Felix Mendelssohn. Allí afirmaba que era escandaloso que los judíos berlineses, tanto los conversos como los que no lo eran, no hubieran erigido todavía ni un solo monumento en la capital de la nación en honor de aquel hombre, tan humilde como genial, que a lo largo de su vida había insistido con gran elocuencia en que no existía incompatibilidad alguna entre ser judío y ser un ciudadano alemán comprometido con la patria. En el año 1881 empezaron a sucederse en Rusia una serie de pogromos perpetrados contra los judíos de aquel país. Los pogromos, que contaban con el beneplácito del gobierno ruso, generaron pronto una retórica antisemita cada vez más furibunda que degeneró en una serie de violentos ataques contra la población judía de los países de la Europa del Este y Alemania. Aquella oleada de violencia antisemita provocó en Hiller un sentimiento de profunda indignación y consternación.

Unos treinta años atrás, Hiller había acogido con gran alegría la promesa de una nueva revolución en Francia: la insurrección de los obreros de París que en febrero de 1848 pusiera fin a la monarquía y condujera a la instauración de un nuevo gobierno republicano. «En sólo dos días, los franceses han hecho avanzar cincuenta años la historia del mundo —escribió por aquellas fechas—. Pocos hubieran imaginado que una nueva república se instauraría tan pronto en el corazón de Europa. ¡Qué generoso y magnífico se presenta el inicio de esta nueva era en la vida de las naciones!» Sin embargo, aquello había sucedido hacía mucho. Hiller era ahora más viejo y mucho más cínico. Ya no miraba con tanto optimismo el futuro político del continente, sobre todo en lo referente a los judíos, a quienes poco a poco se iba desposeyendo de los derechos humanos más elementales. «Mucha agua tendrá que bajar por el Rin antes de que un judío reciba un funeral digno en Alemania. Considero que las actuales circunstancias políticas y religiosas merecen el mayor de los repudios —escribió Hiller al teólogo judío Berthold Auerbach poco antes de que éste muriera—. Me pregunto si usted y yo echaremos en verdad de menos poder tomar parte en los acontecimientos que se desarrollen en los próximos cincuenta años. Creo que no. Probablemente la gente vivirá mejor, puede que incluso coma y beba mejor, pero también es cierto que se derramará mucha sangre y que los hombres dejarán de ser humanos», añadió con una clarividencia escalofriante.

El 1 de mayo de 1883 Ferdinand Hiller empezó a poner en orden sus asuntos con el propósito de dejarlo todo bien atado antes de que le llegara la muerte, que ya sentía cercana. El primero de los preparativos que llevó a cabo fue ofrecer a su hijo Paul, un cantante de ópera con una carrera tan prometedora como la que su madre tuviera en el pasado, un regalo muy especial con motivo de su trigésimo cumpleaños. Hiller deseaba que el guardapelo en el que cincuenta y seis años atrás él mismo había introducido el mechón del cabello de Beethoven pasara a manos de su hijo.

Lo segundo que hizo fue retirarse del cargo que había constituido su honor y su gran fuente de satisfacción a lo largo de cuarenta y cuatro años. A continuación, con la inestimable ayuda de su esposa Antolka, emprendió la tarea de catalogar los escritos y la correspondencia que describían con todo lujo de detalles lo que había sido su intensa vida. Asimismo, inició un último proyecto literario: una serie de ensayos que pensaba titular *Cartas desde mi lecho de enfermo*, pero su precaria salud le impidió concluir aquella obra. «Desea saber cómo me encuentro —garrapateó en respuesta a una pregunta que le formulara por carta su amigo y compositor alemán Carl Reinecke—. Me resulta difícil contestarle. Como, duermo e incluso compongo alguna que otra cosa. Sin embargo, cuando no lo hago, se apodera de mí una tristeza tan profunda que apenas recuerdo ya lo que es la alegría. Hace más de dos meses que no salgo de mi habitación.»

Su corazón seguía soportando una enorme tensión; la vejiga empezaba a fallarle y tenía las piernas muy hinchadas y doloridas a causa de la falta de riego sanguíneo. Se quejaba sin cesar de la música de los organilleros ambulantes —el ruido, como la llamaba él— que llegaba hasta su habitación. De vez en cuando algunos amigos le visitaban para ofrecerle el maravilloso sonido de sus violines o para cantarle alguna canción. Pero, de pronto, en la tranquila y sombría mañana del 11 de mayo de 1885, a la edad de setenta y tres años, Ferdinand Hiller exhaló su último suspiro con la cabeza apoyada en los brazos de su hijo.

Los periódicos de toda Europa informaron acerca de su fallecimiento. Las notas necrológicas publicadas con motivo de su muerte demostraron que, a lo largo de su dilatada existencia había estado en contacto con un número asombroso de grandes músicos, con muchos de los cuales estableció profundos lazos de amistad. En la publicación londinense *Musical Times* se leía: «Gracias a su obra artística, Hiller tiene reservado un lugar en el panteón de los *dei minores*, a la sombra del trono que ocupan los grandes genios de la música, un lugar que, sin estar en la cumbre, siempre es un honor ocupar». Tras el velatorio que se celebró en su hogar el 13 de mayo, y al que sólo asistieron los parientes y amigos más cercanos, los restos mortales de Hiller se trasladaron hasta el cementerio

Melaten de Colonia, donde un ministro luterano ofició un breve funeral y Franz Wüllner pronunció un pequeño discurso que todos los presentes no dudaron en calificar como un meritorio y lírico elogio dirigido a la persona de Hiller. Wüllner afirmó que su amigo había salido victorioso de su lucha contra la vulgaridad por medio de los emocionantes sonidos de la belleza, y que había dedicado toda su vida al arte.

Si bien no se conserva ninguna prueba al respecto, no es extraño suponer, dadas las circunstancias, que antes de ayudar a introducir el féretro en la sepultura Paul Hiller decidiera cortar un mechón de cabello a su ilustre padre.

Beethoven: 1792-1802

Al igual que su música, Beethoven albergaba
en su interior profundas contradicciones y era víctima de constantes cambios de humor. Por ejemplo, aunque era un maniático del aseo, al parecer
durante sus últimos años de vida no le importaba
en absoluto ir vestido de un modo sucio y desali-
ñado. Creía en la nobleza del arte, pero siempre le
había impresionado la nobleza, bastante menos sublime, que confería la clase social. «Tú mismo podrás comprobar que me he convertido en un hombre notable —se jactaba en una carta dirigida a
Franz Wegeler, su amigo de la niñez, que por
aquel entonces era estudiante de medicina—. Des-
cubrirás que he progresado mucho, como artista y
como hombre.» Sin embargo, la persona que Wegeler encontró en Viena resultó ser tan irascible,
egocéntrica, mezquina y falta de tacto como capaz
de demostrar una amabilidad abrumadora, una
amistad inquebrantable y un sentido del humor

agudo y un tanto pueril. Por otra parte, si bien Beethoven mostraba una marcada inclinación a enamorarse de mujeres cuyos matrimonios y posición social le impedían entablar con ellas una relación clara y realista, en cambio, le costaba establecer lazos de amistad más sencillos con el sexo opuesto. El compañero inseparable a quien no se había cansado de llamar «traidor» se convertía con toda seguridad al cabo de uno o dos días en el «queridísimo Ignaz». A pesar de todo, aquel hombre de humor inestable y opiniones cambiantes también era capaz de reconocer sus contradicciones y sus múltiples defectos y, a diferencia de su genio, que sólo admitía muy de vez en cuando, no tenía el menor reparo en confesarlos. «Produce una sensación extraña —reconoció una vez ante su íntimo amigo, el violinista y teólogo Karl Amenda— ver y oír tantas alabanzas y al mismo tiempo percibir la propia inferioridad con tanta claridad como yo.»

Seguramente, buena parte —o más bien casi toda— de la culpa del mal genio de Beethoven la tenía su eterna mala salud. Siendo todavía un adolescente padeció continuas dolencias gastrointestinales y a lo largo de los años siguientes también fue víctima de intensas migrañas y de una sucesión de abscesos e infecciones virulentas, neumonía y bronquitis que hicieron presa en él en una progresión desesperante. A la edad de dieciséis años, poco después de tener que volver a Viena junto al lecho de muerte de su madre, contrajo una repentina fiebre acompañada de dificultades respiratorias, y las dos enfermedades dieron paso a lo que él denominaba una melancolía que posiblemente fuera consecuencia de la muerte de la mujer. Hacia 1792, momento en que se estableció en Viena, se vio aquejado por accesos periódicos de lo que entonces se conocía como *kolik*, una mezcla de dolor abdominal, calambres, estreñimiento y diarrea. En 1795 sufrió un prolongado ataque de dicho «cólico» y en 1797 padeció «un terrible brote de tifus», una enfermedad que probablemente consistía en una fiebre elevada acompañada de delirios e incoherencia de pensamiento. Cuando en 1801 escribió una carta en que confesaba sus problemas auditivos a Franz Wegeler, el cual en aquella época trabajaba como médico en Bonn, parecía que su salud estaba al borde del colapso:

En los tres últimos años he ido perdiendo poco a poco capacidad auditiva. Por lo visto, el origen del problema está en mi vientre, que como ya sabes funcionaba mal incluso antes de que me marchara de Bonn. Sin embargo, mi estado intestinal empeoró desde que llegué a Viena, donde he sufrido constantes diarreas que me han dejado en una situación de extrema debilidad... El pasado invierno lo pasé muy mal, ya que padecí terribles ataques de *kolik* antes de recuperarme por completo... Para que te hagas una idea de cómo es esta extraña sordera, te diré que en el teatro tengo que pegarme a la orquesta para entender lo que dicen los actores y que, en cuanto me alejo un poco, ya no percibo las notas agudas de los instrumentistas ni de los cantantes. Y en cuanto a las conversaciones, me sorprende que todavía exista gente que no haya notado mi sordera; pero, como por lo general simulo estar ausente, atribuyen a eso mis silencios. Aún más, debo decirte que cuando una persona habla en voz baja, hay veces en que apenas entiendo lo que dice; es decir, puedo oír el timbre de su voz, pero no distingo las palabras. Pero si alguien grita, el ruido me resulta insoportable. Sólo Dios sabe lo que me ocurrirá después de esto.

Por el momento, Beethoven sólo confiaba en Wegeler, que vivía en Bonn, y en su amigo Karl Amenda, que en 1799 se había ausentado de la ciudad para hacer un largo viaje. A excepción de aquellos dos lejanos confidentes, no dijo una sola palabra a nadie acerca del terrible problema que venía a sumarse a los muchos que ya tenía. Hizo todo lo posible por ocultárselo a sus amigos y colegas de la ciudad, aunque la triste verdad es que al único al que consiguió engañar fue a sí mismo.

Fue en 1797, a la edad de veintiséis años, cuando empezaron a escapársele palabras y frases enteras de las conversaciones y comenzó a oír constantes murmullos y zumbidos que debían de resultarle en extremo dolorosos y enloquecedores. Sin embargo tardó cuatro años en confesar sus problemas de oído y buscar una cura que nunca llegó. Cinco meses después de que Wegeler le pidiera más información sobre la pérdida de capacidad auditiva, Beethoven volvió a escribir a su amigo, esta vez dándole noticias un poco mejores. «Mi vida vuelve a ser algo más alegre, ya que tengo más contactos con la sociedad. No te imaginas la existencia tan triste y aburrida que he llevado durante los dos últimos años.» Aunque su oído no había mejorado, existía una razón concreta que explicaba aquel optimismo: «La causa de este cambio es una encantadora joven que me ama y a quien yo amo. Después de dos años, vuelvo a disfrutar de unos instantes de dicha; por primera vez, creo que podría ser feliz casado. Por desgracia, ella no es de mi clase y ahora —naturalmente, por el momento no puedo pensar en casarme— debo ser valiente y seguir viviendo».

Aunque no la nombraba, la joven que había hechizado a Beethoven a finales de 1801 era con toda seguridad su alumna de piano de diecisiete años de edad, la condesa Giulietta Guicciardi, quien difícilmente habría podido casarse con él debido a su linaje. De hecho, no era ésta la primera mujer con la que Beethoven se hubiera planteado contraer matrimonio, pues la cantante Magdalena Willman ya había rechazado su proposición en 1795. Sin embargo, las cartas que escribió a la condesa Guicciardi demuestran que, al menos durante un corto espacio de tiempo, Beethoven creyó que por fin había conocido a alguien que no sólo le amaba, sino que podía ayudarle a soportar una sordera cada vez más acusada.

Nueve meses después, cuando estaba a punto de finalizar su estancia en el apacible pueblecito de Heiligenstadt, cercano a Viena —donde había ido por consejo de su médico—, Beethoven no sólo se sentía profundamente angustiado por culpa de su creciente sordera, sino que también se había dado cuenta de que su relación con una condesa a la que casi le doblaba la edad no tenía ningún futuro. El 6 de octubre de 1802, envió a sus dos hermanos una extensa carta escrita en tono de denuncia que parecía pensada a modo de confesión pública de su terrible secreto médico —una especie de testamento, quizás incluso una nota de suicidio— y a la vez de vehemente solicitud de comprensión.

¡Oh, vosotros, que pensáis o decís que soy hostil, desabrido o misántropo, no sabéis cuán injustamente me juzgáis! Ignoráis el motivo oculto que me obliga a aparecer así ante vuestros ojos. Desde niño, mi corazón y mi alma me instaron a los tiernos sentimientos del cariño y el afecto y siempre me sentí llamado a realizar grandes obras. Pero pensad que durante seis años he sido víctima de un mal incurable... Dotado desde la cuna de un temperamento ardiente y vivaz, inclinado a los goces de la sociedad, pronto tuve que renunciar a ellos para llevar una vida de reclusión. Y, aunque en ocasiones he tratado de olvidarlo todo, ¡cuán cruelmente me he visto derrotado por la dolorosa experiencia de un oído deficiente! Y, sin embargo, no me era posible decir a la gente:

«¡Hablad más alto, gritad, que estoy sordo!».
¡Ay! ¿Cómo podía admitir la debilidad de un
sentido que yo debería poseer en más algo grado que ningún otro, un sentido que en otro
tiempo poseí en mayor medida que cualquiera
de mis colegas?

¡Qué humillante resultaba que alguien a mi
lado oyera el eco distante de una flauta y yo no
lograra distinguirlo, o se me avisara del canto
de un pastor y de nuevo me hallara yo privado
de percibir sonido alguno! Tales circunstancias
me han llevado al borde de la desesperación, y
en más de una ocasión he pensado en poner fin
a mi vida.

Sólo el arte detuvo mi mano. Ah, me parecía imposible abandonar este mundo hasta no
haber dado forma a todo lo que llevaba en mi
interior, y por eso decidí continuar con esta vida miserable…

Vosotros, mis hermanos Kaspar Karl y [Jo-
hann], en cuanto yo muera, si el doctor Schmidt
todavía vive, rogadle en mi nombre que haga
un informe describiendo mi enfermedad con
todo detalle y que le añada este documento como apéndice, para que el mundo pueda recon-
ciliarse conmigo después de mi muerte…

Adiós, y no me olvidéis del todo cuando
haya muerto. Creo que lo merezco porque os

he tenido presentes durante toda mi vida y siempre he deseado haceros felices. ¡Ojalá lo seáis siempre!

A falta de dos meses para su trigésimo segundo cumpleaños y en un ataque de melodramatismo, Ludwig van Beethoven se obsesionó con la idea de que su vida —o, al menos, la vida que realmente le importaba— estaba tocando a su fin.

Durante la década posterior a su llegada a Viena había alcanzado buena parte de sus objetivos: podía presumir de gozar de cierta reputación entre la elite intelectual, de ser considerado el mejor pianista que se hubiera visto nunca en su ciudad de adopción y de disfrutar de una creciente fama como compositor. En aquellos momentos figuraban entre sus obras más de dos docenas de sonatas para piano, sonatas para violín, tríos para piano, cuartetos de cuerda, un quinteto para piano, un concierto para piano, una sinfonía en do mayor, además de una nueva sinfonía en re mayor en la que trabajaba por aquella época. A los críticos les fascinaba su música, aunque también los desconcertaba bastante; gracias a sus generosos mecenas y a la publicación de sus composiciones, gozaba de una situación económica desahogada; tenía amigos dispuestos a acudir en su ayuda —y en su defensa— cuando fuera necesario e incluso había logrado demostrarse a sí mismo que las mujeres no eran del todo insensibles a sus encantos. Sin embargo, a medida que su exilio en Heiligenstadt llegaba a su fin, ninguna de aquellas cosas parecía importarle.

Al final comprendió que no le quedaba más alternativa que volver a la vida que llevaba en aquella ciudad ruidosa cuyos sonidos él oía cada vez menos y volcarse en su música. Después de confesar su desgracia, su terrible destino, a sus hermanos y al mundo entero, Beethoven dobló el papel en el que había escrito su desconsolado testamento, lo guardó y no se lo enseñó a nadie durante el resto de su vida.

El regalo de Gilleleje

El otoño no tardó en dar paso al invierno, y a mediados de diciembre de 1911 Hermann Grosshennig, un marchante de arte de Colonia, se encontraba en pleno frenesí navideño cuando consiguió hacer un hueco para atender una petición especial. Un caballero bastante ceremonioso pero simpático, que lucía un bigote prusiano —era periodista y, según dijo, había sido cantante hacía mucho tiempo— había entrado hacía poco en la pequeña galería que Grosshennig tenía en la Langgasse con un guardapelo de madera del tamaño de una manzana. El guardapelo mantenía unidos dos trozos de cristal, entre los cuales había un mechón de cabello enrollado en forma de espiral. El padre de aquel hombre había introducido el pelo en el medallón hacía ochenta y cuatro años, siendo todavía un niño, y después de haber ido de mano en mano durante casi un siglo, el guardapelo precisaba un arreglo. Grosshennig fabricaba marcos para las obras que vendía y aseguró al hombre que podía repararlo y volver a cerrarlo herméticamente. El hombre le había explicado que el mechón de cabello que contenía era de Beethoven; estaba seguro de que pertenecía al gran compositor porque lo había cortado su propio padre, Ferdinand Hiller, el otrora amado *Kapellmeister* de Colonia, a quien por supuesto Grosshennig recordaba.

Según lo pactado, cuando Paul Hiller, que por entonces contaba cincuenta y ocho años de edad, regresó la semana anterior a Navidad a la galería que se hallaba bajo la alargada sombra del *Dom* —la enorme catedral gótica de doble chapitel de Colonia—, el guardapelo estaba a punto para que su propietario pasara a recogerlo y, a juzgar por su aspecto, también lo estaba para durar otros ochenta años más. Las dos piezas de cristal aparecían limpias y brillantes, y los bordes por donde ambas se unían estaban de nuevo encolados; la caja de madera lucía recién pintada y también se había precintado con un papel de refuerzo de color marrón. El artesano explicó al propietario del guardapelo que además había efectuado otra operación a la que esperaba que Herr Hiller no pusiera objeciones: bajo el refuerzo exterior había otra capa de papel en la que Grosshennig había escrito: «Recién encolado para preservarlo del polvo. Mejora del estado original. Colonia, 18-12-1911». Añadió que había firmado con su nombre, porque una reliquia tan preciada como aquélla merecía que se dejara constancia de su valor y también porque, aunque fuera de una manera tan sencilla y puntual, el hecho de haber tenido la oportunidad de acercarse tanto a Beethoven significaba mucho para él.

Aunque es imposible saberlo —porque, a diferencia del fabricante de marcos, él no puso fecha a las palabras que escribió—, cabe suponer que fue también durante las fiestas navideñas de 1911 cuando Paul Hiller decidió realizar su propia inscripción en el papel marrón que aparecía en la parte de atrás del guardapelo: «Mi padre, el doctor Ferdinand v. Hiller, cortó este cabello a Ludwig van Beethoven el día después de su muerte, es decir, el 27 de marzo de 1827, y me lo entregó como regalo de cumpleaños en la ciudad de Colonia el día 1 de mayo de 1883». Hiller reconoció que Grosshennig tenía razón: era aconsejable documentar el tesoro que contenía el guardapelo, sobre todo porque aquel singular premio era una muestra palpable del mismísimo Ludwig van Beethoven.

Paul Hiller tenía treinta años cuando su padre —al que sólo le quedaban dos años de vida— le regaló el guardapelo que contenía el mechón de cabello. Aunque el regalo podría haber ido a parar a manos de su hermana Tony, que tenía tres años más que él y era también una mujer dotada de un gran talento para la música, lo más probable es que al anciano Ferdinand Hiller le pareciera más adecuado que los frágiles restos de Beethoven pasaran a su único hijo varón.

Nacido en París en 1853 durante unas cortas vacaciones que sus padres pasaron en la ciudad, Paul Hiller se había hecho cantante profesional —como su madre— poco antes de cumplir los treinta, convirtiéndose en barítono de la ópera de Chemnitz, una ciudad próxima a Dresde. Aunque no existe prueba alguna de que estuviera casado en aquella época, se sabe que tenía un hijo de un año llamado Felix Ferdinand, que vino al mundo en Chemnitz en 1882. Diecinueve años después de que le regalaran el guardapelo, con cuarenta y nueve años de edad, Paul Hiller se había ido a vivir de nuevo a Colonia y al fin había contraído matrimonio en 1902. Lo único que se sabe de su mujer, Sophie Lion, es que, como su marido, era judía y cantante profesional y que no tardó en darle dos hijos más, Edgar Ferdinand, nacido en mayo de 1906 y Erwin Ottmar, que nació en abril de 1908.

Un año después de la boda, Paul Hiller fue nombrado crítico musical del *Rheinische Zeitung* de Colonia. Este puesto lo ocuparía durante veinticuatro años, a lo largo de los cuales llegó a reseñar casi todas las interpretaciones de carácter operístico y orquestal que se programaron en la baja Renania, incluidos los conciertos Gürzenich que su padre creara tanto tiempo atrás y el festival de música de verano que también pusiera en marcha su progenitor y que seguía gozando de enorme popularidad. Era un trabajo estupendo para alguien que se había pasado la vida rodeado de música y cultura: Paul Hiller consiguió sentirse como en casa en la metrópolis bulliciosa situada junto al Rin en la que había crecido; tuvo el emocionante privilegio de ganarse el sustento asistiendo a conciertos y opinando abiertamente sobre sus defectos y sus virtudes; además le quedó tiempo para escribir extensamente sobre sus intereses musicales, que eran bastante más especializados. Realizó una nueva traducción en lengua alemana de los libretos de las óperas de Giuseppe Verdi *Ernani*, *Rigoletto* e *Il trovatore* para la editorial Ricordi; también tradujo al alemán el *Déjanire* de Camille Saint-Saëns y publicó dos textos eruditos: *El ciclo de lieder de A. Friedrich von Hessen*, en 1910, y *Antiguas melodías inglesas*, en 1911. Aunque oficialmente no llevan su nombre, no parece existir duda alguna de que Paul Hiller también fue autor de un panegírico dedicado a su padre que se publicó en el *Kölnische Zeitung* el 24 de octubre de 1911, año en que se conmemoraba el centenario del nacimiento de Ferdinand Hiller.

Ferdinand Hiller había escrito decenas de artículos para el principal diario de Colonia durante las tres décadas que estuvo en el puesto de director musical de la ciudad, por lo que resultaba muy apropiado que fuera el *Kölnische Zeitung* el que decidiera homenajearle. Sin embargo, su hijo trabajaba en un periódico de la competencia y, aunque el artículo estaba escrito en tercera persona, tanto el estilo como el contenido permiten deducir que, en realidad, él era el autor de aquel elogio anónimo. El breve artículo repleto de anécdotas muestra una profunda admiración ante la vastedad de la carrera musical de Ferdinand Hiller y pasa revista a los momentos más importantes de su vida, que van desde su primer encuentro con Goethe a los diez años de edad hasta su triste despedida de la vida pública.

Según el artículo, durante los primeros años que Ferdinand Hiller había pasado en París «se hizo amigo de los héroes espirituales de la época… [y] recordamos las agudas palabras que la condesa Platen utilizaba para dirigirse a Chopin y que tan bien definían la personalidad y la talla de Hiller: "¡Mi querido Chopin! Si yo fuera joven y alocada, le tomaría a usted por marido, a Hiller, por amigo y a Liszt, por amante."». El panegírico hacía especial hincapié en la deslumbrante belleza de la esposa, Antolka, y en el tiempo que ésta dedicó a la «prudente y hábil supervisión» de los conciertos dominicales que se celebraban, junto al Rin, donde tanto ella como su marido «reunían a aquellos de entre sus conciudadanos que tocaban, se interesaban o luchaban por abrirse paso en el mundo de la música». El artículo señalaba que Hiller había mantenido una estrecha relación con Mendelssohn, Schumann y Brahms, reconocía su aversión por los compositores de la Nueva Escuela que les sucedieron y también admitía que había seguido componiendo hasta mucho tiempo después de que «el resto del mundo hubiera dejado de animarlo para que lo hiciera… Años después, un amigo le había preguntado: "¿Cómo? ¿Es que todavía compones?". A lo que él respondió: "¿Y qué quieres que haga? ¡Disfruto tanto componiendo y el papel pautado es tan barato!"».

El panegírico afirmaba asimismo que ochenta y cuatro años antes Ferdinand Hiller «había visto a

Beethoven moribundo y que las numerosas visitas que le había hecho dejaron una huella imborrable en su ánimo», una huella que quedó grabada en su interior para el resto de su vida. También señalaba que eso no era lo único que el gran hombre había legado a aquel muchacho de quince años: «Al morir el maestro, le permitieron cortarle un mechón de cabello que actualmente está en poder de su hijo Paul, crítico musical de Colonia que lo conserva como una preciada herencia». Además de la inscripción que figura en la parte de atrás del guardapelo, esas palabras constituyen la única prueba escrita que se ha descubierto hasta el momento de que, en efecto, Ferdinand Hiller cortó un mechón de pelo a Beethoven para después guardarlo como un tesoro durante el resto de su vida.

Es probable que, dada la alta estima en que se tenía a Beethoven, en los días posteriores a la publicación del homenaje a Ferdinand Hiller su hijo Paul recibiera un alud de peticiones de amigos, conocidos e incluso desconocidos que declaraban su interés en ver el mechón de cabello. Esto tal vez explicaría por qué envió a reparar el guardapelo seis semanas después, aunque también es posible que la única razón fuese la conmemoración del centenario del nacimiento de su padre, lo que, unido a la carga emocional que había acumulado desde el momento en que recibiera aquel regalo excepcional, le había llevado a pensar que era ése el momento de restaurarlo. Por desgracia, llegados a este punto los datos de que disponemos se vuelven cada vez más vagos: la inscripción que Hermann Grosshennig realizó en el papel que hay en el interior del guardapelo cuando sólo faltaban trece días para que finalizara el año 1911, seguida —es de suponer que poco tiempo después— de la nota explicativa del propio Paul Hiller, constituyen las últimas pruebas físicas de la existencia o el paradero del mechón de pelo durante los treinta y dos años siguientes.

Sólo tres años después, el asesinato del archiduque Francisco Fernando, heredero del trono austrohúngaro, abocaría a toda Europa a una guerra catastrófica; bastaron otros nueve años para que, tras la fundación del Partido Nacional Socialista Obrero Alemán y su rápido ascenso al poder, se iniciara en Alemania aquella persecución organizada contra los judíos que Ferdinand Hiller había temido y pronosticado cuarenta años atrás. Adolf Hitler sólo tardaría veintidós años en hacerse con el poder y excluir de inmediato a los judíos de la protección de la ley alemana; en poco más de veinticinco años, Europa volvería a estar en guerra por segunda vez en el siglo y los nazis llevarían a la práctica aquel horror que denominaban *Endlösung*, la «solución final al problema judío». En medio de unos acontecimientos que iban a convertir Europa en un desastroso campo de batalla, el preciado mechón de cabellos no sólo quedaría relegado a un segundo plano, sino que esos hechos trascendentales se encargarían de alterar de forma radical el futuro del guardapelo, cuyo paradero se vería envuelto en un halo de misterio.

En los ochenta años transcurridos desde que Hiller, Berlioz y sus colegas parisinos comenzaran a luchar por elevar a Beethoven a la categoría de compositor-dios, el entusiasmo que suscitaban las composiciones del genio y la progresiva mitificación de su persona como ideal del artista continuaron aumentando en casi todo el mundo. A pesar de la espectacular transformación que experimentaron los gustos musicales, su música orquestal y de cámara ganaban en popularidad a medida que las décadas se sucedían; se publicaron una serie de biografías en tres lenguas distintas, algunas precisas y muy instructivas y otras excesivamente novelescas; se escribieron numerosas obras de teatro, poemas y novelas, incluyendo una del insigne escritor ruso León Tolstoi, cuya acción se desarrollaba a partir de los acontecimientos más importantes de la vida de Beethoven, y tanto en Bonn como en Viena se erigieron grandes estatuas en su honor. En 1863, su tumba sufrió un grave deterioro y la Sociedad Vienesa de Amigos de la Música logró el permiso para exhumar el cuerpo de Beethoven y volver a enterrarlo después. Más tarde, en 1888, hubo que mover el cuerpo por segunda vez para trasladarlo al cementerio Central de la ciudad, donde recibió sepultura junto a los restos del músico vienés Franz Schubert, y se colocaron dos lápidas idénticas para identificar las tumbas de ambos compositores.

Un año después, los habitantes de Bonn restauraron la casa donde había nacido Beethoven y la convirtieron en un museo con el fin de recordar al mundo que aquélla era la ciudad natal del compositor. Pero de nuevo fue en Viena donde un grupo de artistas y músicos de vanguardia organizó en 1902 una soberbia Exposición sobre Beethoven, con objeto de dar a conocer su música y su memoria al magnífico siglo que se acababa de iniciar. El momento álgido de la exposición, ideada por un grupo de jóvenes artistas iconoclastas de Viena que se autodenominaban «secesionistas» y estaban liderados por el pintor Gustav Klimt, fue la inauguración del monumento de mármol que Max Klinger, el escultor de Leipzig, había tardado diecisiete años en construir. Para aquellos jóvenes Beethoven no sólo era la máxima expresión del genio, sino también del triunfo de la pureza sobre los más bajos instintos. Klimt ya había tratado este tema de un modo escandaloso en su *Friso de Beethoven*, una obra que cubría tres de las cuatro paredes del interior del Pabellón de la Secesión, el edificio construido hacía cuatro años y donde se celebraba la exposición. De hecho, el friso de Klimt estaba repleto de cuerpos desnudos y el exuberante Beethoven de Klinger también aparecía totalmente desprovisto de ropa; sólo llevaba encima un minúsculo lienzo de mármol que ocultaba sus partes pudendas. Elaborado con numerosos tipos de piedra, además de marfil, oro, bronce y joyas, el Beethoven de Klinger estaba sentado en un trono que rodeaban cinco ángeles, pero su rostro —elaborado a partir de una máscara que el escultor Franz Klein realizara a Beethoven cuando éste aún vivía— era sobrio, humano y guardaba un asombroso parecido con el hombre que un siglo antes había vivido a sólo una manzana de allí. Aunque el famoso escultor francés August Rodin calificó la exposición de «trágica y esplendorosa» tras la inauguración que se celebró el 5 de mayo —ocasión para la que Gustav Mahler, director de la Ópera Imperial de Viena, reescribió algunas partes de la Novena sinfonía sólo para voces, maderas y metales—, la mayoría de los críticos estaban convencidos de que el gran montaje ubicado en el interior del modernísimo Pabellón de la Secesión no era más que pornografía para intelectuales, totalmente inadecuada para «mujeres respetables y jóvenes solteras».

Los críticos se apresuraron a señalar que, por supuesto, los responsables del escándalo —si es que se podía llamar así— habían sido los jóvenes secesionistas, no el propio Beethoven, con lo que el halo mítico del compositor no se vio demasiado afectado ni en Viena ni en el resto de Europa. El mito del divino Beethoven también permaneció intacto durante cierto tiempo al otro lado del Atlántico, donde trascendentalistas como Ralph Waldo Emerson y Margaret Fuller hacía tiempo que habían convencido a sus camaradas de que Beethoven encarnaba a la perfección una realidad espiritual ideal capaz de trascender un mundo físico abyecto y a menudo doloroso.

Beethoven llevaba ochenta años muerto cuando Paul Hiller mandó reparar el guardapelo que contenía su mechón de cabello. Sin embargo, a principios del siglo XX el músico aún seguía vivo en los corazones de sus adeptos, que continuaban considerándolo más un dios que un hombre de carne y hueso que había vivido, sufrido y compuesto una música extraordinaria. Hubo que esperar a que la Primera Guerra Mundial empezara a teñir de sangre y dolor los últimos vestigios del Romanticismo para que el culto a Beethoven, que Ferdinand Hiller contribuyó a crear mucho tiempo atrás, acabase de una forma serena. Sobre todo en Francia y los países de habla inglesa, la gente no podía continuar silenciando el hecho de que —a pesar de ser un genio de la música— Beethoven era alemán, y en una nación enemiga no podía haber nadie digno de recibir un culto de aquellas características. Naturalmente, la Quinta sinfonía, la Novena, la sonata Kreutzer y los últimos cuartetos de cuerda continuaban siendo unas composiciones magníficas. Pero, en medio del horror de la lucha y de la terrible etapa de la posguerra, los que en otra época defendían ideas completamente distintas advirtieron algo en lo que no habían reparado hasta entonces: en el fondo, el autor de aquellas grandes obras no había sido más que un hombre.

Paul Hiller, periodista y musicólogo, se había pasado media vida deseando leer alguna de las escasas ediciones que existían de la *Vida de Beethoven*, la monumental obra en varios tomos sobre la que el norteamericano Wheelock Thayer había comenzado a trabajar hacía más de medio siglo. Se trataba de una biografía que, a diferencia de la mayoría de sus predecesoras, pretendía describir la vida del compositor tal como había sido en realidad. En 1849, poco después de iniciar el proyecto, Thayer precisó la colaboración del escritor e historiador Hermann Deiters, quien durante muchos años fue el encargado de corregir sus manuscritos y traducirlos al alemán, lengua que Thayer consideraba la más adecuada para publicar aquella exhaustiva obra. Los dos hombres habían logrado terminar tres volúmenes —que recogían la vida del compositor hasta 1816— cuando, tras varios años de enfermedad, Thayer murió en 1897 y Deiters tuvo que finalizar el proyecto solo.

Deiters consiguió acabar el cuarto tomo de la biografía varias semanas antes de su propia muerte, que acaeció en 1907, y luego la tarea pasó a manos de su colega Hugo Riemann. Éste se encargó de completar el quinto y último volumen, corregir los anteriores y supervisar la publicación de la versión definitiva en cinco tomos. La biografía, tal como Thayer había deseado siempre, podía considerarse una obra redonda tanto por la consecución de su objetivo inicial, como por la envergadura y su «devoción a Beethoven, el hombre», y demostraba a Paul Hiller y a otros miles de adeptos a Beethoven que el compositor había sido un hombre aún más extraordinario de lo que pensaban, precisamente porque era un ser lleno de defectos. La suya era una música humana, no la labor de un dios, y en ello residía tanto su misterio como su enorme e imperecedero atractivo.

Paul Hiller tenía ochenta y un años de edad, el cabello canoso y, aunque carecía de la corpulencia de su padre, aún era un hombre bien plantado cuando murió el 27 de enero de 1934, poco después de sufrir un ataque en su casa, situada en el número 31 de la calle Eifel de Colonia. Se encontraban junto a él su esposa Sophie, de edad desconocida, y sus dos hijos pequeños, que aún vivían en casa de los padres: Edgar estaba a punto de cumplir veintiocho años y era cantante de ópera, como el padre y la abuela, y Erwin tenía por entonces veintiséis años y era actor. Ninguno de los dos conocía a su hermanastro Felix, de cincuenta y un años de edad, que después de pasar su infancia en Chemnitz se había trasladado a Berlín. Allí se ganó la vida como artista durante su juventud antes de dedicarse a la composición, siguiendo la tradición que iniciara el abuelo paterno.

Tres días después de la muerte de Paul Hiller, apareció una nota necrológica en un periódico de Colonia. La pequeña esquela, enmarcada en un negro de considerable grosor, venía encabezada por una sencilla cruz del mismo color.

Tras una vida de intensa creatividad artística y honrado hasta su muerte, nuestro querido e inolvidable esposo y padre, Herr Paul Hiller, crítico musical, falleció de forma inesperada… a la edad de ochenta y un años. Murió creyendo firmemente en su Salvador. Conforme a sus deseos, nuestro amado esposo y padre, que en gloria esté, ha recibido sepultura en el cementerio del Sur, de Colonia, con la máxima discreción. Su desconsolada viuda, Sophie Hiller, y sus hijos Edgar y Erwin Hiller, rogamos a nuestros amigos que se abstengan de hacernos visitas de condolencia.

Aunque Paul Hiller había trabajado como miembro fijo de la plantilla del *Rheinische Zeitung* durante un cuarto de siglo, ocupando aquel puesto hasta ocho años antes de su muerte, no fue ése el diario que la familia eligió para publicar la nota necrológica. Tampoco apareció en el *Kölnische Zeitung*, el periódico que publicara el artículo escrito por Paul con motivo del centenario del nacimiento de su padre. En lugar de eso, se eligió el *Westdeutscher Beobachter*; la decisión constituye el primero de una serie de misterios que se sucedieron a partir de entonces. ¿Por qué decidió la familia anunciar la muerte de Hiller en el diario más declaradamente pro nazi que existía en Colonia en aquel momento? ¿Acaso Paul Hiller guardaba rencor al periódico en el que había trabajado durante tanto tiempo y, por tanto, la elección era fruto de algún tipo de resentimiento? ¿O es que los miembros de la familia optaron por publicar la esquela en el *Westdeutscher Beobachter* con el único fin de ocultar que eran judíos y protegerse así de la hostilidad y el creciente peligro de violencia que se cernía sobre ellos?

Cabe preguntarse si el intento de ocultamiento explica también el uso de la cruz y las dos referencias que la nota necrológica hace al ferviente cristianismo de Paul Hiller y, por ende, al de su familia. Hacía casi un siglo que Ferdinand Hiller y su mujer, Antolka, se habían convertido al luteranismo y, por consiguiente, su hijo era cristiano, al menos de nombre, aunque se decía que aquella conversión era sólo fruto de la conveniencia. Hacía cuatro generaciones, la familia Hildesheim había adoptado el nombre de Hiller con el doble objetivo de integrarse en la clase media alemana y evitar la persecución, una posibilidad que cada vez se volvía más real. ¿La publicación de la esquela en un periódico pro nazi y las repetidas referencias a la fe cristiana de Paul no eran más que la continuación de una tradición familiar lamentable pero necesaria a la que habían tenido que recurrir en una época en extremo peligrosa?

El tratado de Versalles, que se firmó en 1919 tras el fin de la Primera Guerra Mundial, había despojado a Alemania de todo control militar sobre la que fuera la tierra natal de Beethoven y del dominio territorial que ejercía ésta sobre su país de adopción. Excluida por las naciones aliadas que habían resultado victoriosas de participar en la Conferencia de Paz de París, en la que se trazaron las nuevas fronteras políticas de Europa, Alemania se vio obligada a aceptar la desmilitarización de la franja occidental de la Renania que limitaba con la frontera francesa, además de la pérdida de Austria, que a partir de entonces se convirtió en una nación independiente. Las humillaciones sufridas por Alemania al final de la Primera Guerra Mundial contribuyeron a crear durante los años veinte el caldo de cultivo propicio para el surgimiento del Partido Nacional Socialista Obrero Alemán. Liderado por un inmigrante austriaco de treinta y dos años y carácter obsesivo llamado Adolf Hitler, sus miembros fueron obligados a trabajar como locos en la reconstrucción del poderío militar alemán y a limpiar el país de perversos comunistas, que en su inmensa mayoría eran judíos, o al menos eso era lo que pensaban los nazis.

Los nazis aprovecharon las desastrosas consecuencias que tuvo la Depresión de 1929 en todo el mundo para decir que se trataba de una conspiración comunista orquestada por los financieros judíos; las promesas de una Alemania fuerte libre del control judío, buenos trabajos y gloria para el país se tradujeron en un aumento brusco y repentino del número de representantes nazis en el parlamento alemán tras las elecciones de 1930. En enero de 1933, Paul von Hindenburg, que por entonces era presidente de Alemania, cedió a la creciente presión del parlamento y nombró a Hitler nuevo canciller del país. Un mes después, unos incendiarios atacaron el Reichstag, el edificio berlinés que acogía al parlamento nacional, y Hitler aprovechó el miedo y el escándalo subsiguientes para declarar ilegales todos los partidos políticos excepto al suyo y aprobar la llamada Ley de concesión de plenos poderes, que disolvía el gobierno de la república y otorgaba a Hitler amplios poderes dictatoriales. Los nazis no tardaron en hacerse con el control de las empresas, el trabajo, la agricultura, la educación y la cultura y crear la Gestapo, una policía secreta del Estado encargada de aplastar toda posible forma de disidencia o insurrección. Las principales víctimas de su brutalidad fueron los judíos, quienes a partir de entonces dejaron de desempeñar un papel destacado en todos los ámbitos de la vida alemana.

En los meses que siguieron a la muerte de Paul Hiller, que acaeció en enero de 1934, si había algo que los judíos alemanes no tenían claro todavía era precisamente hasta qué punto todo aquello iba a complicarles la existencia. Sin embargo, antes del otoño de 1935, con la aprobación de las leyes de Nuremberg, todas las dudas que pudieran albergar sobre el futuro empezaron a disiparse de un modo terrible: los judíos ya no podían votar ni desempeñar una serie de trabajos y profesiones, y podían ser legalmente despojados de sus posesiones.

En toda Alemania, unos cuatrocientos mil judíos —incluidos los que se habían convertido al protestantismo y todos aquellos a los que, por su origen, los nazis consideraban «medio judíos»— comenzaron a plantearse si no sería más prudente huir del país en vez de arriesgarse a sufrir nuevas persecuciones, aunque en realidad los únicos que tenían la posibilidad de emigrar eran los que contaban con los medios económicos suficientes para poder hacerlo, unos cuantos privilegiados entre los que podrían haber estado Sophie, la viuda de Paul Hiller, y sus hijos. De hecho, los primeros en abandonar su tierra natal fueron los escritores, artistas y músicos judíos; en concreto, a partir de 1933, nada menos que mil quinientos judíos huyeron a la vecina Dinamarca.

En el *Adressbuch* de 1934, la guía urbana de Colonia, sólo aparecían Sophie Hiller y su hijo Edgar como habitantes del 31 de la calle Eifel. Sin embargo, es posible que Erwin, el hijo menor, que por entonces tenía veintisiete años, también siguiera residiendo allí y simplemente no figurase en la lista. Pero en 1935 no aparecía ninguno de los hijos en el *Adressbuch*, aunque la madre continuaba viviendo en la que había sido durante mucho tiempo la residencia familiar. En 1936, tras la masiva remilitarización de Renania, las calles de la ciudad estaban atestadas de soldados de expresión adusta, y en el *Adressbuch* no figuraba ningún miembro de la familia Hiller ni en la calle Eifel ni en ninguna otra parte de la gran ciudad que había sido el hogar de la familia durante más de ochenta años.

¿Acaso Sophie Hiller había huido de Alemania en busca de otro país donde sentirse más segura? ¿También habían escapado sus hijos? ¿Se habían marchado juntos, por separado o habían encontrado el modo de permanecer ocultos en Alemania? ¿Y qué había sido del histórico guardapelo que contenía el cabello de Ludwig van Beethoven?

Veinticinco años antes, Paul Hiller había declarado que guardaba el cabello por tratarse de un valioso legado de su padre y, dándole un margen de confianza, cuesta imaginar que lo hubiera vendido o simplemente que le hubiese perdido la pista durante veintitrés años. Lo más probable es que Paul Hiller pensara dejárselo a uno de sus hijos. El destinatario podría haber sido Felix, el mayor, pero vivía lejos, en Berlín, y también hay que tener en cuenta que, al ser hijo ilegítimo, seguramente se había distanciado bastante de su padre tanto desde el punto de vista físico como emocional, eso en el caso de que hubiera mantenido algún contacto con él. Quizás fuese el siguiente hijo, Edgar, el cantante, el mayor de los descendientes de Paul y Sophie, el que habría recibido el guardapelo con el mechón de cabello, pero también es muy posible que hubiese permanecido un tiempo en poder de Sophie. A pesar de su avanzada edad, su marido había muerto de forma inesperada y es posible que aún no hubiera designado a la persona a la que deseaba entregar el cabello de Beethoven.

Sin embargo, de lo que no cabe duda es de que el guardapelo logró sobrevivir. Tras haber sido encerrado otra vez en el interior del guardapelo, el cabello de Beethoven reapareció, contra todo pronóstico, en el pequeño puerto pesquero de Gilleleje —pronunciado «gi-le-LIE-e»—, localidad situada en la costa norte de la isla danesa de Seeland, en octubre de 1943. Pero ¿cómo llegó a aquel lejano lugar azotado por las olas y emplazado al otro extremo del helado estrecho de Sund, a sólo unos cuantos kilómetros de la costa de Suecia, un país que había decidido mantenerse neutral? ¿Y dónde había vivido su propietario durante los años anteriores? ¿El mechón de pelo aún estaba en Alemania en noviembre de 1938, durante la *Reichskristallnacht*, la Noche de los Cristales Rotos, fecha en que varios grupos de camisas pardas rompieron las ventanas de los comercios judíos, prendieron fuego a las sinagogas y atacaron a los ciudadanos judíos en las calles de Colonia y de toda Alemania? ¿Dónde se encontraba el cabello y su propietario, que con toda seguridad debía de estar aterrorizado, cuando diez meses después las tropas alemanas invadieron Polonia y de repente estalló la Segunda Guerra Mundial, Alemania cerró sus fronteras y salir del país se convirtió en un objetivo prácticamente inalcanzable para los judíos, a los que se obligaba a abandonar sus casas para conducirlos de inmediato a los campos de concentración? ¿Cómo fue posible que un mechón de cabello procedente de la cabeza de un compositor muerto hacía mucho tiempo se convirtiera en una de las escasas pertenencias de un refugiado o refugiada que huía para salvar su vida? Y, si la única razón por la que el refugiado había decidido llevarse consigo el mechón era su valor, ¿por qué se desprendió de él en una fría noche de octubre?

Nueve meses después de que Alemania invadiera Polonia y estallara la Segunda Guerra Mundial, casi toda Europa occidental estaba bajo el control de los nazis y sus cómplices, los fascistas italianos. Dinamarca y Noruega cayeron en manos de los alemanes en abril de 1940; a principios de mayo les tocó el turno a los Países Bajos, Bélgica y Luxemburgo, y la mayor parte de Francia sucumbió en los primeros tres días de junio. Los ejércitos hitlerianos habían recibido una cuidadosa preparación para llevar a cabo la llamada «guerra relámpago», y países como Dinamarca sólo fueron capaces de ofrecer una resistencia simbólica.

De hecho, en el caso concreto de Dinamarca, los nazis prometieron conceder cierta autonomía a los daneses en recompensa por su pasividad. Los alemanes no sufrieron ni una sola baja durante los escasos combates que se produjeron —el rey Cristián X de Dinamarca renunció a los novecientos años de independencia de su país menos de tres horas después de que las tropas alemanas desembarcaran en las costas danesas—, y por eso se comprometieron a dejar en su sitio al gobierno danés. Los tribunales, la policía e incluso el pequeño ejército siguió bajo jurisdicción danesa. Hitler estaba dispuesto a permitir que los daneses mantuvieran un considerable grado de autogobierno, pero sólo a condición de que los productos agrícolas e industriales siguieran llegando a Alemania en grandes cantidades y de forma ininterrumpida, de que no surgiera ningún movimiento de resistencia que causara problemas y de que el «problema judío» de Dinamarca no se convirtiera en algo endémico.

Pero «en Dinamarca no hay ningún problema judío», informó Thune Jacobsen, el jefe nacional de policía a Heinrich Himmler, jefe de las fuerzas policiales nazis durante la visita que este último realizó a Dinamarca poco después de la ocupación. La rotunda respuesta de Jacobsen reflejaba el hecho de que en el país sólo había un pequeño número de judíos, en concreto unas ocho mil personas, de las cuales unas dos mil eran refugiados, en su mayoría rusos y alemanes sin la carta de ciudadanía, que habían escapado a la persecución durante los años anteriores a la guerra. Pero también evidenciaba el hecho de que los daneses no compartían de ningún modo la obsesiva idea nazi de que sus conciudadanos judíos eran demonios. Ante todo eran daneses, una opinión que suscribían la mayoría de los judíos daneses.

Los oficiales nazis de Berlín dieron por supuesto que los ciudadanos daneses se encontrarían muy cómodos y satisfechos bajo la protección de unas fuerzas que parecían destinadas a ganar la guerra en un abrir y cerrar de ojos. Así, durante un tiempo tanto los judíos como los gentiles continuaron llevando una vida que, para sorpresa de todos, se parecía mucho a la de antes de la invasión. Las sinagogas y las escuelas religiosas permanecieron abiertas, las organizaciones judías desarrollaban sus actividades sin el menor incidente y a la mayoría de los judíos daneses —como a sus vecinos cristianos— les resultaba casi imposible dar crédito a los rumores procedentes del sur que hablaban de la persecución, deportación y ejecución de judíos en todos los países europeos ocupados. Sin embargo, los daneses nunca acabaron de encajar la afrenta que suponía ver sus calles, hasta entonces tranquilas, llenas de soldados y armamento alemán. Al final, las noticias que llegaban sobre los horrores del régimen nazi comenzaron a adquirir escalofriantes visos de verosimilitud; y, como era de prever, con el tiempo acabó por desarrollarse en Dinamarca un poderoso movimiento de resistencia y las relaciones entre los gobiernos de Berlín y Copenhague se deterioraron de un modo inexorable en cuanto las fuerzas de Hitler empezaron a sufrir serios reveses en todos los frentes. El Ejército Rojo soviético consiguió rechazar el avance de los nazis en el interior de Rusia. Evidentemente, los alemanes fracasaron en su intento de someter a los británicos a base de continuos bombardeos; su ofensiva en el norte de África se vino abajo e incluso en la otrora dócil Dinamarca los sabotajes efectuados por los activistas daneses contra las tropas alemanas se habían convertido en una auténtica molestia antes del verano de 1943. Cuando el gobierno danés se negó a imponer la ley marcial para sofocar la creciente resistencia, las fuerzas alemanas tomaron la residencia real de Copenhague el día 29 de agosto, arrestaron a varios miembros del parlamento y a destacados ciudadanos daneses y declararon el estado de excepción. Aunque en una respuesta poco menos que simbólica, el gobierno danés presentó la dimisión de inmediato y se procedió a convocar una huelga general, al final los alemanes lograron someter al país a un control absoluto.

Sin un gobierno contemporizador y desprovistos ya de todo interés por ofrecer una imagen dialogante a los daneses, los nazis no tenían motivos para seguir tolerando lo que consideraban un trato preferente a los judíos daneses. Así, después de declarar el estado de excepción confiscaron unas listas en las que figuraban los nombres y direcciones de los miembros de la comunidad judía del país, que no tardaron en descubrir con horror que Dinamarca había dejado de ser el refugio pequeño pero tranquilo que fuera desde mucho antes de la guerra. Por Copenhague comenzaron a circular rumores de que en los muelles de la ciudad acababa de atracar un barco alemán que aguardaba con impaciencia la llegada de un cargamento de prisioneros judíos.

En los tenebrosos archivos nacionales de Dinamarca no existe evidencia alguna de que entre 1934 y 1943 se permitiera la entrada en el país a una emigrante alemana llamada Sophie Hiller o a cualquiera de sus dos hijos, Edgar o Erwin. Tampoco hay documentos que demuestren que el hijastro de Sophie, Felix Hiller, fuera uno de los miles de refugiados alemanes que pasaron por el control de inmigración danés antes del inicio de la guerra. Naturalmente, es posible que uno de ellos —o quizás todos— consiguiera entrar en el país con un nombre falso. En 1943, había centenares de refugiados en Dinamarca que habían pasado de forma clandestina y sin autorización oficial y, por consiguiente, no hay pruebas escritas de su presencia.

Sin embargo, es innegable que las vidas de los miembros de aquella familia entregada a la música habían quedado destrozadas, algo inconcebible en 1934, el año en que falleció Paul Hiller. A juzgar por las pruebas disponibles, parece evidente que en 1943 ya no quedaba ningún Hiller en Colonia y, por otra parte, la reaparición del guardapelo hace pensar al menos uno de ellos huyó a Dinamarca antes de finales del verano de aquel mismo año, momento en que los nazis impusieron la ley marcial y, tras hacerse con el control del país que habían ocupado, se dedicaron a la perversa tarea de deportar judíos. Pero cabe preguntarse cuánto tiempo tardó en descubrirse que Sophie, Edgar o Erwin Hiller eran judíos en un país donde, a diferencia de lo que ocurría en la vecina Alemania, dicho apelativo carecía por completo de importancia. Una vez en Dinamarca, ¿habrían optado los Hiller por negar su origen judío con la intención de protegerse una vez más? ¿O, por el contrario, habrían recurrido a la pequeña comunidad judía del país para conseguir ayuda y apoyo de unas personas sometidas a una persecución similar? ¿Es posible que uno de los miembros de la familia Hiller formara parte de la muchedumbre que se concentró en la venerable sinagoga de Copenhague la mañana del 30 de septiembre de 1943 para oír el sorprendente comunicado del rabino Marcus Melchior?:

Anoche me avisaron de que mañana los alemanes tienen previsto hacer una redada en los hogares judíos de Copenhague con el objeto de arrestar a todos los judíos daneses y trasladarlos a los campos de concentración. Saben que mañana es Rosh Hashanah* y que nuestras familias estarán en casa. La situación es muy grave. Tenemos que actuar de inmediato. Ahora debéis abandonar la sinagoga, poneros en contacto con todos los familiares, amigos y vecinos que sepáis que son judíos y contarles lo

* Festividad en que se celebra el comienzo del Año Nuevo judío. (N. de la T.)

130

que os he dicho. Decidles que avisen a todas las personas judías que conozcan. También debéis hablar con vuestros amigos cristianos y pedirles que hagan llegar la noticia a los judíos. Tenéis que hacerlo ahora, sin perder ni un minuto, para que dentro de dos o tres horas todo el mundo sepa lo que ocurre. Antes de que anochezca todo el mundo debe estar escondido.

El rabino disponía de aquella extraordinaria información gracias a C. B. Henriques, abogado del Tribunal Supremo y líder de la comunidad judía durante mucho tiempo, que la había recibido de Hans Hedtoft, jefe del partido socialdemócrata, quien a su vez la conocía gracias a Georg Duckwitz, el agregado alemán de transporte, que le había avisado personalmente de que los nazis estaban a punto de pasar a la acción. Duckwitz ya se había arriesgado a que lo arrestaran por traición al tratar de interceptar un telegrama que Werner Best, íntimo amigo suyo y plenipotenciario nazi en Dinamarca, había enviado a Berlín y en el cual recomendaba a Hitler que aquél era el mejor momento para actuar con contundencia contra los judíos del país. Duckwitz fracasó en el intento, pero cuando diez días después Hitler ordenó que los secuestros y deportaciones comenzaran el día 1 de octubre, no pudo permanecer callado ni un minuto más. Gracias a su decisión de actuar en conciencia, los miembros de la comunidad judía se enteraron de aquellos plantes con un día de antelación y pudieron esconderse o huir; y había sido su decisión la que movilizó a la resistencia y a miles de daneses que permanecieron pasivos hasta entonces. Aunque de forma improvisada, antes del anochecer del día 30 de septiembre toda la nación había puesto en marcha una campaña para salvar a los judíos de Dinamarca.

Tanto en Copenhague como en otras ciudades más pequeñas se enviaron mensajeros para hacer correr la voz sobre aquel tema de vital importancia; eran voluntarios que tenían que ir de puerta en puerta porque hasta aquel momento en Dinamarca no había nadie que supiera muy bien quién era judío y quién no. Los pastores luteranos se apresuraron a llamar por teléfono a sus feligreses para suplicarles que hicieran todo lo posible por esconder a los judíos; los líderes de la resistencia empezaron a gestionar la oferta de ayuda de los marinos mercantes, cuyos barcos estaban listos para trasladar a los judíos a un lugar seguro; los *boy scouts* y los miembros de los clubes de caza peinaron los bosques en busca de los refugiados que habían decidido esconderse entre los árboles, con la intención de conducirlos a las ciudades portuarias donde les esperaban las embarcaciones; de repente, los hospitales de todo el país se llenaron a rebosar de pacientes con apellidos como Hansen, Petersen o Jensen y, en cuanto llegaban noticias de que había familias escondidas en lugares peligrosos —o que ni siquiera habían llegado a hacerlo— enseguida se enviaban ambulancias a recogerlas.

Los taxis, que cualquier otra tarde de principios de otoño se habrían dedicado a recorrer las calles adoquinadas en busca de clientes, en aquel momento atravesaban a toda prisa el tranquilo paisaje campestre en dirección a los pueblecitos pesqueros que bordeaban la costa del estrecho de Sund; los trenes costeros también iban tan atestados de gente que era como si la temporada de verano hubiera comenzado de nuevo, y los pasajeros, adustos y silenciosos, aparecían embutidos en gruesos abrigos debajo de los cuales llevaban toda la ropa que habían conseguido ponerse. Con su llegada, empezó a crecer la población de puertos pesqueros como Rungsted, Humelbæk, Helsingør, Hornbæk y Gilleleje y sus habitantes abrieron tiendas, graneros, buhardillas y salas de estar a invitados cuya visita ni siquiera estaba prevista el día anterior.

Quizás debido a que Gilleleje era la localidad más alejada de Copenhague y de la amenazante presencia de la Gestapo, pero sin duda también a que era la última estación del trayecto, lo cierto es que el pequeño pueblo, situado en el extremo septentrional de la isla de Seeland, no tardó en experimentar un repentino aumento de habitantes temporales. El martes 5 de octubre —cinco días después de que la operación de salvamento se pusiera en marcha a toda prisa—, el tren que llegaba a Gilleleje a últimas horas de la tarde llevaba trescientos catorce pasajeros en vez de los treinta habituales. De ahí que el jefe de estación del pueblo decidiera anotar con lápiz la palabra «judíos» junto al número que había garrapateado, en un intento de explicar el alud de pasajeros. Pero no se trataba de los primeros refugiados en llegar a esa localidad de mil setecientos habitantes; muchos habían llegado los días anteriores y, tras embarcar en los pesqueros atracados en el pequeño puerto de Gilleleje y recorrer doce millas náuticas de mar picado en la confluencia del estrecho de Sund y las aguas del mar de Kattegat, lograron arribar sin el menor percance al puerto sueco de Höganäs.

Los primeros ocho refugiados —dos familias de Copenhague que no necesitaron el comunicado urgente del rabino Melchior para comprender que, si querían seguir con vida, no les quedaba otra opción que huir de los nazis— cruzaron el estrecho a primeras horas del miércoles 29 de septiembre. Habían permanecido escondidos en casa del tendero Tage Jacobsen y su mujer, y luego Niels Clausen, un pescador jubilado, accedió a llevarlos a Suecia a pesar de que le faltaba una pierna y llevaba años sin hacerse a la mar. A su llegada a Höganäs, la policía interrogó a los cuatro adultos y los cuatro niños y luego los alojaron en una pensión.

El viernes 1 de octubre llegaban varias decenas más de refugiados. El hostal Gilleleje estaba lleno, lo mismo que el Badehotel, a pesar de que, según decían los habitantes del pueblo, los propietarios no ocultaban su simpatía por los nazis. Había tantos forasteros con pinta de fugitivos deambulando por las calles que los vecinos se pusieron nerviosos y empezaron a invitarlos a sus casas. El tendero Gilbert Lassen también abrió las casas de verano que estaban a su cuidado, convencido de que los dueños aprobarían su proceder. Al cabo de poco, apenas quedaba un lugar en el pueblo donde no se hubiera ocultado algún judío aterrorizado, deseoso de huir de Dinamarca y de nombre casi siempre desconocido para sus anfitriones: habían buscado refugio en garajes y desvanes, en cobertizos y almacenes, en el hospital, en el astillero, en la depuradora de agua y en la fábrica de cerveza.

Durante los primeros días del salvamento, los cúter y las goletas de navegación oceánica de la extensa flota de Gilleleje se hicieron a la mar de forma azarosa aunque continua. Los pasajeros que subieron a bordo pagaban todo el dinero que tenían para realizar aquel corto viaje y ponerse a salvo, y los pescadores aceptaban el pago por la sencilla razón de que era muy difícil resistir la tentación, pero también porque ponían en peligro sus embarcaciones, sus sustentos e incluso se arriesgaban a ir a la cárcel si los detenía la temida Gestapo. Al principio los grupos de refugiados formaban una piña, se pasaban horas esperando en los muelles a plena luz del día y a continuación subían al primer barco disponible. Pero, como cada vez eran más y las matrículas de las embarcaciones se veían perfectamente durante el día, la mayoría de los traslados tuvieron que realizarse de madrugada. Los barcos hacían la travesía sin luz, y al cabo de poco, la gente dejó de embarcar en los muelles y comenzaron a efectuarse salidas más seguras y discretas desde las playas situadas al este y el oeste de la ciudad. Los refugiados subían a los botes de ocho en ocho, aprovechando el intervalo entre ola y ola, y se trasladaban al *Maagen*, al *Tyborøn*, al *Haabet*, al *Fri* o al *Wasa*, que esperaban en alta mar.

En cuanto se alejaban de la costa danesa, los capitanes de los antiguos pesqueros no se dirigían directamente al este, hacia Höganäs, sino que solían poner rumbo al norte y adentrarse en el mar de Kattegat y sólo viraban hacia el este para cruzar el estrecho cuando se encontraban en mar abierto, donde las posibilidades de toparse con una patrullera alemana eran incluso más remotas que en épocas anteriores. En cuanto el goteo de refugiados se convirtió en un torrente imparable, los suecos —que aun siendo neutrales, habían empezado a apoyar de forma abierta a las potencias aliadas en cuanto la suerte volvió la espalda a los nazis en el aspecto militar— hicieron todo lo posible para facilitar el viaje de vuelta a los pescadores. Las naves de la armada sueca se encontraban con los barcos daneses a unos dos o tres kilómetros de la costa de destino y, en este punto, se trasladaba el cargamento humano de un barco a otro en estrechas planchas de madera que no paraban de moverse debido al cabeceo de ambas embarcaciones, y luego se transportaba hasta el puerto sueco.

Pero en la mañana del miércoles 6 de octubre, Hans Juhl, el jefe de la Gestapo, que vivía en el cercano puerto de Helsingør y se olía algo raro, declaró todos los puertos del norte de Seeland zona prohibida para quien no tuviera un carné de pescador válido; ordenó a los miembros del servicio civil de guardacostas que vigilaran de cerca todas las actividades que se llevaban a cabo en la costa —aunque los guardacostas no sentían hacia él una lealtad demasiado profunda, si es que sentían alguna—, y de vez en cuando sus hombres y él hacían redadas en los puertos y en posibles escondrijos con la esperanza de atrapar a los daneses en lo que consideraban un flagrante acto de sabotaje: el hecho de ocultar a los judíos perseguidos para salvarlos de las garras de Alemania.

El miércoles amaneció gris y nublado. Después de una noche tormentosa, una ligera llovizna seguía cayendo del cielo y un fuerte viento del sudoeste barría los techos de paja y tejas del pueblo, azotando la superficie de un mar encrespado. Los más de trescientos refugiados que llegaron en tren la noche anterior —junto a los que ya estaban en la ciudad pero no tenían modo de llegar a Suecia— al menos estaban secos y, de momento, a salvo, si bien se sentían incómodos en los alojamientos provisionales que habían encontrado en Gilleleje y sus alrededores. Según los cálculos de un grupo de ciudadanos que se reunió al amanecer en la carnicería de Oluf Olsen, en aquel momento había nada más y nada menos que quinientos judíos escondidos cuyas vidas corrían verdadero peligro. Se había producido tal invasión de refugiados en Gilleleje que empezaban a escasear los lugares donde esconderlos, y los líderes locales decidieron hablar urgentemente sobre el mejor modo de resolver una situación que empeoraba por momentos. ¿Había que buscar la forma de alejar de allí a los refugiados y trasladarlos al interior del país? ¿Era preciso avisar a los líderes de la resistencia de Copenhague de que Gilleleje estaba hasta los topes de personas que no podían zarpar rumbo a Suecia porque finalmente la Gestapo se disponía a impedirlo? ¿Debían organizar los habitantes del pueblo un único traslado masivo, con todos los riesgos que ello suponía, y embarcar a la mayoría de los refugiados —o incluso a todos ellos— en uno de los grandes barcos que permanecían atracados en el puerto para resguardarse de la fuerte tormenta? ¿Aceptaría algún capitán intervenir en aquel espectacular plan?

El tendero Gilbert asistió a la reunión que se celebró en la carnicería de Olsen; también acudieron Juhl Jensen, el pescadero, los profesores de instituto Assenchenfeldt Frederiksen y Mogens Schmidt, el pastor Kjeldgaard Jensen y Christian Petersen, presidente del consejo del distrito. Además había por lo menos seis forasteros presentes: un hombre llamado Nielsen que vendía seguros en el cercano pueblo de Hillerød; Niels Thorsen y Jean Fischer, activistas de la resistencia y estudiantes de la Universidad Técnica de Copenhague; Arne Kleven, un jugador de fútbol que llegara a ser una estrella hacía unos años y en aquel momento ejercía de administrador de un sindicato y colaborador del diario clandestino *Nordisk Front*; además de Henry Skjær, el viejo y célebre barítono de la Real Ópera Danesa, que por entonces contaba cuarenta y cuatro años de edad. Ni Kleven ni Skjær, ambos famosos, eran judíos, y por lo tanto sus vidas no corrían peligro. Sin embargo, al igual que los estudiantes habían participado de forma activa en la organización de la huida de la semana anterior, y los dos habían llegado a Gilleleje en el abarrotado tren del martes por la noche, junto a centenares de fugitivos para con los que habían adquirido algo más que una tácita responsabilidad.

Al final de aquella reunión de primeras horas de la mañana, el comité creado especialmente para tratar el tema del salvamento llegó a la conclusión de que a pesar del gran riesgo que entrañaba la operación, lo más razonable era organizar un traslado a gran escala y llevarlo a la práctica lo antes posible. A los estudiantes se les encomendó la tarea de reunir el dinero de los refugiados para la compra de los pasajes, y el profesor Schmidt se ofreció voluntario para ir al puerto y convencer al menos a un capitán de aquellos barcos que buscaran refugio de que valía la pena realizar un pequeño desvío de un par de horas hasta Suecia y poner en peligro la nave y la tripulación durante aquel corto espacio de tiempo por una recompensa tan suculenta como la que iba a recibir. Aunque eran veinte los barcos que habían fondeado en el puerto durante la tormenta de la noche anterior, el único capitán al que Schmidt encontró en los muelles fue a Gunnar Flyvbjerg, patrón de una enorme goleta de propiedad familiar llamada *Flyvbjerg*. Pero, por la atractiva suma de cincuenta mil coronas danesas, el capitán y sus ayudantes accedieron de buen grado a hacer un único viaje hasta Höganäs cuya salida se fijó para la una de la tarde de aquel mismo día. El *Flyvbjerg* llevaba la bodega vacía y, aunque los pasajeros no tendrían una travesía cómoda, podrían embarcar algunos centenares de refugiados, quizás incluso todas las personas del pueblo que no veían la hora de irse:

Los rumores del inminente traslado se extendieron por todo el pueblo como un reguero de pólvora, y bastó una hora para que empezara a reunirse en los muelles del puerto y a plena luz del día un número inquietante de refugiados, preocupados por saber cuántas personas cabrían en la goleta e impacientes por conseguir un pasaje. Los organizadores pensaban trasladar a la gente al barco en grupos pequeños, pero a últimas horas de la mañana el puerto estaba abarrotado de refugiados que habían acudido a los muelles y hubo que cambiar el plan. A mediodía, el puerto era un hormiguero formado por centenares de personas que se limitaban a esperar: hombres, mujeres y niños de todas las edades embutidos en gruesas prendas de abrigo, con el miedo y la incertidumbre dibujados en el rostro, muchos de los cuales intentaban moverse entre la multitud arrastrando maletas, baúles y cochecitos de niño. También habían acudido los habitantes del pueblo, aunque sólo fuera porque era la primera vez que ocurría algo así en Gilleleje; todo el mundo —tanto los que se dirigían a Suecia como los que sólo querían ver partir a los refugiados— sabía que Juhl, el jefe de la Gestapo, y sus hombres podían llegar de Helsingør en cualquier momento y atrapar a los judíos a orilla del agua antes de que subieran a bordo y se fueran de allí.

Al fin se dio autorización para cruzar un estrecho rompeolas que conducía al lugar donde se encontraba amarrado el *Flyvbjerg*. La gente corrió en tropel hacia el malecón de piedra que llevaba hasta el barco y se esforzó por respetar la cola; aunque algunos consiguieron subir a bordo sin ningún percance al cabo de un rato, el proceso fue terriblemente lento. Muchas personas observaban consternadas cómo un pescador intentaba dirigir a la multitud, y cuando alguien gritó: «¡Tiradlo al agua! ¡Es un espía!», hubo gente que lo entendió mal y empezó a chillar: «¡La Gestapo! ¡Viene la Gestapo!» Siguieron unos minutos de pánico que no tardaron en dar visos de certeza a lo que hasta entonces sólo era un rumor, e incluso el capitán del *Flyvbjerg* creyó que los nazis estaban a punto de invadir su nave. Puso en marcha los motores de la goleta, hizo retroceder a empujones a la gente que aún se afanaba por subir a bordo y, después de soltar amarras y dejar atrás los rompeolas que rodeaban la nave en cuestión de minutos, salió a mar abierto y abandonó a cientos de personas en el malecón y a otras tantas que aún aguardaban en la orilla.

Aunque aquel día consiguieron llegar a Suecia ciento ochenta y dos personas a bordo del *Flyvbjerg*, es posible que otras trescientas no lo lograran. A pesar de que la Gestapo no capturó a nadie, el plan de traslado fracasó. Centenares de personas asustadas, perplejas y enfadadas —algunas de ellas separadas de familiares que en aquel momento iban rumbo a Höganäs— fueron conducidas, al menos de forma provisional, a un enorme taller de reparación que se hallaba a los pies del malecón, y enseguida se celebró una acalorada reunión para decidir qué se haría después. No capturaron a nadie, pero, a la vista de los hechos, parecía evidente que cualquier traslado de aquella envergadura iba a plantear problemas logísticos similares, tanto si los nazis lo desbarataban como si no. Era preciso recurrir a la astucia y diseñar con sumo cuidado una estrategia que permitiera embarcar a la gente en pequeños grupos de un modo eficaz, pero mientras tanto había que conformarse con esconder a los judíos.

Aquella mañana, un pequeño grupo de refugiados había permanecido oculto en la iglesia del pueblo durante un rato mientras esperaba subir a bordo del *Flyvbjerg*, y parecía razonable volver esconder allí a un grupo más numeroso. Sobre la nave había un triforio vacío en el que quizás cupieran hasta cien personas —incluso durante un largo espacio de tiempo, si era necesario—; antes de que la reunión se disolviera, Arne Kleven, el escritor y administrador del sindicato, aceptó acompañar a la iglesia a un grupo de refugiados y encerrarse dentro con ellos para convencerlos de que no iban a desentenderse, una promesa que le iba a resultar muy fácil cumplir.

Tres días antes, durante el oficio del domingo por la mañana el reverendo Kjeldgaard Jensen había leído a sus feligreses la pastoral difundida por los obispos de la Iglesia luterana danesa en respuesta a la crisis. La carta declaraba que los miembros de la Iglesia tenían el deber de protestar contra la persecución de los judíos de Dinamarca porque Jesús también era judío, la persecución iba en contra de su mandamiento de amar al prójimo y también por la sencilla razón de que «se oponía al concepto de justicia que compartía la mayoría de los daneses». El pastor Jensen se tomó la carta muy a pecho: colaboró en las operaciones del comité organizador constituido a tal efecto y no dudó en ofrecer la iglesia y la casa parroquial para ocultar a los refugiados. A últimas horas de la tarde del miércoles 6 de octubre, se acercó a la puerta de la iglesia y pronunció en voz alta la palabra *håbet*, «esperanza», la contraseña que lo identificaba como amigo, antes de que Arne Kleven lo dejase entrar. Subió la escalera estrecha y empinada que llevaba al triforio y luego anunció a la multitud allí reunida que, como párroco de aquel lugar sagrado, iba a protegerlos a todos y que daría su vida por ellos si fuera necesario.

Un profundo abatimiento se había apoderado de las personas que permanecían escondidas en el desván, al ver que se quedaban en tierra tras la caótica escena del puerto mientras el *Flyvbjerg* y una parte de sus amigos e incluso algunos familiares partían hacia Suecia sin ellos. Muchos habían gastado todo su dinero en conseguir pasaje en el *Flyvbjerg* y, aunque los habitantes del pueblo les aseguraron que no deberían volver a pagar, no las tenían todas consigo. También les dijeron que sólo permanecerían en aquel desván frío, oscuro y mal ventilado hasta que se encontrara el modo de hacerlos embarcar sin problemas en el *Jan*, otra de las goletas que había buscado cobijo en el puerto de Gilleleje la noche anterior y cuyo capitán también estaba dispuesto a transportar a los refugiados. En esta ocasión el plan era que el *Jan* abandonara el puerto y luego levara anclas lejos de la costa; se trasladaría a los refugiados a altas horas de la madrugada en pequeños grupos a bordo de botes que zarparían de Smidstrup Strand, una playa solitaria situada al este de la ciudad. Kleven dijo a los refugiados que, a ser posible, saldrían aquella misma noche. Los organizadores se disculparon por las molestias, pero, al igual que el pastor, aseguraron a aquel montón de judíos desesperados que se esforzarían al máximo por protegerlos hasta que llegaran a Suecia sanos y salvos.

Junto a las aproximadamente sesenta personas de nombre desconocido que acompañaron a Arne Kleven desde el puerto hasta el triforio, había otro grupo de fugitivos anónimos recién llegado al pueblo que buscó refugio en la iglesia en el momento en que aquel día gris dio paso a la noche. Unas horas atrás, antes de salir de Copenhague y dirigirse a Gilleleje en taxis y coches privados, Henry Skjær, el cantante de ópera, se las había arreglado para avisar a un grupo de judíos fugitivos del traslado a bordo del *Jan* y les había dicho que debían esconderse en la iglesia hasta que la operación secreta enfermera y esposa del doctor Kay Fremming, uno de los dos médicos del pueblo, se había pasado por la casa parroquial —que estaba a una manzana de distancia de la iglesia— para informar a Grete Frederiksen, el cual se alojaba en el mismo edificio, de que aquel nuevo grupo —que ascendía nada más y nada menos que a sesenta personas— llegaría hacia el anochecer, como en efecto sucedió: se presentaron en coches a partir de las seis de la tarde.

Aunque no quedan pruebas que relacionen a Marta Fremming con Henry Skjær, parece casi seguro que ambos trabajaron juntos para conducir al nuevo grupo de refugiados al pueblo y a la iglesia. Lo que sí es seguro es que, debido a su soltería, la señorita Frederiksen acogió con los brazos abiertos a todos los que llegaban a la casa parroquial y pronunciaban la contraseña, «esperanza», después de llamar a la puerta de su cocina. La mujer trató de acomodar lo mejor que pudo en la propia parroquia a las dos primeras docenas de refugiados, que pasaron la noche en la oscura y fría sala principal, y acompañó a los demás al triforio de la iglesia, con lo que el total de personas escondidas se elevó hasta más de cien.

Naturalmente, casi todos los habitantes del pueblo sabían que la iglesia estaba llena de refugiados judíos. La gente se pasó la tarde y la noche llevando mantas y abrigos, recipientes con sopa e incluso un asado. Pero al caer la noche, a los refugiados les fue imposible comer, ya que era demasiado peligroso encender aunque sólo fuera una luz. Se colocaron unos cubos a modo de lavabos improvisados, pero tampoco era posible dar con ellos en medio de aquella oscuridad cavernosa. La temperatura rozaba el punto de congelación; a la

145

gente se le quedaban las manos y los pies insensibles y en el lugar reinaba un silencio inquietante: más de cien personas apiñadas en un pequeño desván, sin poder pronunciar palabra durante horas, sin atreverse siquiera a hablar en voz baja y sin más compañía que el tictac del reloj de la torre, que parecía burlarse de la precaria situación de los refugiados con sus exasperantes repeticiones.

No se sabe bien cuándo ocurrió, pero antes del mediodía llamaron al doctor Fremming para que acudiera a la iglesia a atender a un enfermo. Tal vez fuera acompañado de algunos trabajadores de la Cruz Roja y, en lugar de ir a la iglesia, se dirigió a la casa parroquial. Tampoco se sabe cuánto tiempo permaneció en el lugar ni si aún estaba allí cuando se oyeron unos fuertes golpes en el portón. «¡Salid, que vienen los alemanes!», susurraron de forma audible los que llamaban, pero al no dar la contraseña Arne Kleven no abrió la puerta ni dio crédito al aviso.

Sin embargo, tal como se había anunciado, la Gestapo se presentó en la casa parroquial sobre la medianoche. Los agentes golpearon la puerta con las pistolas desenfundadas, dieron la contraseña y, cuando Grete Frederiksen abrió para ver quién era, un oficial de la Gestapo metió la bota en la rendija para evitar que la mujer cerrara. Después, un montón de soldados irrumpieron en el lugar y capturaron sin más a todos los judíos que se ocultaban allí. Bastaron unos cuantos oficiales para retener a los refugiados mientras el resto se dirigía a la iglesia. Kleven, que se encontraba justo detrás de la puerta atrancada, oyó por segunda vez unos fuertes golpes y a alguien que le avisaba a voz en grito de que los nazis iban de camino hacia allí; en aquella ocasión la advertencia procedía del hermano y el novio de Grete Frederiksen, a quienes la mujer había conseguido alertar tras huir por la puerta de la cocina de la casa parroquial. Pero, por segunda vez, aquellos hombres, que hablaban danés, tampoco conocían la contraseña, y Kleven decidió limitarse a buscar otros posibles escondites en la propia iglesia o bien una salida alternativa. Por supuesto, no encontró ninguna de las dos cosas.

Sin embargo, lo cierto es que había una puerta diminuta oculta tras el altar y el pastor Jensen intentaba abrirla desde fuera para avisar a Kleven y a la gente del triforio del peligro que corrían cuando lo vio un agente de la Gestapo que estaba apostado cerca de allí. Con la esperanza de ganar un poco de tiempo, Jensen dijo a la Gestapo que Aage Jørgensen, el sacristán, tenía la única llave del edificio. Los de la Gestapo se tragaron el cuento; el jefe Juhl y él se dirigieron entonces a la casa de Jørgensen, quien también ganó unos valiosísimos minutos al insistir en que la llave no iba muy bien y que tal vez debía acompañarlos y abrir la puerta él mismo. Añadió que los oficiales tendrían que esperar a que se vistiera y que tardaría bastante, porque tenía graves problemas de espalda.

Hasta entonces la Gestapo había efectuado sus redadas sin el concurso de los miles de soldados alemanes que se hallaban emplazados en la zona norte de Seeland, pero al jefe de la Gestapo le pareció que aquella iglesia sitiada era un botín lo bastante atractivo para pedir ayuda a las tropas de una guarnición cercana. Así, a las cuatro de la mañana los faros de los automóviles y camiones del ejército iluminaron por completo la fachada de la iglesia, que apareció rodeada de soldados listos para entrar en combate. Parecía como si la desesperación que había vivido la gente del triforio durante aquella larga noche estuviera a punto de acabar en el mayor de los horrores, pero desde la planta baja Kleven hizo todo lo posible por convencer a los refugiados de que la fortaleza resistiría. Como Kleven había puesto la llave por dentro, el sacristán —junto al cual se encontraba el jefe de la Gestapo, un hombrecillo bajito e impaciente— fue incapaz de abrir la puerta y el horror se prolongó unos minutos más antes de que Juhl anunciara que no le quedaba más remedio que bombardear el edificio: los refugiados podían optar entre esperar a que el humo los obligara a salir o morir carbonizados, o bien salvar la vida y abrir la puerta. A continuación les gritó que la decisión estaba en sus manos.

A las cinco de la mañana, Arne Kleven respiró hondo, se armó de valor para lo que se avecinaba y abrió la pesada puerta. La gente que ocupaba el triforio había empezado a suplicarle que lo hiciera y él también sabía que ya no quedaba la menor esperanza.

—¿Dónde están? —gritó Juhl al tiempo que irrumpía en la pequeña iglesia.

—Maldita sea, encuéntrenlos ustedes mismos —contestó Kleven.

Al cabo de unos segundos, unos hombres armados con ametralladoras invadieron el triforio, enfocaron con luces cegadoras a las figuras ateridas que encontraron apiñadas allí, las obligaron a salir a la oscuridad de la noche y las condujeron por una calle empinada hasta la casa parroquial, donde debieron esperar ocho horas más junto a los refugiados que los nazis habían capturado previamente, antes de subir a camiones militares con cubierta de lona que los trasladaría al campo de prisioneros de Horserød, cerca de Helsingør. Ciento veinte judíos habían fracasado en su intento por exiliarse en Suecia, y casi todos los habitantes de Gilleleje estaban afligidos y se lamentaban de que les habían fallado por completo.

Probablemente nunca sabremos con exactitud en qué momento o lugar el fugitivo que huía para salvar su vida entregó a Kay Fremming un mechón de cabello de Ludwig van Beethoven enrollado en espiral y conservado en el interior de un guardapelo de madera. Asimismo, es posible que pase mucho tiempo antes de que conozcamos la identidad y las motivaciones de esa persona.

Aunque en el pequeño puerto circularon rumores durante meses e incluso años sobre la posibilidad de que uno de los refugiados perseguidos por los nazis hubiera entregado al doctor Fremming un objeto de gran valor, por lo visto el médico, que siempre había sido un hombre taciturno y silencioso, nunca habló de forma abierta del extraño regalo que recibiera alrededor del 6 de octubre de 1943. Por otra parte, tampoco declaró nunca que hubiera accedido a quedarse el medallón hasta que su propietario regresara a por él. Sin embargo, tanto si se trataba de una profunda muestra de gratitud o sólo de un recuerdo de otra persona, que el médico aceptara guardar en régimen de fideicomiso hasta el día que alguien fuera a recogerlo, no cabe la menor duda de que el delicado fragmento del cuerpo de Beethoven fue a parar a manos de Kay Fremming durante aquellos días heroicos que se vivieron en las turbulentas costas danesas.

Aunque no es posible asegurar nada con absoluta certeza, al menos existen indicios con los que reconstruir un posible contexto —o varios— que permita entender la entrega del mechón de pelo. Marta Fremming confirmó hace mucho tiempo que su marido había recibido el mechón de pelo durante uno de los días más importantes de la historia de Gilleleje. También es verdad que tanto ella como su marido participaron de forma activa en la campaña que se organizó para proteger a los judíos que habían acudido en masa al pueblo con la esperanza de hallar el modo de escapar a Suecia. Y lo que parece indiscutible es que Kay y Marta Fremming estaban en contacto, por no decir que colaboraban estrechamente, con el barítono Henry Skjær, el cual había instado a los refugiados a viajar desde Copenhague a Gilleleje la tarde del 6 de octubre y les había informado de que debían permanecer en la iglesia hasta que fuera posible trasladarlos a Höganäs en el *Jan*.

Sin embargo, no se sabe a ciencia cierta si el doctor Fremming y su esposa también escondieron refugiados en su casa o en su clínica durante los días de la operación de salvamento, aunque es bastante probable que lo hicieran: cabe la posibilidad de que la persona que entregó el guardapelo hubiera entrado en contacto con el médico hacía poco y se sintiera en deuda con él. Además de ésta, quedan otras cuestiones por resolver:

¿Por qué se implicó de aquel modo Henry Skjær, un hombre que vivía en Copenhague y era una figura de primera magnitud en la selecta comunidad musical danesa, en la campaña de salvamento de Gilleleje, una localidad de provincias que entonces se encontraba a unas tres horas en tren de la capital? A diferencia de Arne Kleven, cuya experiencia como periodista y sindicalista hacían de él una especie de activista en potencia, Skjær, por su profesión y su fama, no parecía a primera vista una persona muy inclinada a participar en todo aquello. Al igual que Kleven, ¿fue a Gilleleje para tratar de ayudar a personas a las que no conocía sólo por un elevado sentido del deber y el patriotismo? ¿O simplemente intentaba ayudar por todos los medios a una o a varias personas en concreto, ya fueran colegas, amigos o familiares? Aunque la gente recuerde muy bien que Skjær se hallaba presente en la reunión que se celebró con carácter de urgencia a primeras horas de la tarde del día 6 de octubre, poco después de la repentina partida del *Flyvbjerg*, se desconoce dónde estuvo el resto del día y de la terrible noche siguiente. Lo cierto es que Henry

Skjær informó a una serie de personas de Copenhague —ya fuera en persona o con mayor probabilidad por teléfono— de que el *Jan* zarparía de la playa de Smidstrup y que los pasajeros permanecerían en la iglesia de Gilleleje hasta el momento de subir a bordo. Pero ¿puede darse por sentado que proporcionara dicha información al dueño o la dueña del cabello, quien, al recibirla decidió huir a Gilleleje con el mechón de pelo?

De hecho ¿es posible que dicha persona fuera Edgar Hiller, que por entonces debía de tener treinta y cinco años y que en 1935, momento en que se pierde la pista de su paradero, trabajaba también como cantante profesional en la ópera de Colonia? ¿Acaso eran colegas, o incluso amigos íntimos, Henry Skjær y Edgar Hiller, el cual tal vez llevaba varios años viviendo en Dinamarca bajo un nombre falso? ¿Se había ocultado Edgar Hiller en casa de Fremming con la ayuda de Skjær? ¿O quizás el médico, u otro miembro de la familia, lo atendió cuando acudió a la iglesia tras recibir la llamada? ¿Se había enterado de algún modo el donante de que el médico también era un enamorado de la música y un flautista de gran talento?

Estas preguntas plantean interrogantes similares, que es posible resumir en tres cuestiones elementales para las que hasta el momento no hay respuesta: ¿Por qué decidió el propietario del guardapelo entregarlo en Gilleleje? ¿Por qué decidió Kay Fremming no decir nada sobre las circunstancias en que se produjo la entrega? ¿Fue realmente Edgar Hiller quien regaló el mechón de cabello que su abuelo había cortado a un gran hombre que acababa de morir?

A medida que los prisioneros llegaban al campo de Horserød el mediodía del 7 de octubre, los nazis los condujeron a una habitación desprovista de ventanas donde tuvieron que seguir esperando hasta que los ciento veinte hubieron abandonado Gilleleje. Finalmente, todos los prisioneros fueron interrogados de forma metódica y se les preguntó por su domicilio, profesión, nacionalidad y su origen judío. Los que no eran judíos en rigor e incluso los que estaban casados con gentiles fueron conducidos a unos barracones en los que debieron esperar a que se les trasladara a Copenhague, donde se les puso en libertad. Los demás —unas sesenta personas en total— fueron trasladados a unos cobertizos de madera, donde siguió la espera hasta que los llevaron de nuevo a Helsingør. Una vez allí, a los refugiados de la iglesia de Gilleleje y a varios centenares de personas capturadas en otros lugares los metieron a presión en vagones de ganado, que cargaron en un barco alemán. Ya de noche los trasladaron hasta Swinemünde, donde les esperaban otros cuatro días de tortuoso viaje en ferrocarril hasta Checoslovaquia y el campo de concentración al que los nazis llamaban Theresienstadt.

Arne Kleven, uno de los cuatro daneses arrestados por tratar de ayudar a los judíos a escapar a Suecia, permaneció encarcelado durante un corto espacio de tiempo en Copenhague antes de que un juez danés lo sentenciara a treinta días de prisión por su delito y a continuación le lanzara una clara indirecta al decirle que pensaba colocar su expediente en último lugar, debajo de una gruesa pila de papeles. Kleven no llegó a cumplir la sentencia. Henry Skjær también regresó a su hogar de la capital, pero aquello no supuso ni mucho menos el fin de la operación de salvamento de Gilleleje. El percance del *Flyvbjerg* del miércoles por la tarde y la tragedia que sucediera en la iglesia durante la madrugada del jueves sólo sirvieron para animar a la gente a buscar mejores modos de esconder a los refugiados y conducirlos sanos y salvos a bordo de los pesqueros.

Los líderes de la campaña volvieron a reunirse el jueves por la mañana en la casa de Peter Petersen, el mecánico de coches, y crearon un comité oficial integrado por diez personas —al que algunos denominaron el «Comité Judío»— que a partir de entonces se encargaría de controlar exhaustivamente todas las operaciones de salvamento. El comité se ocuparía de buscar los barcos y regular los precios de los pasajes, asignaría los escondites y las tareas concretas de los voluntarios, y procuraría que no se repitiese la desorganización y la falta de comunicación que habían tenido resultados tan nefastos durante los días anteriores. L. C. Jensen, el inspector escolar, dijo que, además de vidas humanas, estaba en juego la reputación de Gilleleje y accedió a convertirse en presidente del comité. A Peter Petersen se le encomendó la tarea de cerrar los tratos con los pescadores que estuvieran dispuestos a cooperar; Gilbert Lassen supervisaría el alojamiento provisional de los refugiados; E. K. Rasmussen, que fabricaba redes de pesca, organizaría los embarques desde las playas cercanas; y el doctor Hjalmar Vilstrup, que era socio de Kay Fremming, fue nombrado tesorero y se encargó de que todos los refugiados zarparan sin importar lo que cada uno pudiera pagar. Sin duda, el pastor Kjeldgaard Jensen también se habría sumado al grupo, pero el hecho de que hubieran arrestado a los judíos en la iglesia —unido a su incapacidad para evitarlo— había supuesto un terrible golpe para él; cayó enfermo y no volvió a colaborar en la operación de salvamento.

Nadie culpó al pastor de lo que ocurriera en la iglesia, aunque era evidente que alguien había dicho a la Gestapo dónde encontrar a un gran número de judíos escondidos e incluso había revelado la contraseña. Unos culparon a la hija de los dueños del Badehotel, porque era una coqueta y sus padres eran partidarios de los nazis; otros sostenían que, curiosamente, la secretaria del comandante nazi del campo de prisioneros de Horserød, una danesa que había estado en la iglesia el miércoles por la tarde, parecía haberse alegrado de que se llevaran a los prisioneros al campo el jueves.

La iglesia no volvió a utilizarse como escondite, ni se ocultó a un número tan elevado de personas en un mismo lugar. Pero los concienzudos esfuerzos del comité, unidos al extraordinario apoyo de la mayoría de los mil setecientos habitantes del pueblo, acabaron teniendo un éxito clamoroso. El viernes por la noche, tres horas después de que anocheciera —y cuarenta y ocho horas después del momento en que el buque tenía previsto partir hacia Suecia—, el *Jan* levó anclas frente a la playa de Smidstrup y cruzó el estrecho con ciento veintitrés refugiados judíos a bordo. Aquella travesía felizmente tranquila y la huida aterrorizada que el *Flyvbjerg* protagonizara el miércoles fueron los dos únicos traslados masivos de refugiados en una serie de salidas que se llevaron a cabo sin el menor percance durante todo el mes siguiente y que pasaron por completo inadvertidas. A pesar de que en la inmensa mayoría de los viajes sólo se trasladaban pequeños grupos de personas, a finales de octubre, cuando la operación estaba a punto de acabar y la práctica totalidad de los judíos de Dinamarca se encontraba sana y salva en el exilio, los habitantes de Gilleleje estaban orgullosos de lo que habían conseguido aunque no pudieran expresarlo con palabras. Durante aquel corto espacio de tiempo, mil trescientos judíos cuyos nombres nunca llegaron a conocerse —daneses e inmigrantes apátridas— lograron la libertad gracias a los hogares, los cobertizos y los barcos de aquella lejana localidad costera, superando con creces a los que salieron de los demás pueblos de la isla de Seeland. En todo el país, un total de 7.906 personas fueron escoltadas sin ningún incidente hasta las acogedoras costas de Suecia en el otoño de 1943; sólo 508 fracasaron en su intento de huida, 464 de las cuales se trasladaron como si fueran ganado a Theresienstadt; entre éstas se encontraban sesenta judíos que habían buscado refugio durante un corto período de tiempo en la iglesia de Gilleleje.

El éxito de aquella sorprendente operación colectiva se debió en parte al hecho de que los únicos efectivos que las autoridades alemanas destinaron a tratar de detenerla fue el contingente relativamente pequeño de agentes de la Gestapo destacado en Dinamarca. La campaña de salvamento tampoco habría tenido éxito sin el aviso, rápido y valiente, de Georg Duckwitz, ni, según manifestaría el propio Duckwitz al final de la guerra, sin la tácita complicidad del comandante del Reich Werner Best, que siempre tenía un argumento a punto para no destinar tropas del ejército a buscar judíos a pesar de las enérgicas órdenes que llegaban de Berlín. Sin embargo, el hecho de que aquella enorme cantidad de judíos consiguiera huir de Dinamarca se debió sobre todo a que un número masivo de ciudadanos daneses se pusieron de acuerdo de repente para que escaparan, decidieron que ni ellos ni ninguna otra persona merecía aquella persecución y se negaron a tolerar el horror nazi en su amado país.

Beethoven: 1803-1812

Fue la Tercera sinfonía de Beethoven, esboza-
da y terminada en sólo cuatro meses durante el verano y principios del otoño de 1803, la que al fin
trazó una frontera definitiva entre su estilo y el de
Haydn y Mozart. Su intención era crear una obra
que tocara el trascendental tema del heroísmo —el
triunfo sobre el dolor, la confusión y la posibilidad
de la muerte— y, a medida que la escribía, fue cre-
ciendo en él la convicción de que debía titularla
«Bonaparte» en honor al esfuerzo heroico e incansable de Napoleón de dar forma a una nueva
Europa liberada. Pero en 1804, cuando Beethoven
se enteró por su amigo y alumno Ferdinand Ries
de que el general se había autoproclamado emperador de Francia, montó en cólera y rompió en dos
la portada de su partitura autógrafa.

—Entonces, es como todos los demás —respondió a Ries indignado, para añadir con admira-
ble clarividencia—: Ahora pisoteará los derechos

humanos y vivirá sólo para satisfacer su propia ambición. Se creerá superior a todo el mundo y se convertirá en un tirano.

Con el nuevo título de *Sinfonía Heroica*, la impresionante pieza se interpretó por fin en público en febrero de 1805, aunque era demasiado larga, innovadora, incluso demasiado grandiosa para que el público la acogiera en un principio tal como Beethoven esperaba. «Esta larga composición, sumamente difícil de interpretar, es en realidad una fantasía desbordante, audaz y enormemente extensa», declaró el *Allgemeine Musikalishce Zeitung*. Dos meses más tarde, cuando Beethoven dirigió personalmente la sinfonía en el Theater-an-der-Wien de Viena, un corresponsal de *Freymüthige*, una revista de arte y literatura, dividió al público en tres grupos distintos de acuerdo con sus reacciones: los que estaban seguros de que era una obra maestra que quizás se adelantaba mil años a su tiempo; una segunda facción que «negaba cualquier valor artístico a la obra y pretendía ver en ella un denodado esfuerzo por resultar singular»; y un tercer grupo, muy reducido, cuya opinión se situaba en la extensa zona intermedia comprendida entre ambos extremos.

Beethoven olvidó rápido la decepción, y en parte también la repugnancia, que le produjeran las reacciones claramente divergentes de que habían sido objeto tanto la Tercera sinfonía como el resto de sus obras pioneras. Pero, incluso en el caso de que sólo hubiera unas cuantas personas que compartieran su punto de vista, él sí comprendía el valor de su música, e iba más con su carácter limitarse a despotricar contra los críticos y seguir adelante que empezar a dudar de sí mismo. Además, a aquellas alturas su situación económica era tan desahogada que incluso su estilo de vida le recordaba que era un hombre de talento; podía permitirse un buen vino, criados, una magnífica vivienda en Viena y vacaciones de verano en el campo. La gente lo reconocía y lo saludaba con afecto cuando se cruzaba con él en la calle. Incluso aquellos a quienes, debido a sus circunstancias personales, les era difícil asistir a la interpretación de una de sus sinfonías o de una de las sonatas para piano que llevaban su nombre lo trataban con una deferencia sólo reservada a una persona importante, a alguien que componía una música maravillosa, a un hombre que, en resumen, era un genio.

Pero si a Herr Beethoven las cosas le iban bien de momento, a pesar de sus continuos problemas de salud, no podía decirse lo mismo de su país de adopción. Unos años antes, en 1792, los franceses habían declarado la guerra a la dinastía de los Habsburgo y sus constantes agresiones y ataques periódicos habían conducido al inmenso Sacro Imperio Romano, que se encontraba en pleno proceso de desintegración, al final de su historia milenaria. Durante los últimos años el reinado de Francisco II, a quien aterrorizaba la idea de que en Austria y Hungría también se estuviera incubando una revuelta popular inspirada en la Revolución francesa, resultaba cada vez más opresivo para las clases bajas, e incluso los aristócratas vieneses —que, por lo demás, ocupaban su tiempo con lujosas fiestas, teatro, ópera y música instrumental— debieron de sentirse afligidos y un tanto consternados cuando en 1805 las fuerzas napoleónicas ocuparon la ciudad durante un breve período de tiempo y luego regresaron al cabo de unos años para someterla por medio de bombas.

Napoleón tomó el palacio imperial de Schönbrunn y sus jefes militares ocuparon algunos de los otrora vacíos asientos del Theater-an-der-Wien cuando *Fidelio*, la ópera de Beethoven, se estrenó el 20 de noviembre de 1805, una fecha que resultó ser del todo inoportuna. La ópera que acababa de ver la luz era el fruto de dos años de trabajo y había tenido que aplazarse varias veces por diversos motivos. Luego, justo antes de aquel esperado estreno, el censor oficial de teatro había declarado que su temática era inadecuada para el público. El libreto contaba la historia de un prisionero político español del siglo XVI al que su mujer, vestida de hombre, salvaba de morir a manos del tiránico director de la cárcel; una historia que, por fuerza, un hombre en la situación de Beethoven tenía que encontrar fascinante. Hasta el último momento —gracias a una carta en la que Josef Sonnleithner, el secretario de la corte, aseguraba al censor que, de hecho, a la esposa del emperador le encantaba el cuento— no se dio el visto bueno para ponerla en escena. Pero la noche del estreno los militares de Napoleón dijeron que el espectáculo era un auténtico latazo, y al escaso número de personas que había asistido a la representación les pareció sencillamente demasiado larga y pesada. Muchos de los grandes admiradores de Beethoven, como su antiguo mecenas, el príncipe Karl Lichnowsky, que habían defendido la obra de un modo incansable y lo más probable es que disfrutaran mucho con ella, habían huido de la ciudad por miedo a convertirse en objeto de la ira de Napoleón.

Fidelio se suspendió después de tres representaciones, pero en cuanto Beethoven accedió a regañadientes a rehacerla y dejar en dos actos los tres que tenía anteriormente se repuso dos veces más, en la primavera de 1806, cuando sus benefactores y más ardientes admiradores habían vuelto a la ciudad. En aquella ocasión el público acogió con entusiasmo la obra, todo lo contrario que el compositor, quien tras una agria disputa con el director del teatro se negó a autorizar futuras representaciones de la misma. Hubo que esperar hasta 1814 para que, tras someterla a cambios de mayor envergadura, Beethoven terminara la que acabó siendo su única ópera completa —y la que, según él, debería permitirle engrosar la nómina de mártires por todos los sufrimientos que le había causado— y la obra se presentó de nuevo ante el público, esta vez en el teatro Kärntnertor de Viena, donde por fin obtuvo un gran éxito.

Desde que optara por abandonar su reclusión en el pueblo de Heiligenstadt en el otoño de 1802 —decidido, según le comunicaba a su amigo Wegeler, a impedir que su creciente sordera «le doblegara o aplastara por completo»— hasta su feliz y esperado encuentro con el insigne poeta y dramaturgo alemán Johann Wolfgang von Goethe una década después, Beethoven había compuesto una cantidad asombrosa de obras musicales, muchas de las cuales parecían destinadas a sobrevivir los mil años que profetizaran quienes creyeron percibir algo inmortal en la primera audición de la *Heroica*. A pesar de que a medida que transcurrían los años a Beethoven le costaba cada vez más seguir una conversación y no le abandonaban los sonidos estridentes que le herían los oídos como cuchillos, consiguió escuchar, aunque fuera mínimamente y con mucho esfuerzo, todo lo que compuso en aquel período: cinco sinfonías, incluida la enérgica y luminosa Cuarta, la dramática, magnética y aciaga Quinta, a las que había que añadir la Sexta, la *Pastoral*, espléndido resumen del amor que profesó a la naturaleza durante toda su vida, siete sonatas para piano, dos sonatas para violín, cinco tríos para piano, cinco cuartetos de cuerda, cinco conciertos, un oratorio, una misa y muchas otras piezas, entre las que figuran la obertura y la música incidental para orquesta que escribió en 1810 para *Egmont*, obra inspirada en la tragedia homónima de Goethe.

Beethoven admiraba profundamente las obras de teatro y los poemas de Goethe desde que fuera un adolescente en Bonn y, como la mayoría de sus coetáneos, consideraba a Goethe y a su amigo y colega, Johann Christoph von Schiller, los escritores más destacados en lengua alemana. Por su parte, y aunque la obra del compositor era demasiado «nueva» para su gusto clásico, Goethe sospechaba que, a diferencia de otros hombres, a Beethoven lo guiaba «la luz del genio, que ilumina su mente como un relámpago». A propuesta suya —a la que Beethoven accedió de inmediato—, los dos hombres se encontraron en la ciudad bohemia de Teplice durante las vacaciones de verano de 1812, y se vieron diversas veces en el curso de una semana. Pero, aunque parezca extraño, Beethoven, que tenía un carácter muy voluble, se sintió ofendido cuando, al oír una pieza para piano que había interpretado en su honor, su nuevo amigo se secó las lágrimas en vez de aplaudir.

—A usted no pienso consentirle algo así, Goethe —recriminó en voz alta al poeta.

A continuación le explicó que en Berlín, en 1796, el público también «había sido tan educado y refinado para acercarse a mí con paso tambaleante y pañuelos húmedos por la emoción, [lo que], siendo como soy un vulgar optimista, me dejó por completo indiferente… Usted mismo debe saber lo agradable que resulta que nos aplaudan las manos de quienes respetamos. Si usted no me reconoce y me considera su igual, ¿quién lo hará? ¿A qué puñado de golfos tendré que recurrir en busca de comprensión?».

Durante un tiempo, la música de Beethoven había tenido a Goethe intrigado, aunque también bastante confundido y al conocer al compositor el poeta también había quedado fascinado por la personalidad del genio. «Es el artista más independiente, sincero y lleno de energía que he visto en mi vida», escribió a su esposa desde Teplice. Pero, según contaba en una carta posterior a su amigo de

Berlín Carl Friedrich Zelter, aquel hombre tenía una cara oculta. El compositor no sólo lo había amonestado de un modo extraño por no aplaudir del modo que él consideraba apropiado, sino que además era tosco, rudo, zafio. Daba la impresión de que no le importara lo más mínimo el tacto o la discreción, y mucho menos su aspecto físico; por eso llevaba el cabello de punta y vestía ropas sucias y de mala factura. «Me asombró su talento —explicaba Goethe—. Por desgracia, es una persona completamente indómita que, aunque no se equivoca del todo al decir que el mundo es detestable, tampoco se esfuerza lo más mínimo en hacerlo más habitable ni para sí ni para los demás. Por otra parte, su actitud es muy comprensible y digna de compasión, ya que su sordera es cada vez más acusada, circunstancia que seguramente le lacera aún más en su naturaleza musical que en la social.»

Antes de que los oídos empezaran a fallarle, Beethoven solía ser un hombre silencioso, incluso taciturno y melancólico. Sin embargo, su creciente incapacidad para oír lo que le decían y el hecho de dar respuestas cada vez más lacónicas no le impidió entablar relaciones amorosas —a menudo extrañamente desequilibradas— con una serie de mujeres, además de seguir alimentando la esperanza de que algún día se casaría.

La condesa Giulietta Guicciardi había sido la segunda mujer de Viena a la que, al menos durante un tiempo, había deseado fervientemente convertir en su compañera. Dos años después, volvía a estar ansioso por encontrar el amor y estrechó el vínculo que le unía a Josephine Brunsvik Deym, hija de un aristócrata húngaro, el conde Anatol Brunsvik y su esposa Anna, a los que había conocido unos años antes. Josephine y su hermana Therese habían estudiado piano con Beethoven durante los años anteriores al matrimonio de la primera, que tras tener cuatro hijos había enviudado de repente en 1804. Aunque es posible que al principio sólo pretendiera ofrecerle sus condolencias y su apoyo como amigo, no tardó en enamorarse de Josephine, a la que confesó abiertamente sus sentimientos en una serie de cartas escritas a lo largo de tres años, donde le aseguraba que ella era su «único amor», y en cuyo honor compuso la canción *An die Hoffnung*, «A la esperanza», llevado por el deseo de que algún día ella accediera a corresponder a su amor. Pero, aunque Frau Deym quería a Beethoven y también estuvo tentada de ceder a sus ruegos, parece poco probable que en algún momento aceptase algo más que una leal y sincera amistad. Como antes le sucediera a la condesa Guicciardi, para estrechar su relación con Beethoven habría tenido que pasar por alto la modesta posición social del compositor y renunciar al título nobiliario y al patrimonio. Asimismo, parece evidente que la total dedicación de Beethoven a la música, los constantes cambios de humor, los extravagantes hábitos personales y la falta de modales, por no hablar de la dudosa salud y los problemas auditivos la convencieron en 1807 de que unirse a él quizás no sólo fuera desaconsejable para ella y para sus hijos, sino también para él.

Sin embargo, Beethoven mantenía la esperanza de encontrar un día la tan ansiada idílica felicidad conyugal, y creyó entrever la posibilidad en su relación con Therese Malfatti, sobrina de Giovanni Malfatti, el doctor italiano que pasó a ser su médico tras la muerte de Johann Schmidt, acaecida un año antes. Aunque las cartas que se conservan entre el compositor de cuarenta años y la joven a la que doblaba la edad no revelan el mismo tipo de amor apasionado que había profesado a Josephine Deym unos años antes, lo cierto es que Beethoven dijo a sus amigos que esperaba casarse pronto. Incluso escribió a Franz Wegeler a Bonn pidiéndole que buscara en los archivos su fe de bautismo porque la iba a necesitar para conseguir la licencia de matrimonio, pero la relación se enfrió y acabó antes de que llegara el certificado.

Lo más probable es que Beethoven no volviera a proponer matrimonio a nadie, aunque no dejó de sentirse atraído por mujeres sensibles, con temperamento artístico, al parecer cuanto más inalcanzables, mejor. Mientras descansaba en Teplice durante los veranos de 1811 y 1812, se dedicó a coquetear con una joven cantante de ópera llamada Amalie Sebald. Pero ella vivía lejos, en Berlín, y sólo estuvieron relativamente cerca el uno del otro durante aquellos dos veranos. Y más o menos por aquella época, intimó en Viena con una mujer casada, Antonie Brentano, esposa de un empresario de Frankfurt llamado Franz Brentano, que era hermanastro de Bettina Brentano, una amiga de Beethoven.

En 1809, mientras el marido permanecía en Frankfurt, Antonie había regresado con sus hijos a

Viena, su ciudad natal, para cuidar a su anciano padre. En 1811, la mujer sufrió una grave enfermedad durante cierto tiempo y Beethoven le ofreció su apoyo; acudió a verla con regularidad y pasaba largas horas frente al piano consolándola con su música. Parece evidente que Antonie hallaba en Beethoven muchas de las cosas que echaba de menos en la vida conyugal que llevaba en Frankfurt y que él, por su parte, disfrutaba con la compañía de ella. De hecho, tal vez fuera a Antonie a quien Beethoven escribió desde Teplice a principios de julio de 1812, dirigiéndose a ella —o a otra mujer— con el apelativo de «amada inmortal» en una apasionada carta en tres partes que iniciaba con la inquebrantable decisión de buscar el modo de vivir juntos. Sin embargo, concluía con una duda importante: «Tu amor me hace a un tiempo el más feliz y el más infeliz de los hombres (a mi edad, necesito una vida estable y tranquila). ¿Podemos aspirar a eso en nuestra situación?… ¡Oh, continúa amándome y no dudes nunca de que exista un corazón más fiel que el de tu bienamado».

Por lo visto, tal como ya ocurrió con la carta que Beethoven escribiera a sus hermanos desde Heilingenstadt hacía diez años y en la que les confesaba su creciente sordera, aquella misiva tampoco llegó al correo. «Debo apresurarme para que recibas la carta cuanto antes», escribió; sin embargo, aquella carta, como la que redactara en Heiligenstadt en 1802, fue hallada entre sus pertenencias en los días posteriores a su muerte.

Se subasta mechón de cabello
en Sotheby's

El 5 de mayo de 1945 por la mañana, los oyentes que sintonizaron la emisora de la BBC conocieron la magnífica noticia de que las fuerzas alemanas se habían rendido. Antes del mediodía, la radio danesa también había anunciado la buena nueva y las tropas británicas que empezaban a entrar en Copenhague acabaron con los tiroteos aislados de los escasos soldados alemanes que aún no estaban informados. Era como si, en menos de veinticuatro horas, todos los habitantes de Dinamarca hubieran ido corriendo a la capital para ver desfilar a los miembros de la brigada danesa por la Strøget, una calle peatonal del centro de la ciudad. Los daneses habían recuperado el control de su pequeño país rodeado de mar.

A diferencia de Alemania, la Dinamarca ocupada no había sido arrasada por los bombardeos aliados que precipitaron el final de la guerra; casi todos sus ciudadanos —judíos y gentiles— habían salvado la vida de un modo milagroso y la gente se sentía profundamente feliz de que el largo asedio finalizara. Una de las últimas acciones que llevaron a cabo los jóvenes activistas de la resistencia danesa fue obligar a los soldados alemanes a dirigirse a la frontera sin tardanza, amenazándolos abiertamente con las armas para asegurarse de que lo hacían; tras esto, empezaron a regresar a su país natal los judíos daneses que permanecían en el exilio desde octubre de 1943. En esta ocasión se limitaron a cruzar el estrecho de Sund en transbordadores que hacían la travesía de forma regular a plena luz del día y, en la mayoría de los casos, sus compatriotas les dieron una bienvenida casi tan extraordinaria como la ayuda que les prestaron cuando tuvieron que salir del país de manera clandestina. Tanto en Copenhague como en el resto del país, los refugiados que volvían encontraban sus casas y apartamentos limpios y seguros —en algunos casos, incluso recién pintados—, sus animales y jardines bien cuidados, las cocinas repletas de comida y sus trabajos y negocios esperando impacientes su regreso.

Aunque, con el tiempo, muchas de las personas que habían escapado a Suecia acabaron por regresar a Gilleleje y los demás pueblos pesqueros, por el momento la terrible experiencia de la huida era aún demasiado reciente para que la mayoría deseara volver. Sin embargo, hubo tres familias —de las que no se llegó a revelar nombres a pesar de que acababa de firmarse la paz— que regresaron a Gilleleje en los días posteriores a la liberación, para recuperar a los tres niños que se vieran obligadas a abandonar en circunstancias desesperadas hacía un año y medio: Mona tenía sólo tres meses cuando la recogiera Margrethe Hansen; Henning contaba siete meses de vida cuando Edith Bæk Carlsen se había hecho cargo de él; y Tove, un pequeño de un año de edad adoptado por la familia de Svend Andreasen. Todos andaban, e incluso hablaban, cuando unos padres a los que no conocían llegaron a la ciudad para llevarlos a casa. Ese mes de mayo, cuando los pequeños se marcharon dejando atrás un reguero de lágrimas, a los habitantes de la pequeña localidad de Gilleleje ya no les cupo la menor duda de que la guerra había llegado a su fin.

Pero no tardaron en llegar al pueblo otros niños, también víctimas de los estragos causados por una guerra que había asolado la mayor parte de Europa; ellos constituían la prueba viviente de que las secuelas tardarían mucho en desaparecer. A principios de 1946, un grupo de treinta huérfanos de guerra franceses llegaron a Dinamarca bajo los auspicios de la Cruz Roja danesa y se alojaron en casa de familias adoptivas de varias ciudades del norte de Seeland. Entre el grupo de cinco chiquillos que fueron enviados a Gilleleje había una niña de seis años procedente de Sannois, un pueblo cercano a París. Diminuta, desnutrida, pero vivaracha y muy independiente, Michele de Rybel necesitaba ayuda con urgencia, aunque en realidad no era huérfana. Su padre, Theophile, había nacido en Bélgica, trabajaba como dependiente de una tienda de bicicletas y estaba alcoholizado; la madre,

Marianne, se esforzaba por alimentar y cuidar a siete hijos además de Michele. La pequeña, no obstante, era la única cuya salud empezó a debilitarse de un modo peligroso, la única a quien sus padres accedieron a enviar fuera a regañadientes.

El miedo y la confusión invadieron a Michele la primavera de aquel mismo año, durante los ocho días que pasara en cuarentena cerca de Sannois en compañía nada más y nada menos que de otros sesenta niños. Entonces no sabía lo que iba a ser de ella y seguía sin saberlo cuando en París la subieron a un tren con destino a Copenhague, con una pequeña maleta que contenía los restos de la vida que estaba a punto de dejar atrás como único equipaje. Se puso muy contenta al descubrir que el pueblo al que la enviaban se encontraba junto a un hermoso mar; pero la gente de Gilleleje hablaba una lengua totalmente desconocida para ella y no tardó en descubrir que lo peor de su nuevo hogar era la familia que le había tocado. Para entonces, la pequeña Michele se había dado cuenta de que sus padres esperaban que pasara una larga temporada fuera de Francia; su madre le había dicho que la quería mucho, pero también deseaba que viviera y creciera en la lejana Dinamarca. El administrador del condado y su mujer le explicaron que ellos eran sus nuevos padres, pero parecían extraños y distantes, incluso crueles. Habían cerrado con llave muchas habitaciones de la casa para que no entrara en ellas; nunca le permitían jugar con las muñecas de su nueva hermana ni tocar cualquier otra cosa que llamara su atención; y con frecuencia, cuando el resto de la familia salía, Michele tenía que permanecer encerrada en la casa como si estuviera en la cárcel.

Después de tres meses en su nuevo hogar, Michele había crecido y estaba más sana, pero echaba mucho de menos a su familia y odiaba su nueva vida. Consciente de que no podía volver a Francia sola, pensó que a lo mejor encontraba en Gilleleje a otras personas dispuestas a tratarla como a un auténtico miembro de la familia. Sabía que no todos los habitantes de la ciudad eran malos. El médico y su mujer, la enfermera, por ejemplo, fueron muy amables con ella cuando estuvo en su clínica para que la examinaran; y un buen día, cuando Michele descubrió, al cabo de tres meses de su llegada, que la pareja no tenía hijos, decidió sentarse frente a la gran casa de ladrillo amarillo que daba a la calle Vesterbrogade y esperar a que volvieran. Cuando Kay y Marta Fremming la vieron allí, les dijo que quería que ellos fuesen sus padres.

Como muchos daneses de su generación, Kay Alexander Fremming se guardaba para sí la mayoría de las cosas importantes: no hablaba de ellas, no las revelaba, no las compartía con nadie. Entre los actuales habitantes del pueblo costero de Gilleleje que aún recuerdan a aquel médico circunspecto de cabello rubio y ojos azules no hay nadie que afirme haber sido confidente suyo o incluso haberlo conocido bien; nadie recuerda haberle oído hablar nunca largo y tendido sobre ningún tema. Y, aunque algunas personas todavía consideran ciertos los rumores que oyeran en el otoño de 1943 respecto a que uno de los refugiados anónimos que habían pasado por el pueblo en busca de la libertad entregara al médico algo de gran valor, parece ser que Kay Fremming jamás habló con nadie excepto con Marta, su mujer, del regalo que le habían hecho —o del preciado objeto que aceptó guardar en fideicomiso— durante la siguiente década; la pareja continuó viviendo y trabajando en su casa de ladrillo amarillo del número 27 de la calle Vesterbrogade, situada a cuatro manzanas del pequeño puerto desde el que seguía zarpando una pequeña flota de pesqueros.

Los padres de Kay, el cual nació en Copenhague en junio de 1905, eran maestros, y tanto él como su hermano Kurt, que tenía tres años más que él, habían querido ser médicos desde pequeños. Sin embargo, a diferencia de Kurt, que siempre había querido cursar una especialidad —y, de hecho, al final se convirtió en psiquiatra—, Kay se sintió atraído por la medicina general al acabar los estudios en la Facultad de Medicina en 1932. Durante los primeros cuatro años de su carrera profesional, trabajó en el hospital municipal de la ciudad de Århus, en Jutlandia, y luego, poco después de contraer matrimonio en 1936 con Marta Maria Rasmussen —una enfermera a la que conoció en el hospital y que también era de Copenhague—, ambos regresaron a Seeland, al puerto de Gilleleje. Allí, hasta la llegada de la pareja el doctor Hjalmar Vilstrup, que era el único médico del pueblo, siempre había tenido un exceso de trabajo.

Los Fremming no tardaron en descubrir que en Gilleleje les esperaba la clase de vida que soñaban: una vida de trabajo arduo pero valioso en una comunidad donde la gente conocía y apreciaba a sus vecinos. Gilleleje era un precioso pueblo costero que se llenaba de turistas y gente de la ciudad en la maravillosa época estival, un lugar donde el sol del verano brillaba en el cielo hasta casi medianoche. En invierno el pueblo quedaba reducido a un puñado de habitantes que se quedaban en casa para protegerse de los temporales, la lluvia y la nieve hasta que llegaba la hora de subir a los barcos. Los Fremming y sus vecinos pasaban esas largas veladas invernales en casa, leyendo periódicos que les enviaban de la ciudad y libros que sacaban de la biblioteca pública o escuchando música de la radio danesa o en unos fonógrafos que tenían en gran estima; otras veces Kay tocaba la flauta y Marta el violoncelo.

Poco después, mientras construían la gran casa de la calle Vesterbrogade, los Fremming alquilaron un apartamento y abrieron una clínica en un piso que se hallaba sobre una tienda de ropa. Sin embargo, al cabo de un año decidieron poner la vivienda y la clínica en el mismo edificio —la clínica en la planta baja y las habitaciones privadas en la de arriba—, y en otoño de 1943, cuando ya habían transcurrido seis años de su llegada, tanto Kay como Marta supieron que aquél sería su hogar durante mucho tiempo. Aún no tenían hijos —de hecho, la gente del pueblo empezaba a murmurar que lo más probable es que no pudieran tenerlos—, pero lo cierto es que destinaban al ejercicio de la medicina todo el tiempo que no reservaban para la música y para los escasos amigos que tenían. Por otra parte, Marta había entrado en la Cruz Roja como voluntaria de la comunidad durante los primeros años de la guerra, y tal vez aquella actividad fuera lo que hizo que tanto ella como su marido participasen de forma activa en la campaña, espontánea pero intensa, de ayuda a los judíos que intentaban escapar de los nazis. No obstante, es posible que la comunidad solicitara su ayuda porque ambos pertenecían al grupo, pequeño pero unido, de profesionales de la medicina que había en el país.

Unas horas después de que Georg Duckwitz, el agregado naval alemán, comunicara que los nazis estaban a punto de actuar contra los judíos, los médicos, las enfermeras y otros profesionales de la medicina fueron quienes asumieron un papel clave en la movilización. En Copenhague —donde vivía gran parte de la gente que corría mayor peligro—, todos los médicos de la ciudad se apresuraron a ponerse en contacto con sus pacientes judíos para avisarles de que los hospitales y las clínicas privadas eran lugares bastante seguros. De la noche a la mañana, las salas de los hospitales de toda la ciudad se convirtieron en albergues improvisados, las ambulancias tuvieron que prestar servicio como medios de transporte público provisionales, y con frecuencia las clínicas y hospitales de una veintena de pueblos pesqueros de la costa se convirtieron en destino obligatorio para los aterrorizados refugiados que esperaban a que sus barcos se hicieran a la mar.

Aunque las pruebas son poco fiables, es muy posible que los Fremming también formaran parte de aquella red de profesionales que se creó a propósito para el caso, y que durante los primeros días de octubre alojasen a una serie de refugiados en su clínica y en sus habitaciones privadas y, al menos por un tiempo, los escondieran en el desván que tenían en el tercer piso. Por otra parte, Marta había colaborado activamente en ayudar a los fugitivos a llegar a la iglesia de Gilleleje a últimas horas de la tarde del 6 de octubre y su marido acudió a la iglesia a atender a un enfermo poco antes de la madrugada del día siguiente. Pero, aparte de estos pocos hechos contrastados —y la prueba material de un sencillo guardapelo negro con un mechón de cabello dentro—, es poco probable que pueda descubrirse algo más respecto a cómo llegó a manos del médico aquel fragmento tangible del cuerpo del incomparable Ludwig van Beethoven. Las excepcionales circunstancias que determinaron la entrega del objeto siempre permanecerán envueltas en un halo de misterio debido al carácter taciturno de Kay, a su retraimiento de hombre bondadoso y a su convencimiento de que nada de lo que se hizo en aquellos días para ayudar a los refugiados podía considerarse un acto ejemplar ni mucho menos calificarlo de heroicidad.

A mediados de octubre, las sesenta personas capturadas en el desván de la iglesia —todas ellas «judías completas» a las que los maníacos nazis despreciaban más que a nadie, y entre las cuales quizás se encontrara el benefactor del guardapelo— fueron transportadas, junto con otras cuatrocientas detenidas en todo el país, a Theresienstadt. El campo de concentración nazi estaba situado en la Checoslovaquia ocupada, a escasa distancia de la frontera alemana, y allí iban a parar todos los judíos de la zona. En él coincidieron nada más y nada menos que con ochenta mil prisioneros de toda Europa occidental, que en su mayoría volverían a ser trasladados a un complejo de campos de exterminio que estaba en las proximidades de la ciudad de Auschwitz, en el sur de Polonia, para a continuación reemplazarlos por un número similar de personas. Pero, gracias a la constante presión política que los dirigentes daneses de Copenhague ejercían sobre Heinrich Himmler, el jefe de la Gestapo —además de la extraña posición que adoptara Werner Best, el plenipotenciario nazi de Dinamarca, al facilitarles la labor—, ninguno de los daneses se vio obligado a hacer aquel último viaje del que nadie regresaba.

De hecho, los prisioneros daneses tenían permiso para recibir cartas y algún que otro paquete de comida y ropa que les enviaban desde casa. Así, el 23 de junio de 1944, siete meses después de su llegada, una delegación integrada por miembros de la Cruz Roja danesa y el primer ministro de Dinamarca fue a inspeccionar el campo y a comprobar que los prisioneros tuvieran cubiertas sus necesidades básicas. Sin embargo, incluso aquellos «privilegiados» daneses llevaban en Theresienstadt una vida que, como mínimo, podía calificarse de atroz. Durante meses y meses los prisioneros, destrozados y despojados de su dignidad, se alimentaron sólo de gachas de color gris y algún que otro trozo de pan; a pesar de su extrema debilidad física, los obligaron a realizar diariamente un trabajo agotador; y, lo que era tal vez aún peor, tuvieron que crear un consejo para elegir ellos mismos entre cinco y diez mil personas que serían trasladados cada semana a Auschwitz y los obligaron a meter a la fuerza a sus propios compañeros judíos en los vagones de ganado cuyo destino era la muerte.

Cada tarde, en cuanto acababa la jornada laboral, un grupo de cuarenta prisioneros que eran músicos formaban una especie de orquesta, y los obligaban a tocar a partir de las seis en punto con el único objeto de amenizar la velada a los comandantes y guardias del campo. Todos los holandeses del conjunto habían sido miembros de la famosa Koncertgebouw de Amsterdam antes de caer en poder de los nazis; había tres daneses que también eran músicos profesionales y al cuarto, un joven y precoz trompetista de catorce años llamado Paul Rabinowitsch que, a pesar de su edad, tenía talento suficiente para integrarse en el grupo, lo habían apresado en el desván de la iglesia de Gilleleje. En ocasiones, algunos otros prisioneros cantantes y actores profesionales se unían a la orquesta y cantaban para complacer a sus captores: música coral sacra, melodías populares alemanas e incluso canciones compuestas por ellos mismos. Las letras, como la de «La canción de la música», eran demasiado sutiles para suscitar la ira de los nazis:

Cada día hay música en Theresienstadt,
tocamos adagios, andantes y allegros,
suena el bum bum ching bum ching de
                    [tambores y platillos,
el público aplaude entusiasmado.
Pero ¿lo oís? Hay un niño que llora
mientras la música prosigue alegremente.

La música es fuente de sueños y deleites
sigue su camino, más allá de las alambradas,
suena el bum bum ching bum ching de
                    [tambores y platillos,
el público aplaude entusiasmado.
Pero ¿lo oís? Hay un niño que llora
mientras la música prosigue alegremente.

Se marchan los viajeros. ¿Adónde? Es fácil de
                    [imaginar,
y cuando lleguen a su lugar de destino
lo único que podrán llevarse
es la música, la música, la música…

En octubre de 1944, justo después de que los
músicos interpretaran el *Réquiem* de Verdi y al cabo de casi un año de la llegada de los prisioneros
daneses, se ordenó a casi todos los que habían participado en la representación —la orquesta, los so-
listas y todos los miembros del coro formado para
la ocasión— que se prepararan para su inmediato
traslado a Auschwitz. Los únicos que recibieron
autorización para quedarse fueron los cuatro

músicos daneses, entre los que se encontraba el joven trompetista; fue entonces cuando comprendieron que habían tenido que interpretar la misa fúnebre en su propio honor para satisfacer la vena sádica de los nazis.

Seis meses después, el 13 de abril de 1945, al cabo de diecinueve meses de su llegada a Theresienstadt, los 418 prisioneros daneses que seguían con vida también recibieron la orden de prepararse para partir. Sin embargo, no tardaron en saber que no se dirigían a Polonia, sino —y aquello les pareció un milagro—a Suecia, donde estarían a salvo. Una vez más los líderes daneses habían logrado convencer a los nazis de que no tenía sentido mantener prisioneros «fijos» en Theresienstadt, sobre todo cuando Suecia estaba dispuesta a quitárselos de las manos.

Dos días después, por la mañana, llegaba al campo una flota de autobuses blancos con una enorme cruz de color rojo en el techo y la palabra «DINAMARCA» pintada con toda claridad a ambos lados, que partieron de allí de inmediato. Durante los dos días siguientes aquel convoy de judíos rescatados, a muchos de los cuales apenas les quedaba un soplo de vida, tuvo que cruzar con gran cautela las ciudades y pueblos alemanes destrozados por las bombas —en un país al que le faltaba menos de un mes para rendirse por completo a las fuerzas aliadas— y luego atravesar rápidamente la isla danesa de Seeland antes de subir a bordo de los barcos que lo conducirían a la costa sueca. Mientras los autobuses abandonaban el campo aquella mañana de abril, los miembros de la nueva orquesta que se había organizado hacía poco con personas de otras nacionalidades tocaron en su honor. Primero fueron unas vibrantes marchas, luego una serie de canciones populares y, por último, una pieza que constituía una despedida triunfal aunque profundamente triste: los prisioneros que debían quedarse eligieron la conmovedora «Oda a la alegría» de la Novena sinfonía de Beethoven para homenajear a los que se marchaban.

Durante los seis años que Europa, y luego el resto del mundo, estuvo en guerra, los partidarios de los dos bandos que tomaron parte en la terrible conflagración reivindicaron como suyos tanto el espíritu como la música de Beethoven. Muchos de los primeros adeptos al nacionalsocialismo se apresuraron a ver en Beethoven y en su música la prueba de la superioridad de la raza aria y el especial talento de los alemanes para el arte de la música; el propio Adolf Hitler había insistido durante los años treinta en que las composiciones de Beethoven, Wagner y otros maestros alemanes eran la más noble expresión del alma germánica. De hecho, durante el Tercer Reich se fomentó la interpretación de música instrumental y aumentó el número de conciertos; ya en 1939 se intentó convencer a los músicos, directores y compositores de que sus esfuerzos artísticos eran claves en la campaña civil de apoyo a la guerra; los soldados alemanes se llevaban al campo de batalla ediciones de bolsillo de *Peregrinación a Beethoven*, la novela corta de Wagner; y Wilhelm Furtwängler, el director de la

Filarmónica de Berlín, eligió la Novena sinfonía de Beethoven —el himno a la fraternidad— para interpretarla en honor del *Führer* en la fiesta de su cincuenta y tres cumpleaños, que se celebró en Berlín el 19 de abril de 1942.

Por otra parte, el servicio alemán de la BBC utilizaba el célebre motivo inicial de la Quinta sinfonía del gran compositor como sintonía de sus emisiones clandestinas. Sus breves programas musicales y sus noticiarios en lengua alemana empezaron a retransmitirse en el continente en 1938 y prosiguieron a lo largo de toda la guerra. Se calcula que quince millones de alemanes sintonizaban la emisora cada día a pesar de saber que escuchar los programas del enemigo se castigaba con la pena de muerte. Casualmente, el tema del «destino» —¡*ta, ta, ta, chan!*— correspondía en el código Morse (tres cortas y una larga) a la letra «V», que se había convertido en todas partes en el símbolo aliado de la victoria. Para millones de personas de las naciones ocupadas de Europa occidental, de Gran Bretaña y de Norteamérica, la extraordinaria música de Beethoven era una prueba desgarradora de la tragedia que había caído sobre el pueblo alemán. Incluso en un agujero infernal como Theresienstadt, la música que se interpretara una vez en honor del máximo artífice de la locura resultó ser la misma que las víctimas más desesperadas de los nazis eligieran como presagio de esperanza.

Aunque resulte difícil de creer, Kay y Marta Fremming no tardaron en aceptar el ofrecimiento que la pequeña Michele de Rybel les hiciera en el verano de 1946. El médico y su mujer discutieron en privado la atrevida propuesta de la niña y luego hablaron del tema con los padres adoptivos. Éstos, casualmente, confesaron que la tenían en tanta estima como ella a ellos. Así, tras advertir a Kay y Marta que aquel ser diminuto era de armas tomar, anunciaron muy complacidos que, si la querían, era toda suya. De este modo la chica de Sannois pasó a tener un nuevo hogar y, aunque tardó un tiempo en adaptarse por completo, lo cierto es que Michele comenzó a mejorar, tanto desde el punto de vista físico como emocional. Aprendió danés casi sin esfuerzo, sólo se mostró un tanto reacia a tomar lecciones de música y le encantaba explorar el pueblo montada en la bicicleta que le regalaron al cabo de poco tiempo. Si bien es cierto que a veces enterraba las llaves de la casa en el jardín —porque aún le aterrorizaba la idea de que la encerrasen dentro—, no pasó mucho tiempo antes de que la gente de Gilleleje viera a Kay, Marta y Michele, su hija francesa, como una auténtica familia.

De hecho, las cosas fueron tan bien que Rolande, la hermana menor de Michele, apareció allí dos veces con intención de quedarse: primero pasó con la familia los tres maravillosos meses de verano y luego un año entero. Sin embargo, aunque Rolande manifestó que Gilleleje era el lugar donde se sentía más feliz, no tuvo fuerzas para marcharse de Francia y abandonar para siempre a su verdadera familia. Por su parte, Michele parecía opinar lo contrario; se lo pasó muy bien en los tres viajes que realizó a su tierra natal siendo aún una niña, uno de ellos en compañía de Kay y Marta; la ciudad de Sannois y el esplendor de la cercana ciudad de París eran el súmmum de la sofisticación comparados con Gilleleje, aquel pueblecito situado en los confines del mundo, y su madre biológica y ella compartían algo imposible de explicar, que siempre había echado de menos en la, a veces, taciturna Marta. Sin embargo, de algún modo Dinamarca se había convertido en su hogar, y Michele permaneció en Gilleleje por voluntad propia. Creció y alcanzó la adolescencia en la enorme casa de ladrillo que estaba en el centro del pueblo, mientras aprendía a tocar el violín e interpretaba conciertos de cámara improvisados con sus padres, a los que también ayudaba en la pequeña farmacia de la clínica hasta que, por desgracia, los días de Kay como médico tocaron a su fin de un modo repentino y por completo inesperado.

Al principio parecía tratarse de algo sin importancia: sencillamente, un día de 1953 levantó su pesado maletín y notó un tirón en un músculo de la espalda, o al menos eso es lo que pensó. Pero al cabo de poco, le dolía tanto que apenas podía moverse. Cuando ya no le quedó más remedio que visitar a un médico, se quedó muy afligido al oír que tenía una hernia discal que probablemente sólo tenía arreglo mediante una operación quirúrgica. Después de un tiempo, al tomar la decisión de no recurrir a la cirugía porque entrañaba el riesgo de dejarlo paralítico, comprendió que ya no podría seguir ejerciendo como médico rural.

Durante dieciséis años había sido uno de los habitantes más destacados de Gilleleje y había tratado las enfermedades, achaques y preocupaciones de casi un millar de vecinos. En todo aquel tiempo lo más importante para él había sido el trabajo. Aunque nunca fue una persona sociable y los demás daban por hecho que prefería mantenerse un tanto alejado de la gente —en aquellos tiempos se pensaba que los médicos pertenecían a una clase distinta—, lo cierto es que Kay Fremming era famoso en el norte de Seeland por su talento como médico, su amabilidad y una sensibilidad hacia el sufrimiento que era rara en un hombre, incluso si éste era médico.

Pero a Kay también le había llegado la hora de enfrentarse a un dolor intenso, debilitante y crónico y, consciente de que el sufrimiento podía afectar a su trabajo de un modo negativo, decidió abandonarlo. En enero de 1954, Kay, Marta y Michele —que por entonces contaba quince años de edad— se trasladaron al este, a Naerum, una localidad próxima a Gilleleje donde Kay consiguió un empleo a tiempo parcial en el hospital de Øresund; y por último en mayo de 1955, se marcharon a Holte, un pueblo situado a treinta kilómetros al sur de Gilleleje, donde el trabajo que debía realizar en el cercano Hospital Central de Hillerød era fácil y, en cierto modo, gratificante.

Sólo tenía cincuenta años, pero su lesión de columna lo obligaba a llevar un tipo de vida reservado por lo general a personas mucho mayores que él: tuvo que restringir la jornada laboral, que a partir de entonces se vio marcada por el dolor, su capacidad para viajar y caminar quedó reducida de un modo drástico. De pronto se encontraba con una gran cantidad de tiempo libre que tenía que llenar con su dedicación a la orquesta local, donde ocupaba un puesto de flautista, y con su colección de más de doscientos discos de música clásica que incluía la obra completa de Bach, Haydn y Beethoven. Kay y Marta vivieron en Hillerød durante otros catorce años, a lo largo de los cuales adoptaron finalmente a Michele, que acabó sus estudios, se casó y fundó su propia familia. La joven continuó viviendo cerca y nunca perdió el contacto con sus padres daneses, a los que siempre llamó por sus nombres de pila. Kay se alegró mucho cuando Michele lo hizo abuelo al dar a luz a sus hijos Carsten y Thomas. Entonces, en un día tormentoso de finales de septiembre de 1969, se desplomó mientras se dirigía en tren a Copenhague, donde tenía previsto comprar algunos discos para su colección. Algunos pasajeros y el revisor intentaron socorrerlo mientras la ambulancia esperaba en la siguiente estación, pero no llegó con vida al hospital más cercano. Kay Fremming había muerto de repente de un ataque fulminante de corazón, a la edad de sesenta y cuatro años.

Tuvieron que pasar unos cuantos días tristes y en apariencia vacíos para que la mujer que por entonces respondía al nombre de Michele Wassard Larsen conociera la existencia del preciado mechón de pelo de Beethoven que había pertenecido a su padre. Tanto el cabello como el guardapelo negro que lo contenía habían permanecido durante las tres décadas que llevaba con la familia Fremming en el cajón del escritorio del médico sin que nadie le dijera una palabra al respecto. Marta le contó que lo había recibido de manos de uno de los refugiados judíos a los que ayudara mucho tiempo atrás. No podía revelar a su hija el nombre de la persona que había insistido en que el médico lo guardara —el guardapelo había ido a parar a sus manos en un momento de gran peligro y los miles de judíos que estaban de paso en Gilleleje debían mantener sus nombres en secreto—, pero sí estaba en condiciones de afirmar que su marido siempre lo había tenido en gran estima. Entonces, ¿por qué no lo había mostrado nunca y por qué diablos no se lo había enseñado a ella?

Marta recordó a su hija que Kay Fremming siempre fue un hombre modesto. ¿Acaso lo había visto alguna vez haciendo ostentación de alguna pertenencia o algún logro? Marta explicó que habría sido una imprudencia hablar del mechón durante los diecinueve meses que transcurrieron entre el momento en que el guardapelo llegó a sus manos y el final de la guerra. Todos los habitantes de Gilleleje tuvieron que guardar silencio sobre los detalles de su participación en la operación de salvamento de los judíos por temor a algún tipo de represalia; al fin y al cabo, Dinamarca seguía ocupada por los nazis y los miembros de la Gestapo siempre se jactaban de tener mucha memoria.

Después de la guerra, la gente se había limitado a seguir con sus vidas y ninguno de los que colaboraron en la labor de salvamento daban una importancia excesiva al hecho. Incluso cuando ya no había peligro, era poco probable que su marido hablara del mechón de cabello o lo enseñase a alguien. Un gesto así habría implicado —si no desde el punto de vista de los demás, por lo menos sí desde el suyo propio— que se creía merecedor de una mayor consideración que los demás.

Madre e hija apenas volvieron a hablar del mechón de pelo ni de las circunstancias en que se produjo su entrega, después de la conversación que ambas mujeres mantuvieron aquel día de 1969 mientras clasificaban las cosas de Kay. Así, el guardapelo de ciento cincuenta años de antigüedad permaneció otros diez años a salvo de todas las miradas en un cajón de la casa que Marta poseía en Holte. Hasta finales de la década de los setenta, momento en que Marta decidió regalar el mechón de cabello a su hija, la reliquia itinerante no cambió de aires, y en aquella ocasión fue para mudarse a Søllerød, a la casa de Michele. Allí vio la luz del día en Dinamarca por primera vez después de más de treinta años, cuando la joven decidió colgarla en una pared de la sala de estar para contemplarla a gusto.

En 1964, en una pista de tenis del pueblo de Holte, Michele, que a la sazón contaba veinticinco años de edad, conoció y se sintió atraída de inmediato por un oficial de la marina oriundo de la localidad de Vanløse, en el oeste de Seeland, que formaba parte de la tripulación de uno de los dos submarinos en activo de Dinamarca. Ole Wassard Larsen, que también tenía veinticinco años de edad, y ella se casaron poco tiempo después y tuvieron a su hijo Carsten en 1965. Thomas, su segundo hijo, nació nueve meses antes de la muerte de Kay Fremming, que acaeció en 1969, cuando Ole ya había dejado la marina para aceptar un puesto como ingeniero en la división de IBM en Dinamarca. Aparte de criar a sus hijos en Søllerød, Michele también trabajó en una farmacia cercana a su domicilio hasta que nació Thomas —le vinieron muy bien los años que pasara en Gilleleje aprendiendo el oficio— y en 1976 Ole ya era director nacional de técnicos de IBM y pensaba que pasaría el resto de su vida laboral como empleado de la gigantesca multinacional. Ni él ni su familia podían imaginar que tanto su carrera profesional como su vida pudieran interrumpirse de un modo tan repentino. A principios de diciembre de aquel año Ole se quedó en Søllerød mientras Marta, Michele y los dos chicos se iban de vacaciones a las islas Canarias. Pensaba unirse a su familia al cabo de unos días, pero unas horas después de que ésta llegara a las Canarias, Ole, que sólo tenía treinta y ocho años, cayó fulminado por un ataque al corazón similar al que sufriera el suegro, Kay Fremming, unos años antes. Permaneció con vida casi veinticuatro horas, pero murió antes de que llegara su familia.

Michele se quedó viuda antes de cumplir los cuarenta años y luchó por mantener a sus hijos sin ayuda de nadie. Aceptó un empleo en la biblioteca del cercano pueblo de Holte, y sus hijos y ella intentaron salir adelante del mejor modo posible. En octubre de 1994, año en que Marta ingresó en una residencia para ancianos —su salud era cada vez más precaria, su mente había sufrido un grave deterioro y había perdido la memoria por completo—, Michele había conseguido que los chicos acabaran sus estudios de secundaria y estuvieran preparados para comenzar su vida como adultos. Y fue con Thomas, su hijo menor —con quien mantenía una relación muy especial desde hacía largo tiempo—, con quien Michele comentó la posibilidad de vender el histórico mechón de cabello.

Cuando a finales de los años setenta Marta solicitó información sobre el tema en la sucursal que Christie's, la empresa internacional de subastas, tenía en Copenhague, le dijeron que, aunque la dudosa reliquia fuera auténtica, no tendría demasiado valor. Sin embargo, Michele y Thomas empezaron a sospechar que la información no era correcta. A juzgar por la inscripción que había en la parte trasera del guardapelo, el objeto debía de ser auténtico y, si se daba por sentado que era lo que parecía ser, no cabía duda de que aquel puñado de pelos procedentes de la cabeza del genial Beethoven valdrían una fortuna. Además, ¿no era más lógico que el guardapelo pasara a manos de alguien que lo apreciara en su justa medida? Sí, el guardapelo negro que contenía el mechón de cabello era un recuerdo de su padre y también un vestigio de la época en que él y sus vecinos se habían negado a permitir que los nazis llevaran a cabo la brutal persecución contra los judíos en Dinamarca. No obstante, aunque la madre de Michele conocía bien el papel concreto que desempeñó el mechón de pelo en aquellos acontecimientos, ya no podía volver a recordarlos o describirlos debido a la demencia que padecía en aquellos momentos. Poco tiempo antes, Michele había regalado otra de las pertenencias de su padre —tres delicadas y luminosas piezas de música sacra del siglo XII— a la cercana abadía de Esrum, un monasterio cisterciense de ochocientos años de antigüedad convertido por aquel entonces en un museo; tal vez hubiera otro museo en Dinamarca dispuesto a adquirir un puñado de cabellos de Beethoven. Poco después de que Michele volviera a mudarse de casa, en esta ocasión a Hillerød, donde estaría cerca tanto de sus hijos como de su madre enferma, Thomas y ella llegaron a la conclusión de que si en verdad el mechón tenía algún valor económico, lo mejor era venderlo. Ambos decidieron que, al menos, empezarían a informarse sobre el tema, cosa que hicieron en abril de 1994.

Anne Lehmann, administradora de la sucursal de Sotheby's en Copenhague, fue la primera en contestar a la llamada de Michele Larsen para concertar una cita; y fue ella la que recibió a aquella mujer diminuta y recatada de pelo corto y canoso y a su alto y atractivo hijo cuando llegaron al número 6 de la céntrica calle Bredgade el día 19 de abril. La empresa estaba acostumbrada a que la gente les preguntara si tenían interés en adquirir una serie de objetos supuestamente raros y de gran valor. De hecho, con bastante frecuencia les mostraban cuadros de Van Gogh, Renoir e incluso de Rembrandt, que siempre resultaban ser falsificaciones de pésima calidad. De ahí que tanto la señora Lehmann como la directora de la sucursal, Hanne Wedell-Wedellsborg, se mostrasen bastante escépticas al principio sobre la posibilidad de que la empleada de una biblioteca fuera propietaria de una reliquia de un compositor como Beethoven. Y, en cualquier caso, ¿cómo podía determinarse su autenticidad? A pesar del nerviosismo, Michele les explicó de un modo sencillo y muy convincente cómo había ido a parar a sus manos el mechón de pelo: un refugiado judío que huía de los nazis se lo había dado a su padre, que por entonces trabajaba como médico en Gilleleje, en octubre de 1943, sin duda el mes más importante en la historia de la Dinamarca del siglo XX. La explicación, unida a la inscripción que realizara Paul Hiller en la parte posterior del guardapelo —el cual, además, transmitía algo especial al tacto— no tardó en minar el estudiado escepticismo de las dos empleadas de Sotheby's. La señora Wedell-Wedellsborg admitió que, desde luego, el mechón de cabello tenía aspecto de ser auténtico, pero añadió que los expertos de la central de Londres tendrían que examinarlo para estar seguros. A continuación preguntó a los Larsen si le dejarían enviar el guardapelo a Inglaterra para que lo analizaran y de ese modo darles una respuesta con la mayor brevedad posible.

En poco más de una semana, Anne Lehmann llamó por teléfono a Michele Larsen para comunicarle la buena noticia de que Stephen Roe, director del Departamento de Libros y Manuscritos de Sotheby's estaba convencido de que el cabello en cuestión había pertenecido a Ludwig van Beethoven y de que la empresa estaría encantada de venderlo en su nombre en la siguiente subasta dedicada a música y libros del continente, que estaba prevista para diciembre. Roe había decidido apostar por la autenticidad del cabello por varias razones: el marco de madera del guardapelo concordaba con los que solían utilizarse en Alemania a principios del siglo XIX. No parecía que se hubiera manipulado el refuerzo de papel ni la inscripción; era cierto que Ferdinand Hiller tenía un hijo llamado Paul que, tal como afirmaba la nota, habría cumplido treinta años el día 1 de mayo de 1883; y lo que era de fundamental importancia: en la bibliografía sobre Beethoven aparecía perfectamente documentado que el mayor de los Hiller había visitado varias veces al compositor moribundo en compañía de Johann Hummel, su mentor, y había permanecido en Viena hasta después del entierro de Beethoven.

El 26 de mayo de 1994, Michele firmó un simple contrato que hacía referencia al recibo de propiedad número H151492, por el que se permitía a la empresa londinense subastar «Un mechón de cabello (con guardapelo) de Beethoven. Entregado como regalo a Paul Hiller, cuyo padre cortó el cabello el 27 de mayo de 1827». La empresa tasó la reliquia entre dos mil y tres mil libras esterlinas y, por su parte, Michele accedió a que el mechón de cabello no se vendiera a menos que se pagase por él un precio mínimo de mil ochocientas libras. Además de un diez por ciento de comisión, ella correría con los gastos de envío desde Copenhague a Londres y el seguro desde la fecha del contrato hasta la de la venta, aparte de lo que costara fotografiar el guardapelo, cuya imagen se incluiría en el libro y el catálogo que la empresa preparaba.

Cuando a finales de verano llegó una copia del catálogo a Hillerød, Michele y Thomas Wassard Larsen se quedaron impresionados ante el despliegue de medios que había hecho la empresa para atraer la atención sobre el mechón de pelo. En la parte superior de la página 22 del imponente volumen aparecía la fotografía que ella había pagado y al pie había una descripción clara y sencilla del cabello:

33 BEETHOVEN (LUDWIG VAN) MECHÓN DE CABELLO DE BEETHOVEN, con nota autógrafa de autentificación firmada por Paul Hiller, hijo de Ferdinand Hiller, que cortó el cabello («*Diese Haare hat meine Vater Dr. Ferdinand v. Hiller am Tage nach Ludwig van Beethovens Tode, d.i. am 27, März 1827, von Beethovens Leiche abgeschnitten und mir… übergeben. Cöln, am 1. Mai 1883. Paul Hiller*»); guardapelo de madera y vidrio, ovalado, 10,5 × 9,5 cm aprox.

Hummel llevó a Ferdinand Hiller, que tenía quince años de edad, a ver a Beethoven; Hiller dejó constancia de sus visitas en «*Aus dem Tonleben unserer Zeit*» (1871: vid. Thayer, pp. 1044 y sig.)

2.000-3.000 libras esterlinas

El catálogo —en el que figuraban cientos de cartas, libros antiguos y manuscritos sobre música, pero desde luego ningún otro resto de origen humano— se había enviado a agentes de libros y música, así como a destacados coleccionistas de todo el mundo. Estaba previsto que la subasta se celebrase en la sala de subastas de la sede central de Sotheby's, ubicada en la calle New Bond de Londres, el día 1 de diciembre a las diez de la mañana, y a partir de entonces lo único que le quedaba por hacer a la propietaria del mechón de cabello era esperar y aguantar el nerviosismo. Michele sabía que si eso servía para obtener el equivalente en moneda danesa a mil ochocientas libras esterlinas o más, la parte que le correspondía de esa cantidad le vendría como anillo al dedo. Si, por el contrario, no había nadie en el mundo interesado en pagar como mínimo ese precio por la reliquia que había permanecido tanto tiempo escondida en el norte de Seeland, se alegraría mucho de acogerla de nuevo en casa.

Aquella lluviosa mañana londinense del 1 de diciembre de 1994, Richard Macnutt, agente y especialista en compra y venta de objetos raros relacionados con el mundo de la música y figura obligada en las subastas semestrales de arte y música de Sotheby's, prestó especial atención cuando el número 33 salió a subasta durante un breve espacio de tiempo. Un atildado subastador que sostenía con firmeza un discreto mazo abrió la puja, que estuvo muy animada, en dos mil libras y, al cabo de unos instantes, Macnutt —con considerable aunque secreta satisfacción— pudo poner una marca al lado del número 33 de su catálogo, además de anotar el precio, tres mil seiscientas libras, a cambio de las cuales adquiría el mechón de cabello de Beethoven para unos clientes de Estados Unidos cuyos nombres desconocía.

A la mañana siguiente la central de la calle New Bond notificó por carta a Michele Wassard Larsen que la venta había sido un éxito y, curiosamente, dos días después apareció un pequeño artículo en *Politiken*, el diario más importante de Copenhague. Llevaba por título «EL CABELLO DE BEETHOVEN», y Michele supuso que una de las dos mujeres de la sucursal de Copenhague había informado al periódico sobre la que, al menos para ella, fuera una venta histórica. «Una pequeña anciana entró hace poco en las oficinas que Sotheby's tiene en la calle Bredgade», comenzaba, y a Michele le molestó tanto que la describieran de aquel modo que dudó en seguir leyendo. Sin embargo, tuvo que admitir desconcertada que una caracterización errónea es tal vez el precio que hay que pagar por un instante de fama; un fugaz momento de celebri-

dad que ella misma —quizás de forma inexorable—
había empezado a gestar el día en que, hacía ahora
cuarenta y ocho años, se sentara en las escaleras que
conducían a la casa de ladrillo amarillo de Gilleleje
en la que esperaba que viviesen sus nuevos padres.
En aquel lugar, por extraño que pareciera, también
se había sentido como en casa el itinerante mechón
de cabello de Ludwig van Beethoven.

Beethoven: 1815-1824

A lo largo de una vida jalonada por grandes logros artísticos, Ludwig van Beethoven siempre anheló formar una familia estable y armónica; la clase de familia que no había tenido en su infancia. Quería casarse, pero por encima de todo aquel hombre malhumorado, excéntrico y a menudo desconsiderado siempre ansió amar y ser amado. Intentó de forma repetida —fracasando en cada ocasión— convertirse en un marido fiel, y más adelante, en el año 1815, se embarcó en la extraña e inquietante misión de convertirse en un padre «de facto».

En los días previos a que una tuberculosis pulmonar pusiera fin a su vida en noviembre de aquel mismo año, su hermano Kaspar Karl modificó su testamento con el propósito de nombrarle único tutor de su hijo Karl, que por entonces contaba nueve años de edad. Sin embargo, su última voluntad fue que su esposa Johanna compartiera con su hermano Ludwig la tutela de Karl. «De ninguna manera deseo que mi hijo sea apartado de su madre —dejó escrito en el codicilo adjunto al testamento—, sino que... permanezca para siempre junto a ella, por lo que la tutela de mi hijo queda en manos tanto de ella como de mi hermano... Por el bien de mi hijo, pido a mi esposa que sea dócil y a mi hermano que se comporte con más moderación. Dios quiera que exista entre ellos la armonía necesaria para que mi hijo sea feliz.»

Caspar Carl conocía bien las continuas disputas que, desde su matrimonio con Johanna y el nacimiento de su único hijo, mantuvieran su esposa y su hermano, y pronto quedó demostrado que su preocupación por el modo en que ambos compartirían la tutela de su hijo estaba más que justificada. A los pocos días de la muerte del hermano, Beethoven apeló al arbitrio del Tribunal Real e Imperial para que se le nombrara tutor único del pequeño Karl, alegando que cuatro años antes a Johanna se le había declarado culpable de robar dinero a su marido. En enero de 1816, el tribunal falló a favor de Beethoven y obligó a Karl a abandonar de inmediato el hogar materno.

A pesar de que Beethoven no tardó en comprender que no estaba preparado en absoluto para atender las necesidades cotidianas de aquel niño, se sentía muy satisfecho de la decisión del tribunal. En una carta dirigida a Antonie Brentano, que había regresado a Frankfurt con su esposo, Beethoven escribió: «He luchado a brazo partido por arrebatar a un pobre niño desdichado de las garras de su despreciable madre, y he salido vencedor. El niño necesita muchos cuidados, pero esos cuidados representan para mí una bendición». En los meses siguientes, Beethoven se negó a responder a las cartas que Johanna le enviaba cada vez con mayor frecuencia preguntándole por el paradero y la situación de su hijo. Beethoven estaba cada vez más convencido de que la dudosa reputación de Johanna demostraba que aquella «reina de la noche» era una ladrona y una prostituta, y que incluso había llegado a envenenar a su marido.

Durante dos años Johanna van Beethoven sólo vio a su hijo en las contadas ocasiones en que su cuñado accedió a ello. El compositor la acusó en varias ocasiones de hacer visitas clandestinas a la escuela de Karl, hecho que le preocupaba sobremanera, hasta el punto de que en enero de 1818 sacó al niño de la escuela y se lo llevó de nuevo a vivir con él, ordenándole que no dijera nada a su madre. Aquel mismo año, en dos ocasiones Johanna solicitó sin éxito al tribunal que le fuera concedido por lo menos un derecho de visita restringido que le permitiera ver a su hijo de vez en cuando. Sin embargo, después de que Karl huyera del hogar de Beethoven para regresar junto a su madre, Johanna acudió de nuevo al tribunal con el fin de que reconsiderara su caso, aduciendo la infelicidad y la escasa salud de su hijo, así como el trato dictatorial que Beethoven le dispensaba.

Mientras exponía sus argumentos ante el tribunal en diciembre de 1818, Beethoven comentó de pasada que el sobrino no era de noble cuna, sin reparar en que aquello equivalía a admitir que él tampoco lo era. El caso se trasladó de inmediato a la Magistratura de Viena, el tribunal de la plebe, que concedió a Johanna la custodia provisional de su hijo, decisión que humilló profundamente a Beethoven. Las escaramuzas legales entre Beethoven y Johanna, ambos decididos a luchar hasta el final por hacerse con la custodia de Karl, prosiguieron a lo largo de un año, hasta que en abril de 1820 el caso llegó al Tribunal de Apelación. Johanna había mantenido la custodia de su hijo durante un año y medio, tiempo durante el cual Karl confesó en repetidas ocasiones sentirse feliz junto a su madre. Sin embargo, llegado a este punto, Beethoven intentó persuadir a varios amigos suyos influyentes —entre los que se encontraba su antiguo alumno de piano, el archiduque Rodolfo, hijo del emperador— para que mediaran ante los magistrados del Tribunal de Apelación. La decisión definitiva del tribunal fue conceder la custodia compartida de Karl, quien por entonces contaba ya trece años de edad, a Beethoven y al tutor del niño, Karl Peters. Johanna perdió para siempre la custodia de su hijo.

A lo largo de la dilatada batalla judicial, Beethoven había dedicado poco tiempo a la música; su salud estaba muy deteriorada —las enfermedades intestinales y las infecciones respiratorias representaban ya una constante en su vida— y en nombre del cariño había arrebatado a Karl de las manos de su madre sin ninguna necesidad, exigiendo al niño el tipo de amor que nunca había podido ofrecer a su propio padre.

El año anterior a la muerte de su hermano Caspar Carl fue testigo de la consagración popular de Beethoven como compositor en su ciudad de adopción. A principios de 1814, se celebró en Viena el estreno de la Séptima sinfonía, obra que fue acogida con gran entusiasmo por la crítica. En el mes de febrero de aquel mismo año se estrenó la Octava sinfonía, a la que por demanda popular de los vieneses siguió el estreno de *La victoria de Wellington*, una aparatosa *pièce d'occasion* orquestal aderezada con fanfarrias jingoístas, cañonazos e incluso una interpretación en estilo fugado del himno nacional británico *Dios salve al Rey* con la que Beethoven quiso rendir homenaje al duque de Wellington, que había infligido una severa derrota a las tropas napoleónicas en la batalla de Vitoria. En mayo se reestrenó su ópera *Fidelio*, y coincidiendo con la celebración en verano del Congreso de Viena, encargado de elaborar un nuevo mapa de Europa tras la derrota definitiva de Napoleón, Beethoven compuso *El momento glorioso*, una cantata que, desde el punto de vista musical, distaba mucho de sus mejores obras, pero gracias a la cual siguió aumentando su popularidad.

Sin embargo, 1814 fue también el año en que la sordera, ya total, obligó a Beethoven a realizar la que a la postre sería su última aparición pública como pianista. Aquel mismo año surgieron nuevas dificultades que vinieron a sumarse a sus numerosos problemas de salud: la euforia suscitada por el fin de las guerras napoleónicas había dado paso a una profunda crisis económica que dejó las finanzas de Beethoven y de la práctica totalidad de la población vienesa en una situación muy comprometida. En diciembre de 1814, un terrible incendio arrasó el palacio del conde Andreas Razumovsky, que había sido su mecenas durante muchos años, y redujo a cenizas el escenario que acogiera más de una veintena de exitosas actuaciones de Beethoven. El conde, a quien la crisis económica había dejado al borde de la ruina total, no pudo reconstruir su hermoso palacio. Otro gran amigo y bienhechor de Beethoven, el príncipe Karl Lichnowsky, murió aquel mismo año. Poco tiempo después, en 1815, una tisis puso fin a la vida de su hermano Kaspar Karl, y en 1816 murió Franz Joseph Lobkowitz, el que fuera durante largos años un leal mecenas del compositor. En medio de la larga y onerosa batalla por la custodia de Karl, la producción musical de Beethoven fue menguando hasta quedar reducida a un escaso goteo de obras. Beethoven reconoció por aquellas fechas que «ya no gozaba de buena salud», y en el curso de un prolongado episodio de fiebre que lo dejó postrado en cama durante varias semanas llegó incluso a preguntarse si no sería el siguiente en morir.

La adulación y la adoración casi religiosa que los entendidos en materia musical de Viena profesaron a Beethoven unos años antes, se habían desvanecido casi por completo. Las óperas del compositor italiano Gioacchino Rossini se habían convertido en la música del momento y Beethoven, por su parte, hablaba cada vez con mayor desdén de la ciudad en la que había transcurrido la mitad de su vida: «Viena se ha transformado en una ciudad fea y miserable... Todos sus habitantes son unos canallas, desde los más poderosos a los más humildes, y sólo quedan unos pocos capaces de apreciar de verdad el arte», escribió por aquellas fechas. Por si esto fuera poco, y a pesar de utilizar trompetilla y de intentar percibir las vibraciones de la música que salía de su piano apoyando sobre él un lapicero de mina que sostenía entre sus dientes, Beethoven no tenía más remedio que componer sin oír el sonido de su propia música. A aquellas alturas, su sordera era tan profunda que sólo oía lo que imaginaba su mente.

Sin embargo, la génesis de dos de las obras más sobresalientes de Beethoven se produjo precisamente en aquellos años de desagradables batallas familiares, de continuas visitas a los tribunales y de una sordera que lo condenaba al silencio absoluto. En junio de 1817, la Sociedad Filarmónica de Londres invitó a Beethoven a componer dos nuevas sinfonías a cambio de una sustanciosa cantidad de dinero y a viajar a Londres para sus respectivos estrenos, que estaban previstos para la temporada de invierno de 1817. Tras el rechazo que suscitara en él el republicanismo francés mucho tiempo atrás, Beethoven empezaba a ver con buenos ojos la democracia parlamentaria británica. El compositor confesaba sentir una «simpatía y respeto especiales por la nación inglesa», y a pesar de que no tenía posibilidad alguna de componer aquellas dos sinfonías en el plazo señalado y de que ya había declinado la invitación de viajar a Inglaterra debido a su precario estado de salud, comenzó a esbozar la primera de las dos sinfonías que le habían encargado los ingleses.

Espoleado por una necesidad más acuciante, Beethoven había empezado a trabajar en la composición de una nueva misa, un proyecto que le tocaba más de cerca y al que concedía prioridad absoluta. El archiduque Rodolfo, hijo del emperador y ocho años más joven que él, había sido durante muchos años alumno suyo de composición y piano, así como uno de sus más íntimos amigos, y a él había dedicado el Cuarto y Quinto concierto para piano y orquesta, una sonata para violín, el trío «Archiduque», la sonata *Hammerklavier* y la sonata *Les adieux*, cuyo título hacía referencia a la huida de Viena del archiduque con motivo de la invasión francesa. A principios de 1819, Beethoven se enteró de que la Iglesia iba a conceder honores eclesiásticos al archiduque, uno de los pocos mecenas con el que nunca había tenido una pelea grave; primero fue elevado a la dignidad de cardenal y más adelante, el 9 de marzo de 1820, pasó a convertirse en arzobispo de Olmütz.

A pesar de que nadie le había encargado la composición de una misa para aquel acontecimiento, Beethoven se puso manos a la obra, sin tener en cuenta la magnitud de la empresa ni el tiempo que perdería aún a causa de las continuas batallas legales por la custodia de Karl. Nueve meses después, cuando el archiduque fue ordenado arzobispo, la misa distaba mucho de estar terminada. De hecho, Beethoven aún tardaría dos años en acabar la *Missa solemnis*, y cuando eso ocurrió él estuvo convencido de que aquella obra era, sin duda, la mejor de cuantas compusiera hasta la fecha.

En realidad, fue durante su adolescencia en Bonn cuando Beethoven concibió la idea de poner música al poema de Schiller *An die Freude*, un himno a la idea de un Padre compasivo que reinara desde el cielo sobre una tierra en la que los hombres de todos los pueblos viviesen como hermanos. Sin embargo, deberían pasar cuarenta años hasta que Beethoven concluyera la monumental sinfonía que había empezado a componer para la Sociedad Filarmónica de Londres con un coro de voces que recitaría de un modo magnífico los sentimientos y las palabras de aquel poema de Schiller. Hasta entonces ningún compositor había asociado voces e instrumentos de esa forma en una composición orquestal sinfónica. Sin embargo, la falta de un precedente no amedrentó a Beethoven, quien tras concluir por fin la *Missa solemnis* se entregó a la composición de la nueva sinfonía, la Novena, con un fervor y una dedicación que recordaban a los de su época más prolífica.

Habían pasado diez años desde que Viena, una ciudad musical por antonomasia, acogiera por última vez el estreno de una gran obra orquestal compuesta por Beethoven, y cuatro desde que éste hiciera su última aparición pública como director de orquesta. En aquella ocasión Beethoven dirigió con muchas dificultades la interpretación de la Séptima sinfonía con motivo de un concierto benéfico, aunque lo cierto es que por aquel entonces la sordera apenas le permitía escuchar sonido alguno. En el año 1822, Viena había acogido con entusiasmo la reposición de la ópera *Fidelio*, pero por lo demás la música del hombre a quien se empezaba a considerar una especie de viejo maestro había caído en el olvido. Esto hizo que Beethoven se mostrara reacio a estrenar su *Missa solemnis* y su nueva sinfonía coral en su ciudad de adopción. La crisis económica que sacudiera a la capital austriaca unos años atrás no había amainado por completo, y Beethoven se vio obligado a luchar para seguir llevando la vida holgada de que hasta entonces disfrutaba. Por esas fechas concibió la brillante idea de vender «suscripciones» —en forma de copias autógrafas— de la *Missa solemnis* a varias de las casas reales europeas de la época. Asimismo, ofreció su publicación inicial a un número de hasta siete editores. Beethoven dejó que éstos pujaran entre sí, en espera de que los derechos por la publicación de la partitura alcanzaran un precio que él considerara razonable. La mejor oferta llegó de Scott e Hijos, una casa editora de la ciudad de Maguncia que gozaba de la confianza de Beethoven; finalmente ésta se hizo con los derechos de publicación tanto de la misa como de la nueva sinfonía.

Debido a su reticencia a estrenar en Viena, Beethoven decidió realizar una serie de pesquisas con el propósito de averiguar si un hipotético estreno de ambas obras en la ciudad de Berlín se saldaría con un éxito económico y de público. Pero cuando a principios de 1824 la noticia de que estaba realizando aquellas indagaciones llegó a oídos de los miembros más prominentes de la comunidad musical vienesa, éstos trataron por todos los medios de convencer a Beethoven para que estrenara ambas obras en Viena. Para persuadir al compositor alemán decidieron enviarle una carta, que aparecía firmada por treinta benefactores y músicos, en la que le confesaban en el más florido de los lenguajes: «Si bien el nombre y las creaciones musicales de Beethoven son patrimonio de toda la humanidad y de todo aquel país que abre su corazón al arte, Austria es el país con más derecho a considerar hijo suyo a este gran músico».

La carta agradó y conmovió sobremanera al destinatario, si bien le enojó profundamente saber que por Viena circulaban rumores que lo acusaban de haber sido él quien sugiriera la redacción del texto. Y finalmente accedió a celebrar un concierto de gala en el teatro Puerta Carintia de Viena, cuyo programa incluiría una gran obertura que había compuesto dos años atrás con motivo de la inauguración del teatro Josephstadt, así como el «Kyrie», el «Credo» y el *Agnus Dei* de la *Missa solemnis*. El concierto concluiría, tal y como proclamaba el anuncio, con «una gran sinfonía con coro final sobre la *Oda a la Alegría* de Schiller».

La respuesta de los vieneses en la festiva noche primaveral del 7 de mayo de 1824 fue cuando menos entusiasta. Por desgracia el palco imperial se encontraba vacío, pero la platea estaba abarrotada del numeroso público que acudió a la cita. A pesar de que al archiduque Rodolfo —convertido ya en arzobispo de la lejana ciudad de Olmütz— le había resultado imposible asistir, entre los presentes había numerosos amigos y benefactores de Beethoven. Destacaba la presencia del barón Nikolaus Zmeskall, quien a pesar de su precario estado de salud, que le había obligado a pasar los últimos meses postrado en cama, no quiso perderse el acontecimiento y ordenó que lo llevaran a su butaca en una silla de manos. Beethoven eligió al renombrado Ignaz Schuppanzigh como primer violín, y encomendó la tarea de dirigir la orquesta a Michael Umlauf, que había dirigido su ópera *Fidelio* en 1814. El propio Beethoven —quien esa noche lucía una levita de color verde oscuro, pañuelo y chaleco blancos, pantalones de seda y medias negros y zapatos con hebillas de cobre, y llevaba la cabellera canosa perfectamente peinada y marcada para la ocasión— se reservó un lugar cercano al podio desde el que poder indicar a los músicos el *tempo* de los diferentes movimientos.

El público, más atento que de costumbre, acogió calurosamente la obertura y los tres grandes himnos de la misa, pero reservó su respuesta más entusiasta para la nueva sinfonía. Cuando los timbales de la orquesta empezaron a rugir en el segundo movimiento, el público prorrumpió en una sonora y espontánea ovación, que se repitió cuatro veces más. Cuando la platea estalló en gritos y aplausos por quinta vez, el jefe de policía se vio obligado a gritar: «¡Silencio!» Una fanfarria violenta y estremecedora puso fin al cuarto movimiento. Acto seguido, la voz grave de un solo bajo entonó: «¡Oh, amigos, olvidemos estos sonidos! ¡Cantemos canciones más joviales, más llenas de alegría!» Entonces, como si se tratara de una respuesta específica a aquella exhortación, el coro entero recogió el tema, un himno colectivo cantado en honor al alborozo, la esperanza, la fraternidad: «Millones, yo os abrazo. ¡Este beso es para el mundo entero!».

Cuando el último sonido de voces e instrumentos se hubo apagado, el público estalló en aplausos y vítores llevado por el entusiasmo. Sin embargo, Beethoven, todavía inclinado sobre la partitura que se disponía a recoger, y de espaldas al público, no pudo oír el estruendo de los aplausos. Entonces la contralto solista descendió del estrado de los cantantes, se acercó hasta el compositor, lo tomó del brazo y lo volvió hacia la sala con el fin de que contemplase la respuesta entusiasta del público, al que su sinfonía, su canto a la alegría, había dejado extasiado. Durante unos primeros instantes el rostro de Beethoven permaneció inmutable mientras contemplaba a aquel público entregado. Sin embargo, al fin se decidió a saludar a la multitud con una delicada reverencia a la que el público respondió con aplausos y vítores todavía más ruidosos y entusiastas. La platea se llenó de pañuelos blancos que ondearon como banderas, y cientos de sombreros se lanzaron al aire en aquel teatro iluminado por la luz de las lámparas.

El mechón de Che Guevara

Durante los primeros diez años de su estancia en Arizona, Ira Brilliant, el hombre a quien tanto entusiasmaba Beethoven, centró su atención en atender a su familia y su nuevo negocio, pese a lo cual nunca se desvaneció del todo su temprana fascinación por la figura de Beethoven. La muerte de su hija, acaecida once años atrás, había abierto una herida en su interior que tardó mucho en cicatrizar. Aquellos años de dolor sirvieron para que Ira se maravillara aún más de todo lo que Beethoven había sido capaz de ofrecer al mundo a pesar de la multitud de desgracias personales a las que tuvo que hacer frente a lo largo de su vida. Para Brilliant, Beethoven se había convertido no sólo en la viva personificación de la fuerza de la música, sino también en una especie de mentor que le guiaba sabiamente a través de las vicisitudes de la existencia y su deseo de poseer algo que hubiera tocado el genio —una carta, una partitura autógrafa, un apunte emborronado— había ido en aumento con el paso de los años. A principios de 1975, aquel deseo era tan intenso que Brilliant pensó que había llegado el momento de dejar de soñar y ponerse manos a la obra. Fue entonces cuando centró su interés en una carta que Beethoven escribiera en 1824, y en la que el compositor solicitaba al príncipe Ferdinand von Trautmannsdorf el uso de una sala de conciertos para el estreno de su Novena sinfonía. Al final de la carta aparecía la hermosa firma de Beethoven: una rúbrica enorme y florida. Sin embargo, la carta se valoraba en 7.500 dólares y Brilliant tuvo que esperar casi un año para hacerse con ella. Así, el 1 de diciembre de 1975 Brilliant telefoneó por segunda vez al vendedor y comprobó con gran alivio y alegría que la carta aún estaba en venta; entonces lo tanteó por última vez y de forma más bien tímida con el fin de averiguar si estaba dispuesto a rebajar el precio pero, al fracasar en el intento, se dejó llevar por la pasión y oyó cómo su propia voz anunciaba por teléfono: «Bien, en tal caso, tendrá usted que venderme esa carta, porque estoy decidido a comprársela».

Pocos días después, sentado a una mesa sobre la que había colocado el paquete que contenía la carta, Brilliant trató de saborear al máximo aquel momento, y tardó nada más y nada menos que treinta minutos antes de decidirse a abrir con sumo cuidado el paquete y retirar con parsimonia los envoltorios que protegían la misiva. Allí estaba por fin: aquel antiguo pedazo de papel presentaba un aspecto frágil y el paso de los años le había dado un color ocre pálido. Las palabras en alemán que Beethoven escribiera con letra minuciosa resultaban difíciles de entender a primera vista. Sin embargo, la rúbrica de Beethoven —grande, de trazo enérgico y escrita a pluma— parecía despedir un resplandor que obligaba a fijar los ojos en ella. El genio había utilizado aquel trozo de papel ciento cincuenta y dos años antes; su firma aparecía estampada en él y, en ese momento, Ira Brilliant —que según su propia confesión había actuado de una forma impulsiva al adquirir el documento— lo tenía por fin en su poder.

Durante su época de adolescente en Brooklyn, había sido la música de Brahms la que primero llamara la atención del joven Ira Brilliant. Sin embargo, poco a poco sus gustos musicales empezaron a cambiar, y pronto fueron las composiciones de Beethoven las que ocuparon un lugar preferente en su corazón. De entre todas las obras de Beethoven que había escuchado en aquellos años, su favorita era la sonata *Les Adieux*. Le asombraba la profundidad con la que aquella sonata describía la pérdida de un ser querido. Asimismo, el trío «Archiduque» le parecía una composición de una perfección absoluta. Aparte de la compleja figura del propio compositor, por aquel entonces le atraían más determinados pasajes y movimientos concretos que las obras enteras.

Su padre, Harry Brilliant (cuyo apellido era una adaptación al inglés del término ruso «diamante»), había emigrado de Rusia a Estados Unidos en el año 1919, sólo unos días antes de ser llamado a filas por el ejército zarista. En aquel nuevo país Harry contrajo matrimonio con Anna Silverman, una mujer nacida en Vermont, con la que tuvo tres hijos varones, el mayor de los cuales fundó un próspero negocio dedicado a la elaboración de paños de limpieza a partir de excedentes de tela. Ira, el mediano, pasó dos años en un centro de formación profesional de Brooklyn, donde recibió la preparación necesaria para supervisar los aspectos técnicos del negocio de su hermano; de allí pasó al Instituto Textil Lowell de Massachussets, donde estudió dos años más. Sin embargo, antes de incorporarse al puesto para el que se había preparado con tanto ahínco y poco después de que se produjera la inesperada muerte de su padre, Ira fue llamado a filas por el ejército de los Estados Unidos, en el que sirvió por un período de tres años. Durante la Segunda Guerra Mundial trabajó como técnico especialista en química militar en Irlanda del Norte y Francia hasta que la rendición de las naciones del Eje permitió que él y otros tres millones de estadounidenses regresaran a sus hogares para reanudar sus vidas.

Si bien su pasión por la música clásica nunca había decaído, tampoco puede decirse que ocupara un lugar central en su vida durante los primeros años de la posguerra. Por un lado estaba el negocio familiar, que le exigía tiempo y dedicación, y por otro, Irma Maizel, una neoyorquina de la que se enamoró durante unas vacaciones en Florida en marzo de 1947 y con la que se casaría seis meses después de su primer encuentro. En septiembre de

1952 nació su primera hija, Maxine. Si bien ésta había tenido ciertos problemas de desarrollo, a la edad de diez años ya sabía tocar el piano y dio muestras de poseer un extraordinario talento musical antes de morir de forma súbita y por completo inesperada.

El dolor que provocó en los padres la desaparición de su hija, aquel terrible vacío que parecía que nada ni nadie podría volver a llenar, convirtió el hasta entonces acogedor hogar —e incluso toda la zona oeste de Long Island— en un lugar del que deseaban huir desesperadamente. Con el fin de consolar a su esposa, Ira Brilliant le prometió que abandonarían Nueva York para irse a vivir lejos de allí en cuanto lograra vender el negocio familiar y resolver todos los preparativos de la mudanza.

En el verano de 1963, la venta de su negocio proporcionó al matrimonio Brilliant una cantidad de dinero suficiente para garantizarles unos cuantos meses de tranquilidad económica. Metieron los objetos más necesarios y unos pocos recuerdos entrañables en la furgoneta Pontiac que acababan de comprar y partieron hacia a Arizona en busca de una nueva vida. Allí, Ira no tardó en encontrar trabajo como vendedor de una inmobiliaria. Sin embargo, no le fue muy bien en aquel puesto y, al cabo de un año, un compañero de trabajo y él pensaron que era un buen momento para iniciar un negocio propio, una inmobiliaria cuyo radio de acción se limitara al centro urbano de Scottsdale, una pequeña localidad de veraneo situada a escasos minutos en coche del nuevo hogar de los Brilliant.

El nuevo negocio se reveló todo un éxito. Diez años después, Ira había prosperado más de lo que nunca pensase. Su éxito como promotor inmobiliario hizo que incluso empezara a considerar en serio la posibilidad de adquirir algo que hubiera pertenecido al gran Beethoven, una idea que hasta entonces había resultado del todo impensable.

A diferencia de Ira Brilliant, que pertenecía a la generación de quienes alcanzaron la mayoría de edad durante la Depresión de 1929 y pasaron su primera juventud luchando en la Segunda Guerra Mundial, el joven al que apodarían Che Guevara unos años antes pertenecía a la siguiente generación de estadounidenses, aquella que a finales de la década de los sesenta transformó la imagen del Che Guevara médico y guerrillero revolucionario fusilado en Bolivia en una suerte de héroe popular. Sin embargo, el Che Guevara de nuestra historia, el que acabaría licenciándose como médico en la Facultad de Medicina de la Universidad de Texas en Galveston, no fue nunca un verdadero partisano del movimiento contracultural que emergió con fuerza en la década de los sesenta, aunque su vínculo nominal con el famoso revolucionario siempre constituyó para él un motivo de orgullo.

Alfredo Guevara se crió en Laredo, una población del estado de Texas emplazada a orillas del amplio y poco profundo río Grande, parte de cuyo curso marca la frontera entre Estados Unidos y México. Su madre había nacido en el estado mexicano de Nuevo León y su padre se había pasado muchos años trabajando como encargado de varias gasolineras de Laredo, en las cuales el joven también se empleó durante algún tiempo. Guevara, que hablaba español de pequeño, creció junto a sus padres y a sus tres hermanos en la pequeña vivienda de una sola habitación que el padre construyera con sus propias manos. Sin embargo, una vez en la escuela, el muchacho aprendió inglés sin demasiado esfuerzo y enseguida se reveló como un estudiante brillante y aplicado. En el momento de ingresar en el instituto, Alfredito ya se había leído de cabo a rabo todos y cada uno de los volúmenes de la enciclopedia World Book, por la sencilla razón de que disfrutaba con las diversas materias que trataba la obra. En su último año de instituto, el proyecto de ciencias al que se dedicara en cuerpo y alma a lo largo de tres años le había servido para ganar varios certámenes científicos, tanto de ámbito nacional como internacional, así como para obtener una beca de la Universidad Northwestern, próxima a Chicago.

Fue en aquella universidad donde en el año 1970, un compañero de dormitorio le puso el sobrenombre de Che Guevara el mismo día de su llegada, y donde por primera vez empezó a sentir curiosidad hacia la música clásica. Se acordó entonces de la vez en que años atrás un amigo de Laredo le había puesto un disco de 78 r. p. m. que contenía una grabación de la Quinta sinfonía de Beethoven. Esa música se había mantenido en su mente como un sueño obsesivo, pero por lo demás aquel novato de piel bronceada seguía siendo un perfecto ignorante en materia de música clásica. Si bien nunca dejó de ser un gran admirador de los Beatles, en poco tiempo la música de Beethoven pasó a convertirse en su preferida. Las obras del singular compositor se introducían en el corazón y la cabeza del joven Guevara como ninguna otra. Aquella música le parecía la expresión en un lenguaje estrictamente musical de las duras experiencias a las que se viera enfrentado Beethoven. Cuando regresó a Texas en 1975 con el fin de empezar la carrera de Medicina, Che Guevara estaba ya convencido de que deseaba seguir escuchando aquel lenguaje toda su vida.

Si Ira Brilliant pensaba continuar adquiriendo cartas de Beethoven, iba a necesitar una fortuna mucho mayor de la que disponía en aquel momento. A mediados de la década de los setenta, los artículos genuinamente beethovenianos —cartas, apuntes, esbozos, partituras autógrafas— se cotizaban a precios muy altos en el mercado del coleccionismo, y de hecho eran muy pocas las piezas relacionadas con Beethoven que salían a la venta en subastas de ámbito internacional. Pero con la adquisición de su primera carta de Beethoven —conocida como la «Anderson 1772» en la pequeña y misteriosa esfera de la erudición beethoveniana—, no tardó en apoderarse de él un deseo cada vez mayor de adquirir otros artículos originales, de rodearse de vestigios de la vida y obra de Beethoven.

Y lo cierto es que existían abundantes piezas de coleccionista por las que no tardó en sentirse atraído. Las primeras ediciones de cientos de composiciones de Beethoven —la mayoría publicadas en vida del compositor y casi siempre con su consentimiento— tenían un precio relativamente asequible en el mercado de antigüedades musicales, a pesar de no ser en absoluto piezas corrientes y de poseer en la mayoría de casos un valor musical muy superior al de las cartas. Ira Brilliant empezó a imaginar que, en el caso de que lograra reunir una buena colección de primeras ediciones y ediciones antiguas de partituras de Beethoven, podría incluso crear algún tipo de fundación dedicada al legado del compositor.

En cuanto tuvo claro cuál sería su nuevo plan de adquisiciones, Brilliant, que seguía ejerciendo como promotor inmobiliario —los suculentos beneficios que generaba su agencia inmobiliaria en Scottsdale le permitían entregarse a su nueva pasión—, empezó poco a poco a trabar relación con el escaso puñado de tratantes en antigüedades musicales que existían en Europa y Estados Unidos. Entre ellos se encontraban Hermann Baron, Richard Macnutt y Albi Rosenthal en Inglaterra; Hans Scheider en Alemania, así como Mary Benjamin en Harper, Nueva York. Con el paso de los años, todos ellos acabarían por conocer bien al hombrecillo que sentía una pasión tan intensa por Beethoven. En 1990, Brilliant escribiría respecto a Baron, que había fallecido un año atrás: «Siempre fue un comerciante duro de pelar. Al igual que el resto de tratantes, Baron dirigía su negocio rodeado de su mercancía, que se apilaba a lo largo de varios estantes en el amplio salón con chimenea de su casa. Siempre que acudía a visitarle me hacía pasar a aquel salón, donde mientras intercambiábamos impresiones debía controlarme para no dirigir la mirada a un pequeño montón de partituras musicales que se amontonaban en una mesa cercana. Pasados unos minutos, Baron me proponía con cierto aire de indiferencia que echara un vistazo al montón de partituras y seleccionara con calma las que más me interesaban. Yo sabía desde el principio que eran las partituras que Baron tenía reservadas para mí».

En el año 1983, Ira Brilliant era propietario de una colección de más de setenta primeras ediciones de composiciones de Beethoven, que en conjunto probablemente poseía un valor aún más elevado que la suma de sus partes; cada una de éstas tenía por sí misma un valor considerable en el mercado. Brilliant pensó entonces que había llegado el momento de buscar un nuevo sentido a su colección, pues deseaba evitar a toda costa que acabara muerta de asco en el estante de un armario de su casa. Pero cuando él y su esposa se pusieron en contacto con el decano de la Facultad de Bellas Artes y director del Departamento de Música de la Universidad Estatal de Arizona, situada en la cercana población de Temple, éste les hizo saber que la institución no tenía el menor interés en albergar su colección. Sin embargo, pocas semanas después de aquella decepción el destino quiso que el matrimonio Brilliant emprendiera un viaje en coche a San Francisco, con motivo de un congreso organizado por la Sociedad del Manuscrito. Los Brilliant habían planeado detenerse en San José con el fin de visitar a su amigo David Shapiro, antiguo profesor de economía de la Universidad Estatal de Arizona y que por entonces impartía clases en la Universidad Estatal de San José. Shapiro se ofreció a hacer llegar la propuesta a la decana de la facultad de la que él era profesor. Ira Brilliant accedió a ello, en una decisión que en cuestión de días cambiaría su vida por completo.

El 30 de mayo de 1983, Shapiro telefoneó a casa de Arlene Okerlund, decana de la Facultad de Humanidades y Filosofía y Letras de la Universidad Estatal de San José, y a la mujer pareció intrigarle tanto el tema que propuso entrevistarse con él y con el matrimonio Brilliant a las nueve de la mañana del día siguiente. Al final de aquel primer encuentro, la señora Okerlund estaba tan ilusionada con la idea de construir en su universidad un centro oficial dedicado a Beethoven a partir de la colección de Ira Brilliant que no cabía en sí de alegría. Antes de que finalizara la semana, viajó en avión hasta Phoenix en compañía de Barbara Jeskalian, bibliotecaria de la Universidad Estatal de San José, con el fin de examinar detenidamente la colección. No habían transcurrido aún dos semanas desde aquella visita, cuando Brilliant recibió una carta que provocó en él una emoción parecida a la que sintiera ocho años antes al recibir la «Anderson 1272». Aunque en esta ocasión se trataba de una carta contemporánea, redactada por el rector de la Universidad Estatal de San José y no por un compositor que llevaba más de un siglo enterrado.

«Quisiera darle las gracias en nombre de los profesores y alumnos de la Universidad Estatal de San José —escribía el rector Gail Fullerton—, por el interés que ha mostrado en que nuestro campus albergue su colección de documentos pertenecientes a Beethoven. Nuestra universidad, que en la actualidad dispone de un excelente departamento de música, siempre se ha esforzado por ampliar los recursos académicos en la medida de lo posible, y siente una pasión por Beethoven que es extensiva a toda la comunidad universitaria. Creo firmemente que trabajando en equipo conseguiremos hacer realidad nuestro sueño común de crear el mayor centro de estudios beethovenianos de Estados Unidos.» A continuación, el rector Fullerton informaba al matrimonio Brilliant que, en el caso de que estuvieran de acuerdo en seguir adelante con el proyecto, la universidad se comprometería por escrito a no vender ni dividir la colección, a permitirles acceder a ella siempre que lo desearan, ubicar el centro en un espacio equipado con un regulador climático adecuado dentro de la biblioteca universitaria o del departamento de música y contratar un conservador y un musicólogo especializados en Beethoven, que se encargarían de dirigir el centro y contribuirían a que éste cumpliese su objetivo de acercar la figura y la música del genio a un número cada vez mayor de estudiantes, eruditos y ciudadanos en general.

Lo que Fullerton proponía en aquella carta era nada menos que la creación de un instituto de estudios beethovenianos abierto al público en general, un sueño que Brilliant alimentaba desde hacía casi diez años. Por supusto, Ira Brilliant no se lo pensó dos veces, y lleno de entusiasmo se apresuró a responder a Fullerton para dar el visto bueno a la propuesta. Tras unas breves negociaciones, el matrimonio Brilliant y la universidad llegaron rápidamente a un acuerdo y el 7 de septiembre ambas partes firmaron un contrato que garantizaba la creación y el mantenimiento a perpetuidad de lo que Okerlund y Fullerton insistieron en que se llamara Centro de Estudios Beethovenianos Ira F. Brilliant. Sería el primer centro de aquellas características que se fundara en el hemisferio occidental. Thomas Wendel, catedrático de historia de la Universidad Estatal de San José y un gran apasionado de Beethoven, fue nombrado director interino del centro; se habilitó un espacio en la sexta planta de la biblioteca Walhquist del campus para acoger de modo provisional la colección; se empezó a buscar un director permanente por todo el mundo y, por supuesto, la magnífica colección de primeras ediciones de obras de Beethoven, que en otoño de 1983 ya había alcanzado la cifra de setenta y siete ejemplares, salió de casa de Ira Brilliant rumbo a San José.

Por aquel entonces, Ira Brilliant poseía un total de cuatro cartas de Beethoven, todas ellas de gran importancia y valor. Su última adquisición era la llamada «Anderson 758» —comprada a través de Richard Macnutt, el tratante en antigüedades—, una

carta que Beethoven había enviado a Franz Brentano, marido de Antonie Brentano, la mujer que según muchos estudiosos de la vida de Beethoven
fuera su misteriosa «amada inmortal», y cuyo hijo
Karl Josef nació probablemente de su relación con
Beethoven. La posibilidad de que esa mujer hubiera sido realmente amante del compositor y madre
de un hijo suyo, convertía la carta en un documento único por el modo en que Beethoven expresaba
al marido el deseo de que viviera largos años como
cabeza de aquella familia tan extensa como admira-
ble. Brilliant había adquirido la carta —sin duda la
joya más valiosa de toda su colección— sólo un mes
antes de firmar el contrato con la Universidad Estatal de San José, y poco tiempo después decidió
modificar su testamento para que tanto aquella misiva como el resto de la correspondencia pasaran a
ser propiedad del centro a su muerte. Pero mientras viviera, Brilliant deseaba tener esas cartas guar-
dadas en una caja de seguridad de un banco cercano a su hogar en Phoenix, para contemplarlas a
gusto un par de veces o tres al año y mostrarlas a
sus atónitos amigos cada vez que quisiera. Si bien
cada una de las cartas estaba protegida por una cubierta de mylar neutro, el hecho de poder dar la
oportunidad de tocar algo que había estado en manos del mismísimo Beethoven a aquel puñado de
personas capaces de apreciar su importancia seguía
siendo para Brilliant uno de los regalos más especiales que él podía ofrecer.

La música de Beethoven acompañó a Che
Guevara a lo largo de los cuatro años que éste pa-

só como estudiante de Medicina en la localidad tejana de Galveston, así como durante los siguientes seis años de prácticas de cirugía y urología en la Universidad de Arizona. A finales de 1981, conoció a Renée Baffert, una profesora de primaria que vivía en Nogales, una pequeña población situada a unos cien kilómetros al sur de Tucson, y a través de cuyas áridas colinas discurría una valla metálica de gran altura que marcaba la frontera entre Estados Unidos y México. Al poco tiempo de haberse conocido, Renée Baffert y Alfredo Guevara contrajeron matrimonio. El joven doctor pensó entonces que Nogales sería el lugar perfecto para empezar a ejercer como médico; aquel lugar necesitaba un urólogo, en especial uno que, como él, dominara el inglés y el castellano, y en el año 1983 empezó a ganarse la vida por primera vez desde que abandonara el trabajo en la gasolinera de su padre trece años antes.

Guevara necesitó algún tiempo para reunir una buena clientela. Si bien su vida se había visto colmada en los primeros años de la década de los ochenta con el nacimiento de tres hijos, lo cierto es que todavía estaba lejos de ser el médico acaudalado en el que había soñado convertirse desde los cinco años de edad y pasaba hambre casi todos los días. Sin embargo, poco a poco empezó a prosperar, y en 1989 inauguraba un magnífico consultorio con su nombre escrito en la puerta. Guevara, que por entonces ya disponía de una considerable cantidad de dinero en su cuenta corriente, pensó que aquel consultorio nuevo sería el lugar perfecto para organizar una fiesta de cumpleaños en honor del gran Beethoven. Envió invitaciones a sus colegas de la comunidad médica de Nogales, así como a sus amigos y parientes cercanos y lejanos. Se las arregló para que sus invitados disfrutasen de un *buffet* de comida mexicana amenizado por la música de un grupo de mariachis primorosamente ataviados para la ocasión, y cubrió las paredes de la sala de espera del consultorio con una pancarta que rezaba: «FELIZ CUMPLEAÑOS LUDWIG VAN BEETHOVEN». La fiesta fue todo un éxito. De hecho, los invitados comentaron entusiasmados que había sido el acontecimiento social del año. Animado por los comentarios elogiosos, Guevara decidió convertir la celebración en un acontecimiento anual. La lista de invitados fue aumentando a medida que transcurrían los años, y con ella el considerable desembolso de dinero que se precisaba para ponerla en marcha. A finales del mes de noviembre de 1993, Che Guevara telefoneó a Wayne Senner, catedrático de la Universidad Estatal de Arizona, para invitarlo a la fiesta de aquel año. Guevara había leído en una publicación de la Universidad Estatal de Arizona un artículo que firmaba Senner en el que éste analizaba la acogida de las obras de Beethoven por parte de los críticos musicales de la época. Senner, que se sintió a un tiempo halagado e intrigado por el generoso gesto de aquel desconocido, informó al doctor Guevara que, si lo que deseaba era invitar al mayor entusiasta de Beethoven de todo el estado de Arizona —mayor incluso que el propio Guevara—, debía añadir sin falta el nombre de Ira Brilliant a su lista de invitados. El comentario despertó al instante el interés de Guevara, quien aseguró a Senner que para él sería un gran placer invitarles a él y a Brilliant, así como a sus respectivas esposas. Las dos parejas serían sus invitados de honor. Guevara se encargó de reservar habitación en un hotel cercano y esperó con gran expectación a que llegara la noche del 16 de diciembre para conocerlos y disfrutar juntos de la fiesta de aniversario del hombre que significaba tanto para todos ellos.

A mediados de diciembre de 1993, Ira Brilliant y su esposa viajaron a Nogales para asistir a la fiesta de aniversario de Beethoven que organizaba Che Guevara. Brilliant, que lanzó un suspiro de alivio al saber que Beethoven no formaría parte del repertorio musical de los mariachis que iban a amenizar la velada, se alegró de estar presente en aquella fiesta y de poder conocer a Guevara, que le pareció una persona encantadora. Ambos hombres descubrieron en aquella fiesta y en sus posteriores encuentros que, a pesar de ser muy diferentes, se entendían a la perfección en lo referente a su pasión por Beethoven y su música. En el curso de los siguientes meses la relación de amistad se fue estrechando, y con ello también aumentó la curiosidad de Che Guevara por la afición al coleccionismo de Brilliant. Guevara se sentía fascinado por todo lo que le enseñaba Brilliant acerca del pequeño y selecto círculo formado por un grupo de personas del mundo entero que se dedicaban al coleccionismo. Se sentía asimismo atraído por el vínculo casi sacramental que parecía existir entre los objetos coleccionables y los grandes hombres a quienes habían pertenecido. También cautivaba a Guevara el aspecto económico del mundo del coleccionismo, donde los intentos por adquirir un artículo a precio de ganga y las licitaciones que se producían en las emocionantes subastas constituían una especie de juego embriagador y apasionante. Pero, sin duda alguna, lo que más fascinaba a Guevara era el modo en que Brilliant había sido capaz de dar vida a Beethoven —al menos en su corazón— reuniendo recuerdos dispersos de un pasado lejano en que el maestro alemán había compuesto su música.

Sin embargo, Guevara no aspiraba por el momento a convertirse en coleccionista. Por un lado quería dedicar buena parte de su tiempo a la educación de sus tres hijos; por otro, tenía serias dudas de que su actividad como médico le permitiera disponer de la cantidad del tiempo necesario para llegar a conocer los entresijos del mundo del coleccionismo. Veía el coleccionismo como una posibilidad de futuro, algo que podría convertirse en una nueva pasión. Pero, a pesar de estar decidido a no caer aún en la tentación, no dudó en confesar a su amigo Brilliant que le encantaría poseer algo, aunque sólo fuera un pequeño recuerdo insignificante, que guardara relación con Beethoven. Ira Brilliant había adquirido hacía poco una invitación impresa del funeral de Beethoven, una tarjetita que anunciaba la hora, el día y el lugar en que se celebraría el funeral al que acudieron miles de ciudadanos vieneses para rendir el último homenaje al difunto compositor. Cuando Brilliant le enseñó aquella invitación, Guevara comentó que cuando él decía que quería tener algo de Beethoven pensaba justo en una cosa así, y Brilliant le aseguró que tendría los ojos bien abiertos por si aparecía cualquier cosa que pudiera ser de su interés. Encontrar algo así podría llevarle bastante tiempo, y el precio de un recuerdo como aquél quizás alcanzara fácilmente los dos mil dólares, pero en cualquier caso Brilliant estaba dispuesto a buscar algún objeto relacionado con Beethoven que Che Guevara pudiera guardar como un tesoro para toda la vida.

A lo largo del decenio que siguió a su fundación, el Centro de Estudios Beethovianos Ira F. Brilliant se convirtió en la clase de institución con la que soñaran desde un principio el matrimonio Brilliant y los entusiastas administradores de la Universidad de San José. En agosto de 1985, el catedrático de historia Thomas Wendel, que había sido el encargado de dirigir los primeros pasos del centro, fue nombrado presidente del consejo de administración. Wendel, a su vez, puso la gestión diaria del centro en manos de William Meredith, un profesor universitario de treinta años de edad que obtuviera el doctorado en Musicología por la Universidad de Carolina del Norte sólo un mes antes. La búsqueda de un director permanente se había extendido hasta Europa, siendo varios los estudiosos beethovenianos de renombre que optaran al puesto. Sin embargo, el consejo de administración consideró que Meredith no sólo cumplía el requisito de ser un gran especialista en Beethoven, sino que también poseía juventud, energía, simpatía y humildad, unas cualidades que, según ellos, debía reunir el futuro director del centro.

Estaba previsto desde hacía mucho tiempo que la inauguración oficial del centro se celebrara el 15 de septiembre. Con objeto de hacer los preparativos pertinentes, Ira Brilliant entregó al centro cincuenta mil dólares en depósito para promover una campaña que se había marcado como objetivo recaudar un total de un millón y medio de dólares. Brilliant y su esposa también encargaron la construcción de un pianoforte de características muy similares al instrumento que Beethoven utilizara para componer en su juventud. Paul y Janine Poletti, dos reputados fabricantes de instrumentos de la población californiana de Oakdale, serían los encargados de construir aquel pianoforte, que sería más pequeño, silencioso y frágil que un piano contemporáneo. El teclado abarcaría también menos octavas que el de un piano moderno, pero gracias a la sólida caja de resonancia de madera y al delicado mecanismo de percusión y transmisión tendría una sonoridad muy parecida a la que en su día fuera tan familiar para Beethoven y su público. El instrumento sería una réplica exacta de un pianoforte fabricado por Johann Dulcken en Munich alrededor de 1795. Dulcken había dejado una serie de planos detallados que facilitarían la construcción de aquella réplica, que el matrimonio Brilliant pensaba donar al centro en memoria de su difunta hija.

Poco después de la inauguración oficial del centro, se fundó la Sociedad Beethoven de Estados Unidos, una organización sin ánimo de lucro integrada por un grupo de entusiastas de Beethoven. Por aquellas mismas fechas se nombró conservadora del centro a Patricia Stroh, licenciada en Historia de la Música y Biblioteconomía. En años siguientes el centro recibió una serie de subvenciones y donaciones del Fondo Nacional para el Patrocinio de las Humanidades, de la Biblioteca Estatal de California, así como de numerosas instituciones benéficas privadas, gracias a las cuales pudo crecer de una forma rápida y espectacular. Un frío día de diciembre de 1993, Ira Brilliant sugirió por primera vez a su nuevo amigo Guevara que él también debería unirse a la Sociedad Beethoven para colaborar en sus múltiples proyectos. Por entonces, el centro contaba ya con una colección de trescientas primeras ediciones de obras de Beethoven, más de mil seiscientas ediciones publicadas en vida del compositor y una biblioteca de casi tres mil cuatrocientos volúmenes relacionados con la vida y la obra del compositor. Los libros que integraban aquella biblioteca, muchos de los cuales eran ensayos monográficos escritos por especialistas en la materia, comprendían hasta diez idiomas diferentes. Otro de los logros del centro fue la creación de un certamen pianístico abierto a todos aquellos estudiantes de enseñanza secundaria que hubieran dado muestras de poseer un talento prometedor. Asimismo, el centro se encargó de difundir la figura y la obra de Beethoven por escuelas e institutos y de organizar un considerable número de festivales de música dedicados a Beethoven, para los cuales contó con la colaboración de la Orquesta Sinfónica de San José. Por aquel entonces, el *Beethoven Journal*, una publicación semestral del centro que editaba Meredith, ya había publicado artículos, cartas y reseñas de casi todos los eruditos de renombre internacional especializados en Beethoven.

Pero lo que acabó por convencer a Brilliant de que al fin su sueño se hacía realidad, era el continuo contacto que empezaba a mantener con destacados especialistas en Beethoven, eruditos de la talla de Joseph Kerman, Lewis Lockwood y Maynard Solomon en Estados Unidos; William Kinderman en Canadá; Barry Cooper y Alan Tyson en Gran Bretaña; y de Sieghard Brandenburg y Hans-Werner Küthen, colaboradores ambos del Beethoven-Archiv, el renombrado y prestigioso archivo de documentos relacionados con el compositor, con sede en la ciudad alemana de Bonn. Al fin y al cabo, Brilliant era sólo un promotor inmobiliario. Durante muchos años no había pasado de ser un simple aficionado a la figura y obra de Beethoven, un mero soldado de a pie. Y, sin embargo, el largo período de entrega a aquella pasión acababa dando sus frutos, y a los setenta y tantos años de edad le permitía trabar amistad con los principales expertos mundiales en la materia. Ira Brilliant se sentía orgulloso de tutearlos y ellos, a su vez, respetaban sus amplios conocimientos, reconocían la importancia que había adquirido la institución que llevaba su nombre y, evidentemente, estaban fascinados ante la profunda y singular pasión que Brilliant profesaba a Beethoven.

Sin embargo, a pesar de todo el tiempo que había dedicado al coleccionismo, Brilliant no tenía una primera edición en buen estado de los tres tríos para piano, violín y violoncelo, Opus 1, de Beethoven, que se publicó en 1795, tres años después de que el compositor abandonara Bonn para trasladarse a Viena. Por aquellas fechas, Beethoven distaba mucho de ser un músico conocido, y en la actualidad sólo se conservan un puñado de ejemplares de la primera edición de aquellos tres tríos. Además de ser una primera edición difícil de encontrar, el hecho de que apareciera catalogada como Opus 1 de Beethoven hacía de ella una pieza muy codiciada. Por todo ello, Brilliant y el personal del centro ansiaban encontrar y adquirir una copia de esa primera edición, siempre que el precio no fuera desorbitado. Y fue un día de principios de noviembre de 1994 cuando la buena fortuna pareció llegar una vez más por correo. Aquel día, mientras hojeaba el catálogo de la subasta semestral de libros y música de la casa Sotheby's, que acababa de recibir junto con el resto de la correspondencia, los ojos de Brilliant descubrieron justo lo que había buscado durante tanto tiempo: el lote número 27, que saldría a subasta en Londres el 1 de diciembre, consistía en un ejemplar en perfecto estado de conservación de la primera edición de los tres tríos para piano, violín y violoncelo, Opus 1, de Ludwig van Beethoven. Sotheby's había valorado aquel artículo en una cantidad que oscilaba entre mil quinientas y dos mil libras esterlinas, una cifra un tanto desalentadora pero que no fue óbice para que Brilliant tomara rápidamente la determinación de hacer cuanto estuviera en su mano para no dejar escapar aquella oportunidad. Brilliant tenía el convencimiento de que entre él y algunos de los principales patrocinadores del centro podrían enviar a Richard Macnutt, su agente de subastas en Inglaterra, la cantidad de dinero que le permitiera pujar con éxito en la subasta.

Pero había algo más en aquel catálogo que atrajo rápidamente su atención. En los veinte años que habían transcurrido desde que empezara su afición al coleccionismo, jamás se había encontrado con una subasta en la que salieran a la venta restos humanos de ninguna clase. Y, sin embargo, lo que sus ojos veían no dejaba lugar a dudas: el lote número 33, cuyo valor estimado era de entre dos y tres mil libras esterlinas y cuyo certificado de autenticidad resultaba irrebatible, consistía en un mechón de cabello del mismísimo Beethoven. Brilliant habló con Meredith y Wendel de la posibilidad de adquirir el mechón de cabello, y ambos hombres se mostraron entusiasmados; fue entonces cuando Brilliant se acordó de su amigo de Tucson.

Brilliant logró localizar a Che Guevara en su consultorio a la caída de la tarde y, en cuanto oyó su voz al otro lado del teléfono, le preguntó si recordaba su petición de buscar algún recuerdo de Beethoven que pudiera interesarle. El doctor contestó que sí, que lo recordaba perfectamente. Acto seguido, y con una voz que delataba la enorme emoción que le embargaba en aquellos momentos, Brilliant preguntó a su amigo:

—En ese caso, ¿estarías interesado en adquirir unos cuantos cabellos de Beethoven?

Se trataba de una propuesta excepcional —un mechón del cabello del gran maestro que algún día podría tener en la palma de la mano, el mismísimo Beethoven redivivo, o al menos de vuelta entre los vivos—, y Che Guevara afirmó entusiasmado que estaría dispuesto a pagar hasta cinco mil dólares por hacerse con algo así. Brilliant le dio las gracias por su generosidad y por la rapidez con la que había tomado la decisión, aunque también le advirtió que, de acuerdo con las estimaciones de la casa Sotheby's, era muy posible que hiciera falta el doble de aquella cantidad para poder adquirir la reliquia. Y dejó claro a Guevara que, en cualquier caso, siempre podía contribuir a su adquisición, como seguramente harían también otros miembros de la Sociedad Beethoven. También le comunicó que haría todo lo posible por reunir un pequeño grupo de compradores y que tal vez entre todos consiguieran traer a Estados Unidos aquella increíble y misteriosa reliquia. «Imagínatelo —se dijeron el uno al otro—. ¡Un mechón del cabello de Beethoven!»

Lo primero que hizo fue reunir el dinero necesario para adquirir tanto la partitura del Opus 1 como el mechón de cabello. Pocos días después de que Brilliant recibiera el catálogo de Sotheby's, Tom Wendel, el presidente de la Sociedad Beethoven de Estados Unidos, se puso en contacto con él para comunicarle que estaría encantado de contribuir con quinientos dólares al fondo común que se había creado para la compra del mechón. La misma cantidad ofreció Caroline Crummey, uno de los miembros más antiguos de la sociedad. Guevara contribuyó con cinco mil dólares, mientras que Brilliant, que ya había destinado una buena suma a intentar adquirir la partitura del Opus 1, calculó que podría aportar otros dos mil dólares, o incluso más. Después de hacer el último recuento de las diferentes contribuciones, Brilliant calculó que podía autorizar a su agente Richard Macnutt a pujar hasta un máximo de cuatro mil doscientas libras esterlinas por el mechón. Pensó ilusionado en las grandes posibilidades que había de que una cantidad como aquélla fuera suficiente para hacerse con el codiciado mechón. Sin embargo, también era consciente de que aquel artículo era en cierto modo el propio Beethoven, y seguro que habría alguien dispuesto a gastarse una fortuna con tal de conseguir la reliquia. Pocos días antes de la subasta, Macnutt recibió un fax con las instrucciones finales de Brilliant. Éste explicaba con toda claridad que, si no lograba adquirir el lote 27 —el Opus 1 de Beethoven—, debía pujar todo lo posible por hacerse con las otras dos primeras ediciones de Beethoven que saldrían a la venta en aquella misma subasta. En el fax, Brilliant también indicaba a su agente que, en caso de no conseguir el Opus 1 —algo que Brilliant confiaba de todo corazón que no ocurriese—, debía centrar sus esfuerzos en intentar adjudicarse aquellas dos partituras así como el lote 33 o, lo que era lo mismo, el pequeño guardapelo negro que contenía el mechón de Beethoven.

Al levantarse de la cama la mañana del 2 de diciembre de 1994, Ira Brilliant se encontró un fax que procedía de Londres, en el que Richard Macnutt informaba acerca del transcurso de la subasta. Según explicaba el agente, la primera edición de la partitura de los tres tríos para piano, violín y violoncelo, Opus 1, de Beethoven, había alcanzado un precio de seis mil quinientas libras esterlinas, una cifra que triplicaba la estimación de Sotheby's y que casi doblaba el máximo autorizado por Brilliant. A continuación, Macnutt decía a Brilliant que no había tenido en cambio ningún problema para adquirir la primera edición de la *Canción del adiós* así como la primera edición de la Serenata para flauta y pianoforte. Por último, Brilliant leyó la mejor noticia de todas: Macnutt había logrado adjudicarse el mechón de cabello de Beethoven. Ningún postor había superado las tres mil seiscientas libras esterlinas que Macnutt ofreciera por el lote 33 y, aunque el agente disponía aún de un margen bastante holgado para seguir pujando, la subasta se había cerrado antes de ser necesario proseguir con la licitación. Aquello significaba que

Guevara, Brilliant y sus colaboradores tendrían que desembolsar unos siete mil trescientos dólares en total, una cantidad que incluía la sobretasa de Sotheby's, la comisión de Macnutt y los gastos de envío. En aquel mismo fax, Macnutt informaba a su cliente de que, si bien en unos primeros momentos se había producido una lluvia de ofertas por el guardapelo, el precio del objeto no tardó en quedar estabilizado y que, teniendo en cuenta lo que podrían haber llegado a pagar, creía que «se trataba de una excelente compra».

El cabello del maestro. A partir de ese momento, Ira Brilliant y sus socios eran propietarios de un mechón de Beethoven. Aunque la emoción le embargaba, Brilliant comprendió que era muy posible que nunca más volvieran a encontrarse con una oportunidad semejante. Muy pronto él, su esposa Irma, su amigo Che Guevara y el grupo de socios de San José sostendrían en sus temblorosas manos algo que había formado parte del mismísimo Beethoven. Sin duda, se trataba de algo extraordinario. Descolgó el teléfono y, procurando mantener la calma, marcó el número de su amigo de Nogales:

—¿Tienes el peine preparado? —preguntó a Guevara en cuanto escuchó su voz al otro lado del teléfono.

El desasosiego se apoderó de Irma Brilliant durante los tres días en que el paquete que había llegado de Londres permaneció sin abrir sobre el escritorio de su marido. Desde su punto de vista, era como tener en la casa las cenizas de un extraño que hubiera sido incinerado. Eso sí, se trataba de un desconocido al que todo el mundo tenía en alta estima. Por fin Ira Brilliant consideró que ya estaba preparado para abrir el paquete; le había producido un gran placer dejarlo allí, consciente del preciado tesoro que contenía, mientras crecía en su interior el deseo de contemplarlo. Entonces, tal como hiciera con la primera carta de Beethoven que adquirió, dedicó casi una hora a desembalar meticulosamente el paquete de Sotheby's, hasta que por fin tuvo en sus manos el guardapelo enmarcado en madera negra que contenía el mechón de cabello. Entonces sus ojos observaron atónitos el cabello que había crecido en la cabeza del hombre que más admiraba.

Unos días después, Brilliant fue a Tucson para mostrar el guardapelo a Che Guevara; éste reaccionó del mismo modo que él al contemplar por primera vez aquella extraordinaria reliquia. Cuando Brilliant sacó el guardapelo de la cajita en la que lo había traído desde Phoenix, ninguno de los dos hombres fue capaz de articular palabra. No era posible expresar con mayor elocuencia la profunda emoción que ambos sentían. El mechón de cabello, aquel excepcional recuerdo del mismísimo Beethoven, no era algo que hubieran perseguido durante años. De hecho, ninguno de los dos supo de su existencia hasta hacía apenas seis semanas. Y sin embargo, el hecho de que llegara a sus manos con tanta rapidez no disminuyó en modo alguno la intensidad del momento en que por primera vez contemplaron juntos aquel mechón de cabello.

Sin embargo, durante ese mismo encuentro surgió entre ellos un importante malentendido. Si bien antes de la subasta ambos hombres convinieron en que se dividirían el cabello en el caso de que al fin lograran hacerse con él, lo cierto es que la adquisición fue tan rápida que no les dio tiempo de acordar los detalles del reparto. No obstante, ahora que el mechón ya era suyo, había llegado el momento de resolver esa cuestión. Guevara quiso dejar claro que, a su parecer, lo más justo sería dividir el cabello de modo proporcional a la cantidad que cada uno de ellos había invertido en la compra. Opinaba que, dado que él había pagado cinco mil de los siete mil trescientos dólares que costó, debían corresponderle dos tercios del mechón. Sin embargo, Brilliant no tardó en expresar su desacuerdo con la propuesta. En su opinión, era innegable que Guevara había aportado la mayor parte de la suma, pero por otro lado, él había sido el primero en enterarse de la celebración de la subasta, y había recurrido a los servicios de su agente inglés para adquirirlo; también él había pagado el coste total de las dos primeras ediciones adquiridas en la misma subasta y, por último, en caso de ser necesario habría aportado una cantidad superior a los mil trescientos dólares con los que al final contribuyó. Sin embargo, Brilliant no hizo ninguna propuesta acerca de cómo debía dividirse el pelo, ya que aún no tenía clara la manera más justa de llevar a cabo el reparto. Pero sí expresó su deseo de que fuera el Centro de Estudios Beethovenianos de San José el que albergara a perpetuidad buena parte de los cabellos del mechón.

Tanto Brilliant como Guevara decidieron reflexionar un poco más sobre el asunto y se apresuraron a cambiar de tema. Fue entonces cuando Guevara planteó a Brilliant por primera vez si tendría sentido que algunos científicos forenses analizaran unos cuantos cabellos del mechón. Si se examinaba el cabello que en aquellos momentos se encontraba sobre la mesa, ¿se obtendría alguna prueba definitiva sobre el modo en que transcurrieron los últimos días de la vida de Beethoven? ¿Podría demostrarse qué medicamentos consumió? ¿Sería posible que unos análisis explicaran las causas de sus dolores intestinales crónicos o incluso desentrañaran el origen de su sordera?

Se trataba de una posibilidad que ambos hombres encontraban apasionante. En su testamento de Heiligenstadt, escrito casi dos siglos atrás, el propio Beethoven había expresado el deseo de que algún día pudieran determinarse y darse a conocer las causas de su sordera, y los dos pensaron que quizás lograran hacer realidad aquel conmovedor anhelo. Ambos se preguntaban si no sería aquél el motivo de que el mechón hubiera llegado a sus manos sin proponérselo.

En circunstancias normales, la casa Sotheby's tenía por norma mantener en secreto la procedencia de los artículos que sacaba a subasta. Sin embargo, en aquella ocasión —a petición de Ira Brilliant y Che Guevara, y debido a la fama del dueño del cabello que contenía el guardapelo— Stephen Roe, director del departamento de libros y manuscritos de Sotheby's, accedió a ponerse en contacto con la anterior propietaria del cabello con el fin de transmitirle el deseo de sus nuevos dueños de obtener más información acerca del objeto que acababan de adquirir. En su carta, Roe explicaba con toda claridad a Michele Wassard Larsen que no estaba en absoluto obligada a revelar su identidad ni dar a conocer las circunstancias en las que el mechón llegara a sus manos. Sin embargo, la mujer se mostró encantada de colaborar en lo que hiciera falta. Dos meses después de la llegada del cabello de Beethoven a América, el Centro de Estudios Beethovenianos de San José recibió una carta con matasellos de la población danesa de Hillerød. En esa carta, que se escribió a máquina en un inglés deficiente, se leía:

¡Hola!
Me llamo Thomas Wassard Larsen y escribo a ustedes sobre un mechón de cabello de Beethoven, vendido por Sotheby's en una subasta en Londres. Espero que ustedes entiendan el significado de esta carta, porque no se me da muy bien escribir en inglés.

El mechón era de mi madre, quien tuvo que venderlo por su situación económica. Mi madre Michele nació en Francia un par de años antes de la Segunda Guerra Mundial. Durante la Segunda Guerra Mundial mi abuela tuvo ocho hijos incluyendo a mi madre, y ella no pudo alimentarlos a todos. Así que una familia de Dinamarca muy buena adoptó a mi madre. Ella tenía entonces ocho años.

Los padres nuevos de mi madre eran un médico y una enfermera que vivían en un pueblo pequeño del norte de Seeland llamado Gilleleje. Este pueblo pequeño era uno de los más cercanos a Suecia, adonde muchos judíos huyeron durante Segunda Guerra Mundial. Muchos de estos judíos eran muy pobres y algunos de ellos tenían algunas enfermedades horribles.

El padre nuevo de mi madre fue un doctor que ayudó a muchos de estos judíos, al principio sólo con medicamentos, aunque después trabajó junto a pescadores locales durante la noche para llevar de contrabando judíos a Suecia. Era uno de estos judíos quien le dio el mechón de cabello de Beethoven por su ayuda. Mi abuelo guardó este guardapelo hasta su muerte en 1969, el mismo año en que nací yo.

En aquella misma carta, Thomas Larsen confesaba a los nuevos propietarios del guardapelo que tanto su madre como él estaban muy contentos de que el cabello de Beethoven hubiera ido a parar a manos de unas personas que sabrían apreciarlo y que lo tratarían con la misma veneración que ellos le habían dispensado a lo largo de tantos años. También les comunicaba que su madre y él estarían encantados de seguir en contacto con ellos y harían todo lo que estuviera en sus manos para ayudarles a desentrañar el misterio del guardapelo.

Larsen sabía que su abuelo había sido un hombre de carácter humanitario, pero deseaba conocer más cosas acerca de la identidad de los judíos y de cómo su abuelo los había ayudado a sobrevivir. ¿Se apellidaban aquellos judíos Hiller, el mismo nombre que aparecía grabado en el guardapelo? Larsen añadía que esperaba que los judíos que entregaron el medallón a su abuelo en señal de gratitud hubieran llegado sanos y salvos a Suecia, pero desconocía su destino en aquel país.

La carta de Thomas Larsen contenía una información que Brilliant y Guevara desconocían hasta entonces. Al parecer, Ludwig van Beethoven —aun sin proponérselo y más de un siglo después de su muerte— desempeñó un papel, pequeño pero significativo, en la tarea de ayudar a algunos judíos a escapar del exterminio nazi. La noticia dejó especialmente estupefacto a Ira Brilliant, que era judío y había luchado contra los nazis en la Segunda Guerra Mundial. Poco después de recibir la carta, Brilliant decidió buscar respuesta a los interrogantes que planteaba el joven danés. La solución a aquellos enigmas se convirtió para él en un asunto de la misma trascendencia que la posible explicación que pudieran ofrecer algún día los científicos forenses encargados de analizar el cabello acerca de las enfermedades de Beethoven. Al igual que Thomas Larsen, Brilliant, Guevara y todos los estadounidenses que guardaban alguna relación con el extraordinario mechón de cabello esperaban averiguar quiénes habían sido los descendientes de Paul Hiller, cuyo padre, Ferdinand, conoció en persona al gran Beethoven y se encargó de cortar la reliquia que en aquellos momentos obraba en poder de ellos. ¿Habrían emigrado los miembros de la familia Hiller a Inglaterra, a Estados Unidos o al país que empezaba a tomar forma en Palestina en el turbulento período que se abrió tras la Segunda Guerra Mundial? ¿Habrían logrado recomponer sus vidas en las décadas posteriores a la Segunda Guerra Mundial? ¿Habrían encontrado al fin —tal y como hiciera tantas veces Beethoven— la manera de superar aquel terrible revés?

En los meses posteriores a la compra del cabello de Beethoven, Ira Brilliant, Che Guevara y el personal del centro empezaron a estudiar a fondo la posibilidad de someter el cabello a diversos análisis, y establecieron los primeros contactos con miembros de la comunidad científica. Entre los muchos científicos consultados, figuraban desde empleados del lejano Instituto Tecnológico de Massachussets hasta trabajadores del Laboratorio Nuclear Lawrence-Livermore, que se hallaba a menos de una hora en coche del Centro de Estudios Beethovenianos de San José. Sin embargo, antes de iniciar los análisis era preciso resolver todo lo concerniente a la propiedad y división del cabello. A principios del verano de 1995, Brilliant sugirió a Guevara una posible solución a ambas cuestiones: el grueso del mechón, un setenta y tres por ciento en concreto, pasaría a ser propiedad del

Centro de Estudios Beethovenianos, lugar donde permanecería a perpetuidad, de manera que en el futuro el cabello pudiera estar disponible para analizarlo con nuevos instrumentos y técnicas forenses. De acuerdo con la propuesta de Brilliant, el centro conservaría la reliquia bajo el nombre de «Mechón del cabello de Beethoven, de Alfredo Guevara», en reconocimiento al importante papel que había desempeñado el doctor Guevara en su adquisición, y a la generosidad de la que hiciera gala al donarlo al centro. El resto del mechón pasaba a ser propiedad exclusiva de Che Guevara, el cual disponía de total libertad para hacer con él lo que quisiera, si bien el centro se reservaba el derecho de tener la primera opción de compra en caso de que Guevara algún día decidiera ponerlo en venta. Mientras Guevara viviese se utilizaría su parte del mechón para realizar los análisis pertinentes, y el propio Guevara decidiría qué análisis era oportuno realizar y quién se iba a encargar de llevarlos a cabo.

A petición de Ira Brilliant, y antes de responder a la propuesta, Guevara viajó a San José aquel verano con el fin de visitar por primera vez el centro. La visita de Guevara al centro respondía a un deseo de juzgar por sí mismo tanto el funcionamiento como los logros de la institución. Asimismo, aprovechó el viaje para asistir a la celebración anual del llamado Festival Beethoven, que organizaba la Sociedad Beethoven de Estados Unidos y al que también asistiría Brilliant. Durante el transcurso de aquella fiesta, Guevara utilizó su capacidad de persuasión para recaudar entre los asistentes la cantidad de dinero que faltaba para adquirir una copia del famoso grabado de Beethoven que realizara Louis-René Létronne en el año 1814. Brilliant había vuelto de California con la esperanza de que el médico acabase por admitir que el sitio más adecuado para conservar la mayor parte del cabello era el Centro de Estudios Beethovenianos de San José. De hecho, poco tiempo después del encuentro con Brilliant, Guevara llegó a la misma conclusión; telefoneó a su amigo para comunicarle que, tras consultar el tema con su almohada y su corazón, aceptaba la propuesta de que el mechón llevara a partir de entonces el nombre de Alfredo Guevara y pasara a ser propiedad del Centro de Estudios Beethovenianos Ira F. Brilliant de San José.

Tuvieron que pasar varios meses antes de que los contratos que estipulaban las condiciones del acuerdo estuvieran listos para ser rubricados y de que Che Guevara lograra reunir al equipo de médicos y científicos que se encargaría de dar el primer paso en un proceso forense que probablemente tardaría varios años en cerrarse. Pero, por fin, la mañana del 12 de diciembre de 1995, concluidos ya todos los preparativos necesarios, los interesados se reunieron en la Facultad de Medicina de la Universidad de Arizona, donde se procedió a firmar los documentos correspondientes y abrir el guardapelo que alojaba al preciado mechón. El contenido del guardapelo se expondría al aire por primera vez desde que el fabricante de marcos Hermann Grosshennig volviera a sellarlo con cola ochenta y cuatro años atrás. A últimas horas de la mañana, el propio doctor Guevara sometería el guardapelo a una especie de operación quirúrgica. Le acompañarían la conservadora Nancy Odegaard, el doctor George Drach, un profesor de urología por el que Guevara sentía un gran afecto, y el antropólogo forense Walter Birkby, todos ellos de la Universidad de Arizona; así como también el patólogo forense Richard Froede, un antiguo médico clínico del condado de Pima. Por supuesto, no faltarían Ira e Irma Brilliant. Todos ellos iban a poner los conocimientos que les proporcionaban sus respectivas especialidades al servicio de Guevara. Pero también habría otras personas observando el proceso: un equipo de reporteros de una televisión local, además de varios periodistas de la prensa escrita, entre los que se encontraba Amy Stevens, una reportera del *Wall Street Journal*; además, las cámaras de un equipo de rodaje de la BBC registrarían aquel acontecimiento como parte de un documental que estaban elaborando acerca de la vida y la obra de Beethoven.

Aquél iba a ser sin duda un día repleto de emociones. Ira Brilliant salió temprano de casa con el fin de evitar el intenso tráfico de la mañana. Estaba nervioso, y mientras se abría camino entre el tráfico de la autopista interestatal 10 sintió cómo se apoderaba de él un extraño desconcierto. Todo aquello que estaba a punto de suceder le parecía un tanto irreal, como si se tratara de un sueño del que fuera a despertar en cualquier momento. Le resultaba difícil creer que sobre el asiento trasero del

Buick que iba en dirección a Tucson hubiera una cajita de aspecto anodino en cuyo interior estaba el cabello de Che Guevara: el mechón de pelo cuidadosamente enrollado en espiral, que provenía de la cabellera del mismísimo Ludwig van Beethoven, había llegado hasta allí de forma milagrosa.

Beethoven: 1824-1826

A mediados de la década de 1820, Beethoven necesitaba ayuda constante no sólo en sus asuntos de índole musical y financiera, sino también en los temas domésticos de carácter más trivial. A lo largo de los treinta y dos años que habitara en Viena y sus alrededores, jamás había comprado una vivienda, a pesar de disponer de los medios necesarios para hacerlo. Aquel hecho se debía en parte a que algo en su interior le exigía un permanente cambio de ambiente y en parte a que sus relaciones con los caseros siempre fueron un tanto tormentosas. En cada una de las más de cuarenta mudanzas que llevó a cabo, Beethoven obtuvo la ayuda de amigos y sirvientes, pese a que todos sabían que probablemente aquella petición se iba a repetir en menos de medio año. Aunque el compositor demostraba poseer una gran habilidad al negociar el precio de venta de una nueva composición musical, lo cierto es que siempre fue un verdadero desastre a la hora de calcular el presupuesto doméstico, llegando en cierta ocasión al extremo de concluir, tras haberle dado muchas vueltas al asunto, que la suma de once mitades debía totalizar diez y medio. E incluso después de que los sirvientes se convirtieran en parte integrante de su hogar, había llegado a pedir consejo acerca de cómo debía relacionarse con ellos. En cierta ocasión llegó a preguntar a un amigo qué alimentos y qué cantidad debía dar de comer y cenar a dos sirvientes, qué paga diaria deberían recibir el ama de llaves y la sirvienta, qué debía hacer con la colada, si debía subir el sueldo al ama de llaves y a la sirvienta, si tenía que proporcionarles vino y cerveza, y en caso afirmativo, en qué momento, ¿en el desayuno?

Durante la época en que Beethoven pudo permitirse el lujo de tener servicio, éste se había renovado de forma permanente. La mayor parte de las veces despedía a los sirvientes a los pocos meses de que empezaran a trabajar para él. Algunos llegaron incluso a marcharse de forma voluntaria el mismo día de su incorporación, tras ver el trato tiránico que dispensaba al servicio aquel hombre sordo y extravagante. Por esas fechas, Beethoven disfrutaba con frecuencia de la compañía de su sobrino Karl, que intentaba pasar con su tío todo el tiempo que le dejaban sus estudios universitarios. Cuando Schindler rompió su relación con Beethoven, a consecuencia de las acusaciones que el compositor lanzara contra él sobre la desaparición de una serie de recibos del concierto de gala en que se había estrenado su Novena sinfonía, fue sustituido —aunque sin recibir el dinero que le correspondía por algunos de sus últimos servicios como factótum del compositor— por Karl Holz, que era violinista como Schindler, aunque su talento musical superara con creces al de este último. Desde el primer día Beethoven fue tomando cariño a Holz hasta que el matrimonio del joven, celebrado un año después de convertirse en ayudante del compositor, lo obligó a reducir de forma considerable la cantidad de tiempo y de ayuda que podía ofrecer al maestro. Tal como venían haciéndolo desde hacía mucho tiempo, los amigos y benefactores de Beethoven —que, como es lógico, sentían fascinación por él, y no sólo debido a la música que componía, sino también porque había algo en el viejo cascarrabias que hacía de él una persona extrañamente encantadora y entrañable— continuaron visitándolo con regularidad, preocupándose siempre por su estado de salud y disfrutando de su compañía en las ocasiones en que se encontraba de buen humor.

Sin embargo, los momentos de buen humor eran más bien escasos, debido sobre todo a sus constantes enfermedades. Cuando los crecientes dolores gastrointestinales y un nuevo brote febril le obligaron a guardar cama en la primavera de 1826, el doctor Anton Braunhofer, un reputado catedrático de medicina, le prescribió una estricta dieta que le prohibía consumir café, vino, licores o cualquier tipo de especias, una dieta que parecía ser más cruel que lenitiva para un paciente que disfrutaba de escasos placeres. Sin embargo, lo cierto es que la fiebre fue remitiendo poco a poco y Beethoven viajó en mayo a la ciudad balneario de Baden. El doctor pensó que una serie de baños diarios de agua mineral producirían un efecto beneficioso en la salud del compositor. Sin embargo, el estado de Beethoven no dio muestras de mejora alguna. «Mi estado de salud es precario. Todavía estoy muy débil y siento continuas náuseas —escribió en una carta dirigida a Braunhofer—. Creo que voy a necesitar una medicación más fuerte, pero que no sea astringente. Espero que me permitan empezar a beber un poco de vino blanco diluido en agua, pues la cerveza maloliente que me obligan a ingerir aquí es francamente nauseabunda. En cuanto a mi catarro, la cosa está así: escupo grandes cantidades de sangre, aunque supongo que los esputos sólo proceden de la tráquea. También sangro bastante por la nariz y tengo el estómago sumamente delicado, lo cual es aplicable a todo mi organismo.» A pesar de todo, Beethoven aún tuvo ánimos para concluir la carta con un breve canon de dieciséis compases, cuyo estribillo de dos líneas declaraba en tono humorístico: «Ciérrele la puerta a la muerte, doctor; ruego que estas notas me ayuden a superar tanta adversidad».

A pesar de la aflicción que le causaban las continuas enfermedades, Beethoven no se limitó a componer cancioncillas socarronas. Aunque no había escrito ningún cuarteto de cuerda desde el año 1810, tres años atrás el príncipe ruso Nicolás Galitzin le había encargado la composición de tres cuartetos dedicados a él, una propuesta que suscitara la curiosidad de Beethoven. El príncipe permitió que fuera él mismo quien fijara el precio de las obras, a cambio de lo cual Beethoven se comprometió a finalizar pronto el primero de los tres cuartetos. Sin embargo, debido a la composición de la *Missa solemnis* y la Novena sinfonía, no pudo concluir la obra hasta febrero de 1825.

Beethoven siempre había pensado que la composición producía en él un maravilloso efecto terapéutico. De hecho, componer era la única medicina en la que confiaba plenamente, y en aquella ocasión disfrutó muchísimo con el regreso a esa forma de composición musical que llevaba tanto tiempo sin cultivar. Mientras estaba en Baden, donde parecía que, finalmente, los baños diarios de agua mineral empezaban a surtir el efecto deseado, se puso a trabajar en el segundo cuarteto, que completó al cabo de muy poco tiempo. Respecto al *molto adagio* del tercer movimiento del cuarteto, Beethoven escribió en la partitura a modo de título: «Himno de agradecimiento al Todopoderoso, en el modo clásico lidio, compuesto por un convaleciente». Asimismo, junto a aquella primera sección rítmica y cadenciosa garabateó: «Sintiendo una nueva fuerza».

De hecho, mientras permanecía en el balneario se sintió con suficientes fuerzas para empezar a componer el tercer y último de los cuartetos que le encargara Galitzin, trabajo que remataría en Viena a finales de aquel mismo año. A pesar de haber finalizado la composición del cuarteto, cumpliendo así el compromiso adquirido con el príncipe Galitzin,

Beethoven se obligó a sí mismo a componer uno más. Sin embargo, una nueva enfermedad abdominal —acompañada en esta ocasión por intensos dolores articulares y un preocupante rebrote de molestias oculares— lo obligó a interrumpir el trabajo ese mismo invierno. No obstante, en el mes de julio de 1826 Beethoven tenía la obra prácticamente terminada cuando llegó a sus oídos una noticia absurda y terrible que lo dejó estupefacto.

«Mi madre se encontró con Beethoven en el Glacis. Estaba completamente destrozado», recordaba Gerhard von Breuning, hijo de Stephan von Breuning, quien fuera el amigo de juventud del compositor en Bonn y más tarde se trasladaría a Viena con su familia. «¿Sabe lo que ha sucedido? ¡Mi sobrino Karl se ha pegado un tiro! —había contado Beethoven a la mujer como si no lo acabara de creer—. Le ha dado de refilón y todavía está con vida. Hay esperanzas de que se salve. Ha traído la deshonra a nuestra familia. ¡Yo, que le quería tanto!» El hecho de que el compositor pensara en las nefastas consecuencias que aquel terrible suceso tendría sobre su reputación al mismo tiempo que mostraba su preocupación por el incierto futuro del muchacho, dejaba entrever el tipo de relación que mantenía con él. Pero de lo que no cabía duda alguna era de que el intento de suicidio del sobrino sumió a Beethoven en una profunda tristeza. «El suceso causó a Beethoven un dolor indescriptible —recordaría Gerhard von Breuning—. Se apoderó de él un abatimiento similar al que habría sentido un padre al perder a su hijo predilecto.»

Aunque siempre se había mostrado dispuesto a complacer a su tío, Karl, que por entonces contaba diecinueve años de edad, había empezado a sentir un creciente fastidio por las exigencias de su tío, su talante posesivo, los constantes recelos y los súbitos arranques de mal genio. Beethoven aborrecía a los amigos de Karl, y cada vez se fiaba menos de sus intenciones. El compositor se quejaba a menudo del muchacho, a quien acusaba de ser un vago y derrochador. El enfado de Beethoven con su sobrino se intensificó al descubrir que Karl seguía viendo a su madre a escondidas. A su vez, y antes de que intentara suicidarse, Karl confesó a Karl Holz, que por entonces era el ayudante de su tío: «Sencillamente, he ido perdiendo las ganas de vivir. Quizás se deba a que [mi tío], que es un hombre recto y juicioso, no comparte mi forma de ver la vida». «Me hice peor persona porque mi tío deseaba que fuera mejor», declaró a la policía después de su intento de suicidio. El 29 de julio, Karl empeñó su reloj de bolsillo para comprar dos pistolas nuevas. Armado con ellas, viajó a Baden y allí, en lo alto de la colina que fuera durante muchos años uno de los lugares de paseo preferidos de su tío, apuntó a sus sienes con ambas armas y las disparó a la vez en un intento desesperado de poner fin a su vida.

Una de las dos balas ni siquiera impactó en la cabeza de Karl, mientras que la otra, de forma milagrosa, no llegó a penetrar en su cráneo. Encontraron a Karl tumbado en el suelo, casi inconsciente, y se apresuraron a trasladarlo a Viena, primero a casa de su madre y más tarde a un hospital cercano. Cuando Beethoven llegó al hospital con el propósito de visitar a su sobrino herido, lo confundieron con un mendigo sordo, cosa que ya había ocurrido el verano anterior en Baden. Sin embargo, tras insistir una y otra vez en que él era Beethoven, el famoso compositor, y después de que una enfermera accediera por fin a dejarlo pasar, el viejo y desharrapado Beethoven comunicó a la enfermera que en realidad no deseaba visitar a Karl, pues consideraba que no se lo merecía. Beethoven confesó a la mujer que aquel sobrino suyo le había dado demasiados disgustos, y se pasó un buen rato explicándole todas las fechorías del muchacho hasta que al fin pidió que le condujera hasta su habitación.

A finales de septiembre Karl fue dado de alta en el hospital. Durante el tiempo que el sobrino estuvo ingresado, Beethoven empezó a plantearse la posibilidad de que su forma de comportarse con el muchacho tuviera alguna relación con aquel intento de suicidio. Si bien jamás llegó a admitir públicamente tal extremo, lo cierto es que no puso ningún impedimento a que Karl se alistara en el ejército, algo que el muchacho deseaba desde hacía un tiempo. Asimismo, Beethoven hizo un último intento por recomponer aquella familia tan mal avenida. Aunque evitó un acercamiento directo a la madre de Karl, acabó por consentir que éste pasase cierto tiempo con ella antes de ingresar en el ejército. Llegó incluso al extremo de escribir una carta a Johanna ofreciéndole la mitad de la pensión que su difunto marido le había dejado a Karl. En la carta que Beethoven dirigió a la madre de Karl se leía: «Si en el futuro estuviera en condiciones de sacar del banco una suma de dinero para que mejore su situación, tenga la certeza de que así lo haré», y se despedía deseándole lo mejor. Parecía como si por aquel entonces Beethoven hubiera empezado a desear lo mismo a todo el que llevara su apellido. Así, por ejemplo, accedió finalmente a las súplicas de su hermano Johann de que él y Karl, que todavía estaba convaleciente, se trasladaran a su pequeña finca cercana al pueblo de Gneixendorf, a orillas del Danubio, para pasar con él el resto del otoño.

Beethoven había despreciado durante mucho tiempo a la esposa de su hermano Johann por creer —y tenía pruebas de ello— que ésta había puesto los cuernos a su marido en diversas ocasiones. Sin embargo, Johann, que era farmacéutico, aseguró a su hermano que «apenas vería a la mujer en cuestión». Ese otoño Beethoven, aquejado de una extraña forma de melancolía, no sólo se adaptó enseguida a la vida que llevaba junto a su hermano, sino que también quedó fascinado por los luminosos y vastos campos que se extendían desde la finca en dirección al Danubio y a las lejanas montañas de los llamados Alpes de Estiria. «Los paisajes que me rodean —escribió a su editor musical de Maguncia—, me recuerdan en cierta manera a los de la región del Rin en la que me crié y a la que espero regresar algún día.» Pero tal y como venía siendo habitual desde hacía tiempo, muy a menudo

Beethoven se encerraba en sí mismo y pasaba algunos días completamente deprimido. Sin embargo, y a pesar de que continuaba enfermando con una regularidad preocupante, Gneixendorf le proporcionó la tranquilidad necesaria para retomar la composición de un quinto cuarteto que había abandonado en julio, pocos días antes del intento de suicidio de Karl. Si bien se trataba de un proyecto menos ambicioso que los cuatro cuartetos anteriores, era en muchos sentidos una pieza de gran originalidad. «Lo que estoy componiendo ahora no se parece a nada de lo anterior. En algunos aspectos es mi mejor obra», declaró Beethoven, espoleado por aquel nuevo reto. El compositor llamó al último movimiento del cuarteto «Un final difícil», un título que aun sin proponérselo acabaría resultando premonitorio, pues por entonces no podía saber que ésta sería la última pieza que finalizaría antes de morir. El compositor acabó el cuarteto el mes de diciembre, antes de que una acalorada discusión con su hermano y nuevos y alarmantes problemas de salud lo convencieran de que era el momento de regresar a Viena.

Microscopios muy modernos

Nunca habría imaginado que un día vería su nombre impreso en una publicación como aquélla, al pie de un artículo escrito en un idioma que ni siquiera comprendía. Pero el caso es que allí estaba, en el número de septiembre de 1995 del *Jødisk Orientering*, un boletín informativo de periodicidad mensual editado por la comunidad mosaica, o judía, de Copenhague. «El pasado mes de diciembre, un amigo mío con el que comparto una profunda afición por Beethoven y yo adquirimos un mechón de cabello de Beethoven en una subasta que organizó la casa Sotheby's de Londres. —Con aquellas palabras empezaba el artículo de Ira Brilliant, que lo tradujo al danés Birte Kont, el editor del boletín—. Nos enteramos de que el último propietario del mechón había sido una mujer danesa, cuyo hijo se puso en contacto con nosotros y nos contó que su abuelo, un médico llamado Kay Alexander Fremming, era quien había entregado el mechón a su madre.» A continuación Brilliant narraba la fascinante historia que el nieto de Fremming les había relatado por primera vez en la carta que llegara a Estados Unidos hacía ya seis meses. Asimismo, Brilliant explicaba a grandes rasgos a los lectores daneses el misterioso viaje que había realizado el mechón a lo largo de los años a través de una serie de naciones de Europa occidental devastadas por la guerra. Brilliant argumentaba que era muy probable que Beethoven hubiera contribuido —aunque fuera de forma indirecta— a salvar la vida de algunos judíos y, tras aludir al poderoso simbolismo que en su opinión encerraba tal posibilidad, desde allí hacía un llamamiento a los miembros de la comunidad judía danesa para que le proporcionasen cualquier tipo de información que ayudara a esclarecer las circunstancias en que el guardapelo negro fuera a parar a manos del doctor Fremming mucho tiempo atrás. Por otra parte, también expresaba otro de sus grandes deseos: «Siempre he estado interesado en aprender cosas nuevas acerca de Beethoven y de su influencia en la cultura occidental y, debido a mi condición de judío norteamericano, también deseo difundir la historia de todos los seres humanos que se preocupan por el prójimo, una historia como la que protagonizaron los daneses que durante la Segunda Guerra Mundial se ofrecieron de forma espontánea a ayudar a sus compatriotas judíos cuando más lo necesitaban».

Ira Brilliant había escrito primero a Birte Kont siguiendo el consejo de Leo Goldberger, un catedrático de psicología de la Universidad de Nueva York que había emigrado de niño a Dinamarca. En octubre de 1943, siendo todavía un colegial, el avance del nazismo lo había obligado a él y a su familia a abandonar su hogar de Copenhague y huir a Suecia. Aunque Goldberger llevaba muchos años viviendo en Estados Unidos, regresaba a menudo a Dinamarca y en 1987 editó el libro *El rescate de los judíos daneses*, una recopilación en lengua inglesa de memorias y ensayos firmados por destacados ciudadanos daneses que habían participado en aquellos terribles sucesos. Sin embargo, en su desesperado viaje hacia la libertad Goldberger no había pasado por la ciudad de Gilleleje, por lo que no pudo proporcionar a Brilliant el tipo de información que éste le pedía en su primera carta. Sin embargo, como muchas otras personas, se había sentido fascinado por el relato de Thomas Wassard Larsen, que explicaba cómo llegó a manos de su abuelo un mechón de cabello del inmortal compositor. Aparte del editor del *Jødisk Orientering*, el catedrático proporcionó a Brilliant una larga lista de personas con las que ponerse en contacto. Goldberger sabía que un profesor jubilado de la Universidad de Roskilde, llamado Christian Tortzen, unos años atrás había publicado en danés un libro titulado *Gillejele, Oktober 1943*, una obra que trataba única y exclusivamente del desarrollo de la campaña de salvamento que se pusiera en marcha en aquella población danesa el mes de octubre de 1943.

Brilliant pasó varios meses intentando localizar a Tortzen. Sin embargo, la misma tarde en que regresó a casa después de que el doctor Guevara abriera el guardapelo en Tucson, encontró por fin una carta de Tortzen cuyo contenido le causó una gran decepción. En la carta, Tortzen explicaba que su libro había empezado como un proyecto de historia oral que había emprendido con sus estudiantes a finales de los años sesenta, cuando era profesor de un instituto de Hillerød, una población situada a pocos kilómetros al sur de Gilleleje. Tortzen quedó tan fascinado y conmovido por las historias que oyera relatar a los habitantes de aquel pequeño pueblo portuario acerca de la turbulentos sucesos ocurridos allí en octubre de 1943, que se sintió moralmente obligado a recopilar los relatos en un libro. Informaba a Brilliant de que sabía quién era el doctor Fremming, pero añadía que el médico había muerto en el año 1969 sin que sus alumnos ni él hubieran conseguido entrevistarle. Tortzen decía que tampoco recordaba que nadie hiciera la menor referencia a un regalo relacionado con un mechón de cabello de Beethoven. No obstante, en aquella carta redactada con trazos enérgicos, Tortzen aseguraba al investigador norteamericano que estaba intentando dar con personas que hubieran conocido al doctor Kay Alexander Fremming, con el fin de averiguar la identidad del refugiado judío que le había entregado el guardapelo con el mechón de Beethoven. «Volveré a escribirle más adelante», concluía la carta.

La apertura del guardapelo aquella mañana de diciembre constituyó un acontecimiento maravilloso, un momento largamente esperado que resultó a la vez solemne y fascinante. Todos los que habían participado en el acto abandonaron la Universidad de Arizona con la esperanza de que la investigación que estaba a punto de iniciar aportara datos nuevos e importantes —cualesquiera que fuesen— sobre la maltrecha salud de Beethoven; datos que por el momento permanecían ocultos en aquellos cabellos canosos. Aquel mismo día ya se habían descubierto algunas cosas acerca del cabello y su incierta procedencia: el guardapelo que cobijaba el mechón era idéntico a los que solían utilizarse en la Europa del siglo XIX; según atestiguaba un trocito de papel que se encontró en su interior, el guardapelo se había sellado por última vez en el año 1911, lo cual explicaba el buen estado de conservación de los cabellos. El antropólogo forense Walter Birkby declaró que, por su aspecto, el cabello debía de tener unos doscientos años de antigüedad. Al examinarlo a través del microscopio, Birkby descubrió la presencia de folículos en las raíces de unos cuantos cabellos, lo que significaba que existía la posibilidad de someterlos a una prueba de ADN en caso de ser necesario.

Unas semanas después, Birkby sorprendió a Brilliant, Guevara y sus colegas al informarles de que, tras un meticuloso recuento, estaba en condiciones de afirmar que el mechón contenía 582 cabellos, y no los 150 o 200 que arrojaban los primeros cálculos. El joven Ferdinand Hiller había cortado muchos más pelos de lo que se creyera en un principio. Esto significaba que el Centro de

Estudios Beethovenianos recibiría 422 cabellos —una cantidad lo bastante elevada para que no se advirtiera que el mechón había disminuido de volumen una vez introducido de nuevo en el guardapelo—, mientras que Guevara pasaría a recibir 160 cabellos, de los cuales reservaría algunos para los análisis que pronto se llevarían a cabo. El grueso del mechón, junto con el guardapelo que le diera cobijo desde la década de 1820, se introduciría en el interior de una cámara provista de un regulador de temperatura y humedad en el Centro de Estudios Beethovenianos de San José. Por su parte, el doctor Guevara decidió que guardaría su porción en un pequeño recipiente de vidrio esterilizado, cuya tapa sujetaría firmemente con una cinta plateada antes de guardarla en la caja fuerte de su consultorio, que según afirmaba estaba hecha a prueba de incendios, bombas y ladrones. De esa forma, el cabello de Beethoven estaría cerca de él cada vez que pasara consulta. Aunque esa idea le resultaba muy atrayente, no le impidió anunciar en marzo de 1996 que algunos de los cabellos errantes se encontraban a punto de emprender un nuevo viaje.

Desde hacía algún tiempo, Guevara colaboraba de forma activa con los miembros del equipo de Tucson que asistieron a la operación de apertura del guardapelo y se mantenía en contacto permanente con Ira Brilliant. Y no hacía mucho, había decidido confiar la preciada reliquia a dos científicos elegidos por él mismo. Primero enviaría veinte cabellos —todos ellos desprovistos de folículos—

al doctor Werner Baumgartner, presidente de Psychemedics Corporation, en cuyos laboratorios que se hallaban en Culver City, una pequeña población del extrarradio de la ciudad de Los Ángeles, someterían a los cabellos a un análisis químico completo antes de mandarlos al Instituto de Investigaciones Médicas del doctor William Walsh, ubicado en Naperville, Illinois, donde pasarían a otro tipo de análisis de carácter más exhaustivo.

En los meses transcurridos desde que se iniciara la búsqueda de los científicos más apropiados para trabajar en aquel proyecto, el doctor Guevara, Ira Brilliant, Walter Birkby y el patólogo Richard Froede contactaron por separado con docenas de investigadores científicos de laboratorios y universidades a lo largo y ancho de Estados Unidos, y descubrieron que la inmensa mayoría de ellos estaban muy interesados en participar en el extraordinario proyecto. Se informó a cada uno de los científicos de que las personas que fueran seleccionadas deberían cumplir una serie de requisitos: el trabajo se llevaría a cabo con arreglo a los más altos niveles de exigencia de la ciencia moderna; la muestra analizada jamás llevaría adjunto el nombre del sujeto del que procedía el cabello; los resultados de los análisis se entregarían en el plazo indicado; los análisis se realizarían de forma gratuita; la muestra se devolvería a Guevara en cuanto éste lo solicitase; y los resultados de los análisis se mantendrían en la más estricta confidencialidad excepto en el caso de que Guevara autorizase de modo expreso a los científicos a hacerlos públicos.

La larga lista de requisitos no detuvo a ninguno de los científicos consultados. La decisión final del doctor Guevara se basó sobre todo en el prestigio que tenía cada uno de ellos entre sus colegas de profesión. Tras barajar diversos nombres, Guevara decidió asignar la tarea de analizar los veinte cabellos de la cabeza de Beethoven a Baumgartner y Walsh. Atribuyó las razones de su decisión a que los colegas de éstos opinaban que ellos eran los principales expertos en el tipo de análisis que estaban impacientes por llevar a cabo.

Circunscrita hasta entonces a Dinamarca, la búsqueda de nuevos datos acerca del viaje que el guardapelo hiciera a lo largo de los años se extendió también a Alemania. Con la gran ayuda de su amigo Hans-Werner Küthen, del Beethoven-Archiv de Bonn, Ira Brilliant averiguó que Paul Hiller —que, como mínimo, había sido propietario del mechón desde mayo de 1883 hasta diciembre de 1911 y tal vez incluso hasta su muerte, acaecida en 1934— fue cantante de ópera en su juventud, lo mismo que su madre. Sin embargo, la edición de 1922 del *Wer ist's* (Quién es quién) señalaba que Hiller había pasado la mayor parte de su vida laboral trabajando como crítico musical. El libro informaba asimismo de que en junio de 1902 Hiller se había casado con Sophie Lion, matrimonio del que nacieron dos hijos: Edgar en 1906 y Erwin en 1908. Resultaba cuando menos curioso que la edición de 1959 del *Musiklexikon* no mencionara a la esposa ni a los hijos y en cambio señalara que en 1882, veinte años antes de contraer matrimonio con Sophie y mientras aún residía en la ciudad de Chemnitz, Paul Hiller fuera padre de un hijo llamado Felix. Brilliant y Küthen coincidieron en que aquel hijo debía de haber muerto antes de que Hiller se casara con Sophie. Sin embargo, aunque Edgar y Erwin Hiller fuesen unos ancianos, no cabía descartar la posibilidad de que uno o los dos hijos de Sophie vivieran todavía. Pero, en ese caso, ¿dónde y cómo diablos iban a localizarlos?

Con la infatigable ayuda de una tal Frau Göddeb (que jamás revelaría su nombre de pila), del Nordrhein-Westfälisches Haupstaatsarchiv de Düsseldorf, Brilliant logró reconstruir un árbol genealógico de la familia Hiller que abarcaba desde los padres de Ferdinand Hiller —Justus Hiller y su esposa Regine— hasta los nombres y fechas de nacimiento de los nietos de Tony Hiller Kwast, la única hermana de Paul Hiller. Sin embargo, ni Brilliant ni sus ayudantes de Alemania descubrieron nada que aportara nuevos datos sobre el paradero de la esposa de Paul Hiller o de cualquiera de sus hijos. Parecía lógico suponer que el curso de sus vidas debía de haber quedado radicalmente trastocado por el auge del nazismo y la consiguiente persecución de los judíos que se inició a principios de la década de los treinta, aunque por el momento no existía ninguna prueba que confirmara esa suposición. De acuerdo con el *Adressbuch* de 1933 de la ciudad de Colonia, Paul Hiller y su hijo Edgar, que en el apartado profesional figuraba como cantante de ópera, residían por aquel entonces en el número 31 de la calle Eifel, la cual se hallaba junto a la plaza Eifel, cerca de la estación de ferrocarril de la zona sur de Colonia. En la edición de 1934 de aquella misma guía, publicada unos meses después de la muerte de Paul Hiller, sólo aparecían los nombres de Sophie Hiller y su hijo Edgar. En el año 1935, sólo aparecía en el listín Sophie Hiller. Y, de acuerdo con la guía, en 1936 ya no quedaba ningún miembro de la familia de Paul Hiller en Colonia.

Ira Brilliant supuso que Sophie Hiller o alguno de sus dos hijos habría huido rumbo a Dinamarca por aquellas fechas, llevándose consigo el mechón. También le parecía probable que alguno de los tres, o incluso todos ellos, permanecieran a salvo en Copenhague o sus alrededores hasta octubre de 1943, fecha en que seguramente se vieron obligados a huir de nuevo. Sin embargo, los habitantes de Gilleleje desconocían el nombre de casi todos los refugiados judíos que pasaron por el pueblo de camino a Suecia. E incluso en el caso de que recordaran algunos, ¿cómo podría identificarse a la persona que entregó el guardapelo a Kay Fremming?

«En el curso de mis batallas científicas y filosóficas, la música de Beethoven me ha proporcionado grandes dosis de consuelo y entereza», escribía Werner Baumgartner al principio del informe que entregó al doctor Guevara y a Ira Brilliant tras completar el estudio de los veinte cabellos que

Guevara le había enviado. Baumgartner deseaba transmitir a ambos hombres lo mucho que había significado para él analizar aquellos cabellos con el fin de detectar la posible presencia en ellos de morfina. Baumgartner había nacido en Austria y, debido a su origen, sentía cierta afinidad con aquel gran compositor que había pasado más de la mitad de su vida en Viena. Sin embargo, aquello no era lo único que le atraía de Beethoven: Baumgartner había sido durante muchos años discípulo de Karl Popper, el célebre filósofo de la ciencia que falleció en 1994. Además de filósofo, Popper, nacido en Viena en 1902, fue también un consumado compositor y musicólogo y, como tal, sostenía que Beethoven era a su juicio el compositor más «subjetivo» de toda la historia de la música. Consideraba que Beethoven «hizo de su música un instrumento de expresión personal» de una manera que podría haber resultado «desastrosa» e incluso «peligrosa» de no ser por «su nobleza, su fuerza dramática y su extraordinario talento creativo». Como Popper, Baumgartner también sospechaba que el compositor nunca habría logrado expresar esa profunda emoción subjetiva si el destino no le hubiera deparado aquellos terribles dolores crónicos. De ahí el asombro del científico de Los Ángeles ante los resultados que arrojaron los análisis del cabello de Beethoven.

Desde el año 1977, Baumgartner y sus colegas de Psychemedics Corporation habían analizado más de dos millones de muestras de cabello humano sirviéndose de una técnica patentada, capaz de detectar la presencia de morfina, heroína y otras sustancias opiáceas. Después de muchos años de lucha, Baumgartner y su equipo lograron convencer a una legión de escépticos de que, para detectar el consumo de cualquier tipo de droga, los análisis de cabello resultaban mucho más precisos que los de orina. En 1979, Baumgartner, su esposa Annette y dos colegas suyos publicaron por primera vez los resultados de su estudio comparativo de los análisis de cabello y de orina en el *Journal of Nuclear Medicine*. Pero tuvo que pasar más de una década para que la revolucionaria técnica de análisis patentada por el científico obtuviera el reconocimiento generalizado de sus colegas de profesión. La técnica permitía detectar concentraciones de droga tan minúsculas como un nanogramo. El método Baumgartner se basaba en el radioinmunoensayo, una técnica de laboratorio creada en la década de los cincuenta por la premio Nobel Rosalyn Yalow, quien aplicó el empleo de reactivos isotópicamente marcados a los fundamentos básicos de la inmunología para obtener un método que permitiera medir con gran precisión y de forma directa concentraciones microscópicas de sustancias biológicas y farmacológicas en muestras de sangre u otros fluidos corporales. Por aquel entonces, más de mil seiscientas comisarías de policía, departamentos encargados de conceder la libertad condicional, empresas, institutos y universidades de todo el país habían recurrido al menos en una ocasión al método de radioinmunoensayo capilar patentado por Baumgartner; éste también había logrado salir airoso de las numerosas recusaciones que se presentaron contra él en los tribunales. Como parte de una serie de estudios realizados en la década de los noventa por el Instituto de Medidas y Tecnologías de Estados Unidos, se enviaron siete muestras «anónimas» de cabello a otros tantos laboratorios del país para que determinaran la presencia o la ausencia de sustancias tóxicas en cada uno de ellos. El único que consiguió identificar tanto las muestras positivas como las negativas con un porcentaje de acierto del ciento por ciento fue el laboratorio que dirigía Baumgartner.

El hecho de que unos años antes Baumgartner y sus colegas llegaran a la conclusión de que los restos de opiáceos podían permanecer en el cabello humano durante largos períodos de tiempo sin sufrir apenas variaciones, tenía una especial importancia para el proceso de análisis del pelo de Beethoven. En 1986, esos mismos hombres habían examinado un mechón de cabello del poeta inglés John Keats cortado en 1821, justo después de su muerte. El sorprendente resultado del análisis fue que, pese a sus ciento sesenta y cinco años de antigüedad, el cabello todavía contenía una cantidad apreciable de morfina; el descubrimiento sirvió para corroborar la creencia de que Keats —que estudió medicina y química— se había prescrito a sí mismo láudano, un preparado farmacéutico a base de opio cuyo uso estaba muy extendido en tiempos del poeta, con el fin de aliviar los dolores provocados por la tuberculosis que pondría fin a su vida. Poco tiempo después, Psychemedics analizó una muestra de cabello procedente de una momia de quinientos años de antigüedad que había sido exhumada en Perú y detectó en ella la presencia de restos de cocaína, si bien la mayor parte de la droga se había descompuesto, transformándose en uno de sus derivados químicos, la benzoilecgonina. Si Beethoven había consumido opiáceos en sus últimos meses de vida, aparecería reflejado sin duda en los análisis. En cambio, lo que Baumgartner descubrió —o más bien lo que no descubrió— fue algo en verdad fascinante. En el informe que presentó al doctor Guevara e Ira Brilliant, explicaba cómo había llegado a la sorprendente conclusión:

El primer paso del análisis consistió en lavar las veinte muestras de cabello en etanol seco a 37 °C y agitarlas con fuerza a 120 ciclos/minuto. Con ello se pretendía desprender cualquier posible contaminante morfínico de la superficie del cabello. Cualquier resto de morfina hallado en la solución de etanol sería interpretado como morfina depositada en el cabello, pero no como consecuencia del consumo de dicha droga sino como morfina presente en el entorno del cabello, ya fuera en vida del compositor o durante el largo período de almacenaje de la muestra.

Tras el proceso inicial de descontaminación, se procedió a secar los cabellos con el fin de eliminar cualquier posible residuo de etanol. Para llevar a cabo la extracción se utilizó agua desionizada procedente del laboratorio del doctor William Walsh. El uso del agua purificada era imprescindible para evitar que cualquier metal (habitualmente presente en el agua en forma de impureza) se introdujera en la muestra de cabello durante el proceso de extracción. Antes de proceder a la extracción con agua, se enjuagaron rápidamente los cabellos con 2 mililitros de agua para eliminar de ellos cualquier posible resto de etanol, ya que la mínima cantidad de este compuesto químico podía distorsionar el procedimiento de radioinmunoensayo (RIE). El cabello se sometió a 15 horas de extracción a 37 °C en una parte alícuota de 2 mililitros de agua limpia. A continuación, se procedió a volatilizar las soluciones del lavado con etanol y a introducir los residuos en agua para someterlos al análisis de RIE. El RIE se llevó a cabo por duplicado en partes alícuotas de 0,5 mililitros de agua. Los resultados de ambos análisis mostraron un contenido cero de morfina en los extractos de agua, en el aclarado de agua y en la solución de lavado de etanol.

A partir del resultado de aquel análisis y dando por sentado que el cabello analizado había pertenecido en efecto a Beethoven, Baumgartner se hallaba en disposición de asegurar que el compositor no había ingerido morfina ni ningún otro derivado opiáceo durante sus últimos meses de vida; este descubrimiento lo dejó sumamente intrigado.

«Durante la mayor parte de su vida adulta, Beethoven tuvo una salud precaria, con constantes dolores que los médicos no fueron capaces de diagnosticar, y todo parece indicar que sufrió una agonía terriblemente dolorosa —escribía el científico—. Pero, a pesar de los intensos dolores, el compositor siguió creando incluso en su lecho de muerte. En mi opinión, Beethoven no habría podido mantener su actividad creativa si hubiera estado sedado con morfina. La ausencia de morfina en su cabello dice mucho de su carácter, sobre todo de su postura ante la adversidad.»

Aunque estas últimas palabras resultaran más propias de un antiguo admirador de Beethoven que de un científico totalmente objetivo, ilustraban a la perfección la magnitud del descubrimiento. Teniendo en cuenta el tipo de atención médica que recibió el compositor durante sus últimos días de vida, era lógico suponer que le ofrecieran morfina con el fin de mitigar los intensos dolores. Sin embargo, parecía que —en el caso de que alguien se la hubiera ofrecido— Beethoven se había negado a tomar la droga. Y, suponiendo que rehusara aceptar aquel potente analgésico aun sabiendo que le ayudaría a hacer más soportables los terribles dolores físicos, resultaba lógico inferir que la negativa había respondido a su deseo de mantener la mente lo más despejada posible para seguir componiendo música en su lecho de muerte. Ni Andreas Wawruch ni Giovanni Malfatti, los dos últimos médicos que atendieron a Beethoven, mencionaban en sus escritos la prescripción de ningún tipo de opiáceo. Ante los primeros síntomas de la enfermedad que acabaría finalmente con la vida del compositor, Wawruch sólo habló de administrar «un tratamiento muy severo para rebajar la inflamación», y, aunque el compositor pidió a Malfatti otra clase de terapia, en el único documento que se conserva al respecto sólo figura un ponche de licor con hielo que, de hecho, se mostró eficaz durante un breve período de tiempo.

El hecho de que, a pesar de su gravedad siguiera componiendo hasta su última semana de vida el que debiera ser un nuevo cuarteto de cuerda, era lo que daba especial trascendencia al hallazgo de Baumgartner. Aunque veinte años antes, durante el período más fructífero de su carrera como compositor, Beethoven confesara en cierta ocasión que el consumo de champán constituía su mayor placer terrenal, raras veces se permitió beber algo más que un sorbito de su bebida favorita cuando pensaba trabajar al día siguiente. Según él, aquella bebida maravillosa enturbiaba su capacidad de concentración y lo despojaba de la energía vital necesaria para componer; por ello, muy a su pesar, debió renunciar a beber champán de modo habitual. Aunque es posible que nadie le ofreciera jamás morfina, y que por lo tanto nunca tuviera que rechazar el alivio extraordinario y casi milagroso que sin duda le habría proporcionado un analgésico tan potente, también cabía la posibilidad —sugerida por el científico de Los Ángeles casi dos siglos después de la muerte del compositor— de que se hubiera negado en redondo a tomar morfina, del mismo modo que años atrás renunció por voluntad propia a consumir champán. Quizás la absorbente tarea de componer música, incluso en su lecho de muerte, le pareciera a Beethoven la mejor de las medicinas.

Aunque no había forma de estar seguro, cabía la posibilidad de que el doctor Kay Fremming hubiera administrado a un refugiado judío enfermo un medicamento de última generación y en señal de gratitud éste decidiera entregarle el guardapelo con el mechón de cabello de Beethoven. De hecho, en 1995 quedaba poca gente que supiera algo o pudiera ayudar a descubrir algo sobre las circunstancias que rodearon la entrega del guardapelo. Sin embargo, a Ira Brilliant le parecía inadmisible abandonar la búsqueda y se dedicó a leer todo lo que pudo encontrar acerca del extraordinario heroísmo del pueblo danés, cuyas hazañas se hicieron mundialmente célebres en las décadas posteriores al final de la guerra. Gracias a la lectura de algunas de las obras de los historiadores Leni Yahil y Harold Flender y del rabino danés Marcus Melchior, así como de la antología de ensayos y memorias publicada por Leo Goldberger, Brilliant descubrió que a finales del mes de septiembre de 1943 el agregado naval Georg Duckwitz alertó a los líderes daneses sobre la limpieza que estaba a punto de realizarse; que un grupo de médicos y enfermeras lideraron la inmediata y valiente reacción de los daneses ante aquella situación crítica;

que se escoltó a miles de aterrorizados judíos —tanto de nacionalidad danesa como inmigrantes— a diferentes pueblos pesqueros de la costa del Sund, donde permanecieron escondidos hasta que embarcaron en pequeñas naves con rumbo a Suecia, a cuyas costas llegaron por fin tras una breve pero peligrosa travesía. Brilliant también descubrió que había sido precisamente en la pequeña localidad portuaria de Gilleleje donde la operación de rescate sufrió uno de sus peores reveses, cuando en la noche del 6 de octubre un traidor informó a la Gestapo de que había nada más y nada menos que ciento veinte judíos escondidos en el triforio de la iglesia del pueblo.

Cuando en el otoño de 1995 Brilliant se puso en contacto con Jens Noe, pastor de la iglesia de Gilleleje, éste le comunicó que era la primera vez que oía hablar de aquel mechón de cabello. Sin embargo, le prometió interrogar sobre el tema a los más viejos del lugar, la mayoría de los cuales todavía recordaban muy bien los traumáticos acontecimientos que se produjeron aquel aciago otoño de hacía cincuenta y dos años. El dramaturgo danés Finn Abrahamowitz, autor de una obra teatral sobre los sucesos ocurridos en la iglesia de Gilleleje en la fatídica noche del 6 de octubre de 1943, que estaba basada en gran parte en el libro de Christian Tortzen, tampoco pudo aportar a Brilliant ningún nuevo dato relacionado con su investigación; tampoco pudieron hacerlo Per Jørgensen, administrador del gobierno regional de Gillejele ni Henrik Lundbak, máximo responsable del Frihedsmuseet, el Museo Nacional de la Resistencia de Copenhague. De hecho, ninguna de las personas que leyeron el llamamiento que Brilliant publicara en el boletín informativo de la comunidad judía de Copenhague se dirigió a él para proporcionarle algún recuerdo concreto, alguna pista prometedora o incluso alguna conjetura infundada sobre la identidad de la persona que entregó el pequeño y preciado guardapelo al doctor Kay Fremming.

Durante los tres años siguientes, todas las pesquisas de Ira Brilliant resultaron infructuosas y hasta 1998, año en que Michele Wassard Larsen y su hijo se unieron a la investigación iniciada por Brilliant, no empezaron a aparecer las primeras pistas que conducían al momento en que alguien —probablemente un judío tan aterrorizado como lleno de gratitud— entregó el mechón de Beethoven al padre de Michele. Un domingo ventoso de octubre de aquel año, Michele, su hijo Thomas y la novia de éste, Lena, tomaban café y pastas en casa del pescador retirado Julius Jørgensen mientras escuchaban fascinados las palabras de su anfitrión. Jørgensen, que en aquel fatídico mes de octubre de 1943 contaba diecisiete años de edad, explicó a sus tres invitados que varios oficiales de la Gestapo habían reclamado a Aage, su padre, la llave que abría la pesada puerta de la iglesia de Gilleleje y que éste, después de contestarles con evasivas, no tuvo más remedio que entregársela. Jørgensen añadió que, poco después de estos sucesos, su padre también le contó que el doctor Fremming había acudido a la iglesia unas horas antes de que la

Gestapo descubriera el escondite, con el fin de asistir a un refugiado enfermo. Según Jørgensen, su padre quiso dejar bien claro este punto, y le explicó algo más: poco después de este episodio empezó a correr por Gilleleje el rumor de que un refugiado enfermo había entregado un objeto «de gran valor» al médico que lo atendiera, en muestra de gratitud. El propio Julius Jørgensen recordaba bien que el rumor circuló por Gilleleje en aquellas fechas, pero advirtió a sus invitados que no hicieran mucho caso de ello porque los Fremming habían escondido a algunos refugiados en su propia casa y cabía la posibilidad de que el rumor sólo fuera una de tantas historias sin fundamento que surgen de forma espontánea. Aunque si había algo que sí podía asegurarles era que el doctor Fremming visitó el triforio de la iglesia pocas horas antes de que la Gestapo capturara a los que buscaron allí refugio.

El relato de Julius Jørgensen proporcionó a Brilliant y a sus compañeros multitud de contactos y nuevas vías de investigación para resolver el misterio. Una vez informado de la posibilidad de que la entrega del mechón de cabello se hubiera producido en el triforio de la iglesia de Gilleleje, Therkel Stræde —un profesor de historia de la Universidad de Odense, que en el otoño de 1998 se encontraba en Washington D. C. disfrutando de un año sabático como investigador en la Universidad de Georgetown y con el que Brilliant llevaba un tiempo en contacto— sugirió que, teniendo en cuenta que aproximadamente la mitad de los judíos capturados en la iglesia, más tarde fueron deportados a Checoslovaquia, sería aconsejable intentar ponerse en contacto con los miembros de Theriesenstadt-Foreningen. Esta asociación de supervivientes del Holocausto, cuya existencia desconocían tanto los Brilliant como los Larsen, quizás podría aportar nuevos datos sobre la visita del doctor Fremming a la iglesia de Gilleleje. La presidenta de la organización, Birgit Krasnik Fischermann, no era más que una niña la noche en que su familia y ella habían sido capturados por la Gestapo, y apenas recordaba nada de las terroríficas horas que pasó en el triforio de la iglesia. En cambio, su amigo Paul Rabinowitz, un profesor de historia de la música jubilado que había cambiado su apellido judío por el de Standfort, contaba por entonces dieciséis años de edad.

Paul Sandfort había escrito un libro de memorias, publicado bajo el seudónimo de Paul Aron, en el que relataba la huida de su familia de los nazis, su captura y su ingreso en Theriesenstadt. De hecho, la edición inglesa de esta antigua obra suya estaba a punto de reeditarse en Israel. En esas páginas, Paul Sandfort supo plasmar con intenso dramatismo el horror de aquella noche en Gilleleje y de los posteriores dieciséis meses de reclusión en el campo de concentración. Sin embargo, como todas las personas a las que Brilliant ya había interrogado, Sandfort dijo no saber nada acerca de alguien que, escondido en el interior de la iglesia junto a él, su familia y el resto de judíos, llevara encima un mechón de cabello de Beethoven del que pudiera haberse desprendido horas antes de la captura. Tampoco podía confirmar que el doctor Kay Fremming hubiera acudido al triforio de la iglesia para asistir a un enfermo, tal como afirmaba Julius Jørgensen. Sin embargo, Paul Sandfort sí recordaba la llegada a la iglesia de un reducido grupo de visitantes, de quienes siempre pensó que eran representantes de la Cruz Roja. De hecho, Marta Fremming, la esposa de Kay, había trabajado para la Cruz Roja, lo que hizo que Michele Wassard Larsen empezara a preguntarse si acaso su padre y su madre no habrían acudido a la iglesia bajo la protección de la llamativa insignia roja de esta organización con el propósito de asistir a algún enfermo. Por desgracia, Paul Sandfort no disponía de más información y sólo recordaba que había un montón de gente apiñada en aquel espacio reducido donde reinaba una oscuridad absoluta.

Por supuesto que sabía quién era Henry Skjær, escribió en inglés Paul Sandfort en respuesta a una de las preguntas que aparecían en la carta que acababa de recibir de Estados Unidos. Al fin y al cabo, él era musicólogo y había llegado a cantar junto al renombrado barítono de ópera en una actuación de estudiantes daneses que se celebró al finalizar la Segunda Guerra Mundial. «Entonces podría haberle preguntado [por el mechón de cabello]. El doctor N. R. Blegvad, que era el médico que atendía a los cantantes del Teatro Real, fue quien me envió a Gilleleje, así que es muy probable que Henry Skjær tuviera algo que ver en aquella decisión. Skjær actuaba a menudo como solista del

Coro de la Universidad de Copenhague, del que yo era primer tenor. Estoy convencido de que Skjær sabía que yo había estado en el triforio de aquella iglesia, aunque jamás hablamos acerca de ello. Quizás se avergonzaba de que me hubieran capturado los alemanes.»

En su libro *Gilleleje, Oktober 1943*, Christian Tortzen describía de forma clara el papel clave que había desempeñado Henry Skjær en la operación de rescate de los judíos que protagonizaron los habitantes del pueblo costero. Durante la investigación que llevó a cabo con el fin de recabar información para su obra, Christian Tortzen escuchó de boca de una antigua refugiada que fue Skjær quien los envió tanto a ella como a su familia a la iglesia de Gilleleje. Gracias a aquel dato, y a la información proporcionada por Paul Sandfort, según la cual el médico del Teatro Real había enviado a algunos judíos a Gilleleje, por fin empezó a dibujarse una conexión mínimamente sólida entre el ambiente musical en que se desarrollara la vida de la familia Hiller en Colonia y la aparición de un mechón de cabello en un lejano pueblo pesquero danés. De hecho, Skjær había sido una figura destacada en el selecto círculo de la música vocal danesa; en 1925 hizo su primera aparición en el Teatro Real de la Ópera de Copenhague, interpretando el papel de Don Pizarro en *Fidelio*, la célebre ópera que Beethoven compusiera sobre un libreto cuyo argumento giraba en torno al tema del amor y la libertad. Dos años antes de aquel estreno, Skjær había contraído matrimonio con Ida Levy, una judía danesa afincada en la ciudad de Copenhague. Al ser interrogado de nuevo acerca de aquel hombre, Tortzen explicó lo siguiente: «En el otoño de 1943, Henry Skjær tenía una casa en Snekkersten, una localidad que se halla al sur de Helsingør [y no muy lejos de Gilleleje]. En los primeros días de octubre de aquel año, en la casa llegaron a congregarse entre treinta y cuarenta parientes y amigos judíos de Ida. El hijo de Skjær era alumno de Mogens Schmidt, un profesor que se encontraba allí para planear la huida de los judíos con la ayuda de Skjær. Este último permaneció en Gilleleje desde el martes día 5 hasta jueves día 7 de aquel mes de octubre, lo que significa que estaba presente cuando todo ocurrió. La Gestapo arrestó a la hermana de su esposa, aunque Skjær consiguió que la pusieran en libertad gracias a su condición de "medio judía"».

Christian Tortzen desconocía si la Gestapo también había capturado a algunos de los refugiados que Skjær escondiera en su casa. Y, como es natural, tampoco tenía manera de saber si entre aquellas personas había un alemán apellidado Hiller. Sin embargo, resultaba difícil creer que fuera una mera coincidencia el que un mechón de cabello que había pertenecido al cantante de ópera de Colonia Paul Hiller —y cuyo hijo Edgar también era cantante de ópera hasta que desapareció en 1935— hubiera ido a parar a manos de Kay Fremming precisamente cuando un renombrado barítono danés se dedicaba a esconder clandestinamente a amigos y miembros de la familia de su esposa judía con el fin de ayudarlos a escapar a Suecia. Henry Skjær había escondido en su casa de Snekkersten por lo menos a treinta judíos, por lo que era lógico suponer que Edgar Hiller también pudiera encontrarse entre ellos.

Tanto Michele Wassard Larsen como Ira Brilliant, que en aquel momento se hallaba en la lejana Phoenix, pensaron que las piezas de este complicado rompecabezas por fin empezaban a encajar. Era probable que entre las pocas posesiones que llevó consigo Edgar Hiller en su huida a Dinamarca se encontrara el preciado guardapelo con el mechón de Beethoven; también era probable que Hiller trabara amistad con su colega Henry Skjær y entregase el mechón al doctor Fremming mientras intentaba huir a Suecia por todos los medios. Todo encajaba a la perfección, excepto un pequeño y molesto detalle: en el Rigsarkivet —el monumental archivo de documentos históricos daneses con sede en Copenhague— no existía ningún documento que probara que Edgar Hiller o cualquier otro miembro de su familia había pisado alguna vez territorio danés. Se habían registrado con sumo cuidado los nombres de los miles de alemanes que entraron en Dinamarca —de forma legal o ilegal— durante la década de los treinta y los cuarenta, además de su fecha de nacimiento y la ciudad de la que venían, incluidos los datos de un par de docenas de personas que respondían al nombre de Hiller. Pero, para desesperación de Brilliant y sus compañeros, ni la fecha de nacimiento ni la ciudad de procedencia de ninguna de ellas coincidían con las de la esposa de Paul Hiller ni con las de ninguno de sus hijos; de hecho, los nombres de Sophie, Edgar y Erwin ni siquiera figuraban en el archivo.

En octubre de 1988, una archivista del Yad Vashem* de Israel les informó de que en el exhaustivo banco de datos del museo no constaba que Sophie Hiller, Edgar Hiller o Erwin Hiller murieran a manos de los nazis entre 1935 y 1945. En cambio, la investigación confirmó que Selma Hiller, la primera esposa de Felix Hiller —el hijo mayor e ilegítimo de Paul Hiller—, había muerto en Theriesenstadt. El Yad Vashem no disponía de información sobre las circunstancias de su captura o de su muerte, aunque todo parecía indicar que la mujer falleció el 10 de septiembre de 1942, por lo que resultaba imposible que hubiese llegado al campo de concentración procedente de Dinamarca. El único indicio referente a la familia Hiller que la archivista Oxana Korol logró descubrir fue un documento del Servicio de Búsqueda de la Cruz Roja, según el cual un judío alemán llamado Erwin Hiller, nacido en 1908, había embarcado en Bremerhaven con rumbo a Nueva York el 16 de junio de 1948. Aquel dato en apariencia insignificante se convirtió de repente en un descubrimiento que podía resultar decisivo: si Erwin Hiller

* Museo del Holocausto que está en Jerusalén, Israel. (N. de la T.)

había emigrado a Estados Unidos, eran muchas las posibilidades de localizarlo a él o a algún descendiente suyo. En caso de que siguiera con vida, algo que, aunque improbable, no podía descartarse, Erwin Hiller sería en aquel momento un anciano de noventa años. De no ser así, también quedaba la posibilidad alguno de sus hijos viviera todavía.

Sin embargo, cuando Stan Lindaas, un trabajador de Heritage Consulting, una empresa de Salt Lake City dedicada a la reconstrucción genealógica, empezó a buscar información acerca de Erwin Hiller como parte de la investigación de carácter cada vez más exhaustivo que se había puesto en marcha en varios países, con objeto de resolver de una vez por todas el misterio del traslado del mechón de cabello desde Alemania a Dinamarca, no tardó en darse cuenta de que el tal Erwin Hiller parecía haberse esfumado sin dejar ni rastro en cuanto el *SS Marine Flasher* atracó en uno de los muelles del puerto de Manhattan. En el documento de la Cruz Roja figuraba la Asociación de Ayuda al Inmigrante Hebreo o HIAS como la dirección de Erwin Hiller en Nueva York. Sin embargo, Lindaas averiguó a través de varios funcionarios de la HIAS que en los archivos de la institución no constaba ningún Erwin Hiller que hubiera emigrado a Estados Unidos en 1948, ni en ningún otro año. En Nueva York existían otras dos asociaciones de historia judía —el Instituto YIVO de Investigaciones Judías y el Instituto Leo Baeck—, que tampoco encontraron en sus registros ningún documento en referencia al misterioso Hiller.

Asimismo, todas las pesquisas realizadas a través de la Seguridad Social y del Departamento de Inmigración y Naturalización del gobierno federal de Estados Unidos resultaron infructuosas. Tampoco dieron fruto las preguntas planteadas a varias docenas de ciudadanos estadounidenses apellidados Hiller que solicitaban información acerca de su propia genealogía a través de Internet. De Erwin Hiller se sabía que había trabajado como actor antes de que se le perdiera la pista tras la muerte de su padre. Al parecer, luego se embarcó rumbo a Estados Unidos, donde volvió a desaparecer por segunda vez.

Hasta que Alexander Fülling, copropietario de Schröder & Fülling, GbR —una pequeña empresa de investigación con sede en Gummersbach, una población cercana a Colonia—, no empezó a buscar información de un modo metódico acerca de Paul Hiller y sus descendientes, no comenzó a vislumbrarse cuál había sido el destino que corriera la familia Hiller. Aunque el registro civil de Colonia quedó destruido como consecuencia de los bombardeos aliados a finales de la Segunda Guerra Mundial, Fülling consiguió localizar la nota necrológica de Paul Hiller y se llevó una gran sorpresa al encontrarla en un ejemplar de principios de 1934 del *Westdeutscher Beobachter*, que en aquella época era el principal periódico pro nazi de Renania. También le pareció sorprendente la cruz que aparecía con toda claridad en la parte superior del recuadro que enmarcaba el obituario —pagado, sin duda, por sus familiares o amigos—, así como la insistencia en la devoción cristiana del fallecido. Por supuesto, cabía la posibilidad de que Hiller se hubiera convertido al cristianismo antes de morir, aunque resultaba prácticamente inconcebible que también se convirtiera en defensor de la doctrina nazi. Aunque no lo sabía con certeza, Fülling tenía sospechas fundadas de que quienes publicaron el obituario en ese periódico lo hicieron con el único propósito de ocultar la identidad judía de los descendientes de Hiller.

Poco a poco y con algún que otro golpe de suerte, Fülling fue descubriendo nuevos datos a lo largo de la primera mitad de 1999. De acuerdo con su investigación, Paul Hiller legó las cartas y los diarios de su padre al archivo de la ciudad de Colonia. A su vez, Tony Hiller, hermana de Paul, donó el legado musical de Ferdinand Hiller —compuesto en su mayor parte por partituras autógrafas, esbozos de futuras obras y algunos recuerdos personales— a la biblioteca universitaria y municipal de Frankfurt, la ciudad natal de su padre. Felix Hiller, el hijo mayor de Paul Hiller, contrajo matrimonio con Selma Hiller en el año 1896, y en 1936 se volvió a casar con una mujer llamada Johanna Fuchs. El segundo matrimonio de Hiller, que murió en Berlín en 1963, se celebró seis años antes de la muerte de Selma Hiller, por lo que resultaba evidente que Felix y Selma estaban divorciados, si bien Fülling no logró encontrar ningún documento que confirmara tal circunstancia. Cinco años antes de su casamiento con Johanna, Felix se trasladó de Chemnitz a Berlín; aunque Fülling pudo localizarlo en el *Adressbuch* de

Berlín de 1931 —donde figuraba como compositor, un dato que a esas alturas no debió causarle ninguna sorpresa—, no consiguió encontrar ninguna esquela ni ningún otro tipo de documento que revelara la identidad de sus descendientes. El siguiente paso de Fülling fue ponerse en contacto con dos asociaciones berlinesas de músicos alemanes. Ambas entidades le informaron de que, si bien no existía en sus archivos ningún rastro de Felix Hiller, sí les constaba que un tal Edgar Hiller, nacido en Colonia en 1906, había pertenecido a una organización suiza del mismo tipo. Parecía evidente que Edgar Hiller y Felix Hiller habían sido hermanastros, y los miembros de la organización suiza también confirmaron que Edgar Hiller había pertenecido a la asociación durante su estancia en Zurich. Sin embargo, según explicaron a Fülling los contactos suizos, desde 1953 no volvieron a tener noticias suyas, ya que por esas fechas había regresado a Alemania, en esta ocasión a la ciudad de Hamburgo.

La legislación alemana, muy estricta en todo lo referente a la protección de la intimidad de sus ciudadanos, estaba convirtiendo la investigación de Alexander Fülling en un proceso cuando menos complejo. Por otra parte, debía enfrentarse a los burócratas de Hamburgo, famosos por el celo con que cumplían las normas. Pero sus peticiones de ayuda acabaron dando fruto, y en junio de 1999 consiguió averiguar —con la inestimable ayuda de un funcionario de la administración judicial joven, comprensivo y más flexible de lo habitual— que Edgar Hiller había muerto en Hamburgo el 20 de noviembre de 1959, soltero y sin que se le conociera descendencia. Fülling también averiguó que, en su testamento, Hiller había legado todo su patrimonio, más bien escaso, a su hermano, que vivía en Los Ángeles y cuyo nombre era Marcel Hillaire.

Se trataba de una magnífica noticia, al menos para el grupo de europeos y norteamericanos que a lo largo de casi cuatro años habían trabajado de forma incansable para localizar a los descendientes de Paul Hiller. Gracias a esta información, Stan Lindaas de Salt Lake City logró realizar por fin notables progresos en su investigación en muy poco tiempo: el ciudadano americano Marcel Hillaire había nacido el 23 de abril de 1908 en Colonia, la misma ciudad donde viera la luz por primera vez Erwin Hiller; el 15 de junio de 1948 Hillaire abandonó Alemania para inmigrar a Estados Unidos, una fecha que coincidía con la que figuraba en el expediente de inmigración de Erwin Hiller, y se estableció en Nueva York; allí trabajó como actor de teatro y televisión hasta 1954, año en que se mudó a Los Ángeles con el fin de dar el salto a la gran pantalla. Vivió en California hasta su muerte, acaecida el 1 de enero de 1988 como consecuencia de unas complicaciones que surgieron tras una operación quirúrgica. Al igual que su hermano Edgar, Erwin nunca llegó a casarse ni a tener hijos. Su certificado de defunción aparecía firmado por una mujer llamada Esther Taylor, que en aquel mismo documento definía su relación con el fallecido como de «amistad», y que seguía viviendo en el mismo domicilio de Burbank que once años antes.

Desde que escuchara por primera vez la historia, fascinante pero de una vaguedad angustiosa, de cómo en plena Segunda Guerra Mundial uno de los miembros de la familia Hiller entregó a un bondadoso médico danés el mechón de Beethoven del que en este momento él era copropietario, Ira Brilliant había alimentado el anhelo de hablar algún día por teléfono, tal vez incluso cara a cara, con algún descendiente de Paul Hiller. Si bien Esther Taylor no tenía parentesco alguno con el hombre que decidiera cambiar su apellido de Hiller por el de Hillaire, Brilliant no tardó en enterarse de que, de hecho, era su única heredera. Esther Taylor, una mujer amable, simpática y madre de dos hijos pequeños, debió de sentirse cuando menos asombrada al descolgar el teléfono de su casa a principios de julio y verse respondiendo en sentido afirmativo a una batería de preguntas completamente insólitas: Sí, Marcel Hillaire había sido un gran amigo suyo hasta que murió. Sí, el actor había nacido con el nombre de Erwin Hiller y se había criado en Colonia. Sí, su padre fue un crítico musical llamado Paul Hiller. Y sí, por supuesto, Marcel le había hablado muchísimas veces del mechón que perteneciera a su padre, un mechón que su famoso abuelo le había cortado al compositor más grande que jamás hubiera existido en Europa.

Los veinte pelos procedentes de la cabeza de Beethoven que habían estado al cuidado del doctor Werner Baumgartner llegaron al Instituto de

Investigaciones Médicas de Naperville, Illinois, a finales de mayo de 1996, junto con una detallada descripción de cada uno de los cabellos itinerantes. Baumgartner observó que la muestra que había examinado y estaba a punto de enviar a Illinois contenía dos «poblaciones» diferentes: diez pelos tenían entre 5 y 7 centímetros de longitud y los otros diez, entre 10 y 12 centímetros de largo. Partiendo de la hipótesis de que los cabellos crecieran una media de 1,3 centímetros al mes, el científico de Los Ángeles estimó que la diferencia de longitud se debía a que habían brotado entre cuatro meses y medio y nueve meses antes de la muerte del compositor. En el grupo formado por los cabellos cortos había dos canas: en el de los más largos había cinco, y los otros trece que quedaban eran de un color castaño oscuro.

Los pelos llegaron al laboratorio del doctor William Walsh dentro de un frasco de plástico que, a su vez, iba metido en un segundo recipiente que servía de protección. Tal como acordaran Walsh, Baumgartner y el doctor Che Guevara, lo primero que se hizo fue informar a los medios de comunicación del descubrimiento de Baumgartner, además de explicar de un modo sucinto las investigaciones que estaban a punto de dar comienzo bajo la supervisión de Walsh. Aunque Baumgartner habló por teléfono con algunos periodistas de Los Ángeles, fue Walsh el que se entrevistó con todos ellos en aquella zona residencial de las afueras de Chicago; ambos científicos y sus colegas de Arizona esperaban que las explicaciones satisficieran a los medios de comunicación y éstos los dejaran en paz durante el largo tiempo que se necesitaba para realizar las nuevas pruebas.

—Me quedé estupefacto al ver los resultados de los tests de morfina —declaró Baumgartner a la Associated Press—. Es muy extraño que Beethoven se pasara toda la vida sufriendo y no tomara opiáceos… Los estudiosos de Beethoven se preguntan asombrados cómo es posible que haya gente capaz de sobreponerse al dolor y crear una música profunda. La respuesta es que, para hacerlo, hay que ser una persona profunda… Beethoven optó por no tomar algo que habría acabado deshumanizándolo, porque, al fin y al cabo, la morfina limita la libertad y la voluntad del ser humano.

Pero William Meredith, que era especialista en Beethoven y director del Centro de Estudios Beethovenianos, interpretó los descubrimientos del químico de un modo bastante diferente. Él también se había llevado una gran sorpresa al conocer los resultados, pero desde su punto de vista los nuevos datos indicaban ante todo que Beethoven «había sufrido de un modo innecesario» al final de su vida, sobre todo teniendo en cuenta que le habían abierto el abdomen en varias ocasiones para extraerle el exceso de líquido. «Salta a la vista que, incluso en una época tan atrasada como aquélla, Beethoven recibió un trato brutal», declaró Meredith al *San José Mercury News.*

Como cabía esperar, el hombre que compareció en Naperville ante la nube de micrófonos no hizo ningún análisis interpretativo sobre el tema debido a que aún no había comenzado a trabajar en él. Pero Bill Walsh se apresuró a anunciar que en los meses siguientes aconsejaría a Guevara y Brilliant todas las pruebas que pudieran aportar más información al respecto, así como las personas más capacitadas para realizarlas. Dijo no estar seguro del número de tests que habría que llevar a cabo, pero que pensaba centrar la investigación en tres aspectos: posiblemente se efectuarían análisis microscópicos con la esperanza de llegar a una conclusión definitiva sobre la edad y el estado del cabello; se emplearían los más modernos aparatos para detectar posibles concentraciones anormales de una serie de metales; y quizás se realizarían algunas pruebas que permitieran determinar la existencia de problemas de origen genético y una línea de base con la que comparar otros restos pertenecientes a Beethoven.

Lo cierto es que durante los días posteriores a las conferencias de prensa el cabello de Beethoven se convirtió en el centro de atención de los medios de comunicación de Estados Unidos. El artículo en que la periodista Amy Stevens llevaba trabajando varios meses apareció por fin en la primera página del *Wall Street Journal*; se centraba en los temas de salud que podrían resolver aquellas pruebas. Las publicaciones *Chicago Tribune*, *Los Angeles Times* y *San Francisco Chronicle* trataban con sobriedad la noticia que habían dado a conocer los científicos, mientras que el *New York Post*, haciendo gala de su habitual extravagancia, aprovechaba la ocasión para poner un toque de humor: «Hiller tuvo guardado el cabello durante cuarenta años y al final se lo regaló a su hijo Paul con motivo de su trigésimo cumpleaños. ("Caray, gracias, papá, aunque lo que de verdad me hacía ilusión era un trozo de la americana de Mozart.")». Los departamentos de noticias de las cadenas de televisión ABC, CBS y NBC emitieron avances informativos sobre las pruebas que estaban a punto de efectuarse y los hombres que las habían puesto en marcha, y en los siguientes días Ira Brilliant registró diecinueve llamadas de otras tantas agencias de prensa de Estados Unidos, Gran Bretaña, Italia y Japón. El cabello de Beethoven y el minucioso examen al que iba a ser sometido a finales de siglo era noticia destacada, pero sólo hasta el instante en que otros acontecimientos la relegasen al olvido y Bill Walsh prosiguiera con los análisis lentos y metódicos que iban a ocupar una gran parte de su tiempo y a suscitar en él una profunda fascinación durante los cuatro años siguientes.

William Walsh, que tenía una titulación en ingeniería química, se había convertido en el principal experto en análisis capilar casi por casualidad. Mientras finalizaba su doctorado en la Universidad Estatal de Iowa a principios de los años sesenta, había diseñado y construido para el Instituto de Investigación Atómica de Ames un espectrómetro de rayos X de alto vacío para medir trazas de metal. Con anterioridad estuvo trabajando en el Laboratorio Científico de Los Álamos de Nuevo México y en el Instituto de Investigación de la Universidad de Michigan, donde diseñó y realizó una serie de experimentos con combustibles de origen nuclear.

Ya con el doctorado en las manos, aceptó un empleo en el Laboratorio Nacional Argonne, próximo a Chicago, donde dirigió a un grupo de científicos especializados en el procesamiento de combustibles nucleares y en la creación de complejas pilas de pequeño tamaño. Durante las dos décadas que pasó en Argonne se presentó como voluntario para colaborar en el Programa de Ayuda al Recluso que se aplicaba en la cercana cárcel de Stateville, y empezó a obsesionarse con la idea de una posible relación entre los desequilibrios químicos y el comportamiento antisocial, una investigación de carácter personal que no tardaría en cambiar su vida.

Cuando trabajaba con hombres que estaban a punto de recibir la libertad condicional, Walsh oyó decir repetidamente a los padres y familiares que el preso al que estaban unidos por lazos de parentesco era «diferente» desde su nacimiento; a menudo también comentaban que, en comparación, sus hermanos siempre habían sido personas equilibradas y triunfadoras. Asimismo, a raíz de sus propias observaciones, Walsh empezó a sospechar que muchos delincuentes eran distintos del resto de la población, no tanto desde el punto de vista moral o psicológico, sino en el aspecto físico, y en un intento de profundizar en la cuestión comenzó a estudiar la bioquímica de los reclusos de Stateville en 1975, con la ayuda de un grupo de voluntarios que logró reunir entre sus colegas. Debido a la dificultad que entrañaba tomar muestras de sangre y orina de un gran número de presos y luego llevarlas a analizar a un laboratorio, se optó por recoger y transportar muestras de cabello de los reclusos, una alternativa que resultó bastante más viable. Walsh y sus colegas no tardaron en descubrir que el pelo era un excelente indicador del nivel de los elementos químicos que se hallan presentes en todos los tejidos del organismo. En 1980, Walsh llevó a cabo dos estudios distintos —en uno participaron noventa y seis presos violentos y reclusos que disfrutaban de libertad condicional e idéntico número de sujetos «de control»; el otro comparaba a veinticuatro pares de hermanos, uno de los cuales era un «delincuente» violento y el otro el «típico chico americano»— con resultados igualmente sorprendentes. No sólo se demostró que el cabello de casi todos los delincuentes contenía unos niveles anormales de algunos metales residuales de gran importancia; además, dependiendo de que el nivel de concentración fuera bajo o alto, aparecían dos modelos claramente diferenciados que correspondían respectivamente a los que sólo mostraban de vez en cuando ataques de ira inexplicables y a los que se habían convertido en sociópatas crónicos. Al científico ya no le cabía la menor duda de que existía una relación entre el comportamiento antisocial y la química del organismo.

En los años siguientes, Walsh fue el primero en todo el mundo en determinar los niveles normales de concentración de metales en el cabello humano; utilizó cien mil muestras para crear la base de datos que existe en la actualidad, y a partir de 1982, año en que inició su colaboración con Carl Pfeiffer, un médico de gran renombre experto en desequilibrios bioquímicos que trabajaba en Princeton, Nueva Jersey, Walsh fue convenciéndose cada vez más de que los déficits y excesos podían tratarse de modo eficaz con minerales, vitaminas y aminoácidos. En 1986 dejó el puesto que desempeñara durante tanto tiempo en Argonne para crear el Instituto de Investigaciones Médicas, y a partir de entonces se dedicó por entero a crear métodos que permitieran analizar con gran precisión la química del cabello y a realizar trabajos de investigación relacionados con el tema. Tres años después fundó el Centro de Tratamiento Pfeiffer —llamado así en honor de su colega fallecido—, cuyos programas tenían como objetivo específico la evaluación y tratamiento de pacientes que sufrían una serie de disfunciones conductuales, con un probable origen en un desequilibrio de la absorción o el metabolismo de los metales, lo cual provoca una presencia excesiva o insuficiente de uno o varios metales imprescindibles para la vida.

Cuando el doctor Guevara se puso en contacto con él para preguntarle si estaría interesado en coordinar las pruebas que se realizarían en el cabello procedente de la cabeza de Beethoven, la creciente fama de Walsh —unida a la escasa consideración que se otorgara durante mucho tiempo al campo del análisis capilar—, hacía de él el candidato perfecto. Walsh había participado en los análisis forenses de la bioquímica capilar de Charles Manson y de otros muchos conocidos delincuentes norteamericanos y el hecho de que Ludwig van Beethoven fuese el primer sujeto famoso —en vez de infame— que tendría ocasión de estudiar, fue fundamental para que el científico respondiera de manera afirmativa a la propuesta de Guevara. También desempeñó un papel esencial el recuerdo imborrable que guardaba del busto del gran compositor que su madre, una profesora de música, tenía siempre encima del piano vertical de la casa de Bay City, Michigan, en la que él había pasado su niñez.

Con el apoyo del doctor Guevara e Ira Brilliant, Walsh optó por actuar con gran cautela. Decidió que no efectuaría personalmente ninguna de las pruebas, sino que elegiría a un grupo formado por los dos o tres científicos que considerase mejores en sus respectivas especialidades; sólo les diría que el cabello examinado pertenecía a una «persona famosa» y únicamente les permitiría seguir adelante una vez comprobada la solidez y la precisión de su metodología. Dado que la tarea se iba a realizar de forma gratuita, a Walsh no le quedó más remedio que aceptar que las pruebas se llevaran a cabo con gran lentitud. Los propietarios del cabello también tuvieron que armarse de paciencia; de hecho, pasaron dos años y medio antes de que Walsh subiera por fin a un avión con rumbo a Phoenix para entregar a Guevara y a Brilliant un informe con las conclusiones preliminares; una de ellas, en concreto, dejó estupefactos a los dos hombres que habían tenido al inmortal Beethoven en un pedestal durante tanto tiempo.

A lo largo del siglo que estaba a punto de concluir, los estudiosos de Beethoven que mostraban un especial interés por los problemas crónicos de salud del compositor —además de los médicos que sentían pasión por la música de Beethoven— habían estudiado su historia clínica, lanzando conjeturas sobre las causas de sus múltiples enfermedades y el impacto que tuvieron en su música. En un texto de 1901 que trataba sobre las dificultades auditivas del compositor, el musicólogo norteamericano Clarence J. Blake hacía hincapié en que no existía «imagen más patética que la de Beethoven durante sus últimos años de vida; a una edad en que, como hombre, debía haberse encontrado en la plenitud de sus fuerzas, estaba sordo a los abrumadores aplausos que recibía o se dedicaba a aporrear de un modo enardecido un piano mudo al que sólo conseguía arrancar acordes disonantes». Sin embargo, a pesar de estas palabras llenas de comprensión, Blake creía que la sordera de Beethoven no había afectado de forma significativa a las composiciones del músico. «De hecho, cabría preguntarse —escribía Blake al final de su breve ensayo— si su dolencia no había influido de forma positiva en su personalidad musical. El arte superaba al hombre o, más bien, el artista estaba por encima de la persona.»

A mediados de siglo, especialistas como Waldemar Schweisheimer parecían cada vez más dispuestos a defender la idea de que, en realidad, la sordera del compositor tuvo una profunda influencia en su música, e incluso a especular sobre su origen. «La causa de la trágica sordera de Beethoven fue una enfermedad del oído interno, una neuritis acústica originada probablemente por un grave ataque de fiebre tifoidea», escribió Schweisheimer en el *Musical Quarterly* en 1945.

Según Schweisheimer, la posibilidad de que fuera una sífilis la cusante de la pérdida auditiva —una teoría que ganaba adeptos en algunos círculos— no tenía razón de ser si se tomaba como punto de partida el historial médico de Beethoven. El experto pensaba que «la afirmación de que padecía [sífilis] es pura invención» y había quedado totalmente desacreditada hacía más de un siglo, cuando la autopsia no mostró ninguno de los síntomas claros e inequívocos de la enfermedad. Sin embargo, veinticinco años después la idea de que la sífilis era la principal culpable de los problemas de salud del compositor se había hecho tan popular que el estudioso británico Edward Larkin dedicó una parte de su extenso ensayo «La historia clínica de Beethoven» a refutarla. Al igual que Schweisheimer, Larkin no pretendía proteger la reputación de genio de Beethoven negándose a admitir la posibilidad de que éste hubiera contraído una enfermedad venérea; de hecho, le parecía probable que fuera así: «Beethoven era como cualquier otra persona y es muy posible que padeciera una gonorrea —escribía Larkin, cuyo ensayo se publicó en 1970 como apéndice del libro de Martin Cooper *Beethoven: la última década*—, pero no hay pruebas de que ni las dolencias que le aquejaron durante toda su vida ni la sordera fueran de origen sifilítico, y los más importantes escritores especializados en medicina hacen otros diagnósticos».

Por su parte, Larkin sospechaba que lo más probable es que la sordera de Beethoven se debiera a una otosclerosis, el endurecimiento del tejido cartilaginoso que conduce al oído interno. Creía que la letanía de problemas de salud que padeció el compositor a lo largo de su existencia —«hepatitis, colitis, reumatismo, continuos catarros, abscesos, criopatía (ataques causados por el frío), la oftalmía y las enfermedades de la piel»— podía considerarse sintomática y «parecía indicar sin ningún género de dudas la existencia de una inmunopatía del tejido conjuntivo», una dolencia en la que, por alguna extraña razón, los anticuerpos encargados de luchar contra las enfermedades intentan destruir de modo selectivo los propios huesos, cartílagos, ligamentos, tendones y tejido blando del organismo. Cuando Thomas Palferman, un reumatólogo británico amante de la música de Beethoven, decidió mediar en la polémica sobre la etiología de las enfermedades del compositor con un artículo exhaustivo que se publicó el año 1992 en el *Beethoven Journal*, la revista del Centro de Estudios Beethovenianos, tuvo en cuenta los diagnósticos previos y coincidió con Larkin en que el origen de la mayoría de las enfermedades de Beethoven tal vez radicara en un problema de «autoinmunización». Sin embargo, como no era probable que dicha afección fuera también la causante de la pérdida auditiva, Palferman propuso un diagnóstico sin precedentes.

La enfermedad que Palferman creía que englobaba todos los síntomas de los problemas de salud de Beethoven era la sarcoidosis, una afección que se halla estrechamente relacionada con la tuberculosis y se caracteriza por la aparición en todo el organismo de bultos no cancerígenos semejantes a tumores, neoplasmas capaces de ocasionar graves daños y un profundo dolor. Palferman sostenía que, aunque la sarcoidosis solía ser benigna y de efectos limitados, un caso grave podía explicar la destrucción del hígado que acabó con la vida del compositor, sus afecciones oculares y sus frecuentes dificultades respiratorias; asimismo, las piedras que le encontraron en el riñón al efectuar la autopsia podían explicar la existencia de los dolores abdominales crónicos y atroces que a menudo padecía. Y, aunque el médico británico admitía que en la bibliografía médica apenas se citaban casos conocidos, la sarcoidosis también podía causar sordera. Palferman pensaba que ése era el único diagnóstico capaz de proporcionar una explicación unitaria de los múltiples padecimientos que sufriera el gran hombre y, tras rebatir lo que Clarence Blake escribiese hacía casi un siglo, concluía su argumentación sugiriendo que, puesto que «el dolor y la desesperación pueden fomentar la originalidad artística, quizás sea obvio decir que todos los infortunios a los que debió enfrentarse Beethoven le permitieron sondear unos abismos emocionales que una vida más tranquila le habría impedido indagar». Para decirlo con palabras sencillas, las enfermedades de Beethoven constituían la fuente de inspiración que le había permitido crear una música profundamente emotiva.

Por lo visto, Philip Weiss, un escritor que colaboraba en el *New York Times Magazine*, no había leído el análisis de Palferman ni ninguno de los anteriores cuando en octubre de 1998 se ocupó del tema de la salud de Beethoven y del examen al que estaba siendo sometido el cabello del compositor. El periodista aprovechaba la oportunidad para criticar a Ira Brilliant y a Che Guevara como ejemplos de aficionados que no estaban capacitados para explorar el floreciente campo de la historia forense en un artículo publicado en la *New York Times Magazine* del 30 de noviembre. Por otra parte, Weiss estaba convencido de conocer la razón que impulsó a los dos hombres a comprar el mechón de pelo y a someterlo a examen a toda costa: estaban decididos a demostrar que Beethoven tenía sífilis. Aunque los dos intentaron convencer al escritor de que el análisis en curso no tenía ningún objetivo predeterminado, no lograron disuadirlo y el resultado fue un texto que se titulaba: «¡El cabello de Beethoven lo cuenta todo!», y una portada donde aparecía el compositor sentado al piano mirando con hostilidad una publicación sensacionalista llamada *Vienna Confidential* que anunciaba con grandes titulares «¿Beethoven padece gonorrea? Su cabello lo cuenta todo: tiene una enfermedad venérea».

Aunque Weiss reconoció que Brilliant era un «viejecito encantador de setenta y seis años», también lo describió como un hombre decidido a salirse con la suya a toda costa. Por su parte, el escritor se jactaba de «haber calado» a Guevara a la primera. «Era el típico médico provinciano culto… Sus teorías de la historia estaban muy influidas por las novelas de Gore Vidal y los cursos por correspondencia.» Y las pruebas que los dos hombres habían autorizado a efectuar a William Walsh —análisis que Weiss estaba seguro de que tenía como objetivo mostrar al mundo que Beethoven había cometido ciertas indiscreciones de carácter sexual— le parecían «bastante ingenuas y triviales».

Ni a Guevara ni a Brilliant les gustó que el principal periódico del país los describiese como una especie de paletos obsesionados con la sífilis; pero lo peor era que a partir de entonces los expertos en Beethoven de todo el mundo pensarían que estaban empeñados en defender un diagnóstico médico que había quedado totalmente desacreditado hacía casi treinta años. El escritor de la revista se había equivocado al suponer —presentándolo como si se tratara de información secreta que él hubiera descubierto gracias a su destreza profesional— que los propietarios del mechón de Guevara tenían la mira puesta en la sífilis aunque no se atrevían a admitirlo públicamente. Al fin y al cabo, Guevara es urólogo, recordaba Weiss a los lectores del *Times*.

Sin embargo, daba la casualidad de que Ira Brilliant y el doctor Guevara se habían encontrado en Arizona con William Walsh, el coordinador de las pruebas, durante las cinco semanas que mediaban entre sus conversaciones con Weiss y la aparición del artículo, y en aquel momento disponían de una información que hasta entonces sólo conocía

Walsh: en el cabello de Beethoven no aparecían niveles desorbitados de mercurio, la sustancia que se empleaba contra la sífilis y otras muchas infecciones a principios del siglo XIX y que, con toda seguridad, habría tenido que consumir de forma regular para detener esa dolencia. Quedaba claro que la sífilis no podía explicar el cruel rosario de enfermedades que padeció Beethoven. Sin embargo, Bill Walsh y los hombres contratados por él para analizar el cabello habían descubierto otra cosa que tal vez pudiera hacerlo.

Esther Taylor sabía que un mechón de cabello de Beethoven había estado en poder de la familia de su querido amigo durante dos generaciones, pero no sabía cómo llegó a Dinamarca ni quién era la persona que les hizo entrega del mismo.

Esther, una terapeuta de pulmón empleada en el Hospital Memorial Brotman de Culver City, California, conoció a Marcel Hillaire en la primavera de 1974, justo unos días después de que un automóvil que circulaba a toda velocidad lo volteara en el aire mientras intentaba cruzar la avenida La Brea de Hollywood Boulevard. Hillaire presentaba heridas importantes y estuvo cuatro meses hospitalizado. Durante aquel tiempo, Esther Taylor sintió crecer la fascinación que experimentaba hacia aquel europeo elegante y desenvuelto, una atracción que él compartía por completo. A pesar de que los separaba una diferencia de edad de cuarenta años, la relación fue haciéndose cada vez más estrecha y, cuando por fin él recibió el alta en el hospital, Esther Taylor y Marcel Hillaire encontraron un apartamento en la avenida Burnside de Los Ángeles, que compartieron durante los ocho años siguientes. Marcel Hillaire había llevado una vida intensa aunque bastante caótica y a ella le encantaba escuchar las maravillosas historias que explicaba sobre su juventud. Su verdadero nombre era Erwin Ottmar Hiller y había nacido en Colonia el 23 de abril de 1908. Su madre se llamaba Sophie Lion, una cantante de *lieder* que siempre lamentó el hecho de que la rama de los Lion del antiguo clan al que pertenecía decidiera establecerse en Alemania. Su padre, Paul Hiller, era un patriota orgulloso que lucía un bigote prusiano, pero también era un ferviente socialista y, aunque en otra época había sido director de la ópera de la ciudad, cuando Erwin y su hermano mayor, Edgar, vinieron al mundo ejercía de crítico musical en un periódico. Su abuelo paterno, que había muerto mucho antes de que él naciera, fue *Kapellmeister* de Colonia durante muchos años; su padre aún guardaba unos cuantos recuerdos valiosos que habían pertenecido al famoso Ferdinand: una copia de la máscara mortuoria fabricada a partir del molde de barro que se aplicó a la cara del fallecido Ludwig van Beethoven; una batuta desgastada que fuera propiedad de Ludwig van Beethoven —¿o sería de Felix Mendelssohn, el amigo de su abuelo? ¿o acaso simplemente perteneció a su propio abuelo?, no estaba seguro— ; y protegidos bajo el cristal de un pequeño guardapelo negro había unos cuantos cabellos que su abuelo había cortado a Ludwig van Beethoven.

Esther Taylor estaba convencida de que la ayuda de Marcel habría sido decisiva a la hora de determinar cómo había salido el guardapelo de la familia para viajar a Dinamarca; por desgracia, nunca se le ocurrió pensar que diez años después de su muerte vendría gente a buscarla con la esperanza de que les proporcionara información sobre el pasado de Marcel y el mechón de pelo. Pero tenía algo muy claro: a Marcel le entristecía mucho el hecho de que el cabello acabara en un museo —según le habían explicado— en vez de estar en su poder o en el de su hermano Edgar.

En un nuevo intento por determinar dónde había ido a parar el pelo tras abandonar la casa de los Hiller, ubicada en el número 31 de la calle Eifel de Colonia, y provisto de la información de vital importancia que le proporcionó Esther Taylor, el investigador alemán Alexander Fülling comenzó a hacer indagaciones de nuevo; en esta ocasión no tanto para encontrar nuevos datos sobre Felix Hiller, fallecido en 1963, o sobre Erwin, que había adoptado el nombre de Marcel Hillaire, como para saber más cosas sobre el propio mechón de cabello. Pero, después de mucho trabajo, Fülling sólo encontró nuevos callejones sin salida: en la academia de música de Colonia que Ferdinand Hiller dirigiera durante varias décadas no había ningún documento que atestiguara que su hijo les había entregado un mechón de cabello perteneciente a Beethoven; tampoco lo había en el archivo municipal, ni en la biblioteca pública, ni en la biblioteca de la universidad y, aunque en la colección del Beethoven-Archiv de Bonn figuraban varios mechones del cabello del maestro, ninguno era donación de Paul Hiller ni se había desvanecido durante la guerra para reaparecer luego en Dinamarca.

Sin embargo, los diarios y cartas de Ferdinand Hiller sí habían sido legados a la academia de música, y los archivistas informaron a Fülling de que Tony, la hermana de Paul Hiller, también entregó gran parte de la herencia musical de su padre —apuntes, manuscritos y partituras— al museo de la biblioteca pública y universitaria de Frankfurt. Fülling decidió que, sin duda, valía la pena preguntar si se había trasladado allí con motivo de un embargo, y se quedó atónito cuando en el otoño de 1999 la archivista Ann Kersting-Meuleman le informó de que en otro tiempo el museo había poseído un mechón de cabello de Beethoven que desapareció después de la guerra. Sin embargo, a la mañana siguiente el teléfono estaba sonando cuando Fülling abrió la puerta de su despacho; era la señora Kersting-Meuleman, que llamaba desde Frankfurt para disculparse. El mechón de cabello en cuestión se hallaba aún en poder del museo —de hecho, lo tenía ante sí mientras hablaba— y era uno más de los múltiples objetos de notable valor que se adquirieron cuando Friedrich Nicholas Manskopf, habitante de Frankfurt, legó la colección de su museo privado de historia de la música a la ciudad en 1929.

Así que ésta era la respuesta al enigma: Marcel Hillaire dijo a Esther Taylor en repetidas ocasiones durante los años que vivieron juntos que su padre había entregado el venerable cabello que perteneciera a Beethoven a algún tipo de institución, donde Paul Hiller esperaba que se ocuparan de él para siempre. Entonces, ¿por qué Fülling no encontró pruebas del generoso regalo a pesar de la exhaustiva investigación que llevó a cabo? La pregunta parecía generar una serie de posibles respuestas: quizás Marcel Hillaire prefirió decir que lo habían regalado porque le resultaba muy doloroso aceptar la realidad. También es factible que Paul Hiller dijera a su hijo que había donado el mechón de cabello a un museo cuando, de hecho, lo había dado a su hermano Edgar o a alguien que no pertenecía a la familia. Por otra parte, quizás el problema radicara en que Fülling todavía no había solicitado información en el museo adecuado, algo que parecía cada vez más improbable; Paul Hiller había pasado toda su vida en Colonia, una ciudad donde había sido muy querido durante más de treinta años, y sin duda, le habría gustado que el mechón de pelo permaneciera allí, junto al Rin o en Bonn, una ciudad cercana. ¿Existía alguna prueba escrita de la donación que se hubiera destruido durante los masivos bombardeos aliados de finales de la Segunda Guerra Mundial? La mayor parte de Colonia había sido arrasada en 1945; bibliotecas enteras quedaron reducidas a escombros y desapareció una gran cantidad de materiales pertenecientes al archivo central de la ciudad; tal vez existiera un documento acreditativo del legado de Paul Hiller, que se destruyó en la conflagración.

¿O hubo alguien —quizás un empleado o un fideicomisario del museo— con acceso al mechón de cabello que al huir de Alemania se lo llevó junto con la prueba escrita de que el objeto pertenecía en primer lugar a la institución? Si el mechón de cabello fue robado —bien por alguien que deseaba apropiarse de él únicamente por su valor económico o por alguien que se negaba a dejarlo allí para que se apoderaran de él los odiados nazis—, lo más seguro es que el autor en cuestión destruyera todas las pruebas de su existencia. ¿El fugitivo que había huido de Colonia con un mechón de cabello bajo el brazo era un conocido de Paul Hiller o de su familia? ¿La última persona en entregar el cabello al doctor Fremming sabía exactamente de dónde procedía, o tal vez el guardapelo negro que contenía aquella porción de cabello se empleó como objeto de trueque o pasó por innumerables manos antes de llegar al pueblo de Gilleleje? ¿Se despejarían alguna vez estos interrogantes? ¿Se podría ahondar en estas cuestiones del mismo modo que un pequeño equipo de científicos había extraído hacía poco una serie de datos sobre la salud de Beethoven a partir de unos viejos cabellos del compositor que contaban ciento setenta años de antigüedad? ¿O acaso el viaje del cabello hasta Dinamarca constituiría siempre un misterio desconcertante?

Al igual que Werner Baumgartner, William Walsh también quería que los hombres con los que se reunió en privado en Arizona supieran que había sido un honor coordinar las diferentes pruebas a que se había sometido el cabello de Beethoven. No obstante, era importante para él dejar claro que durante todo aquel tiempo su principal interés había sido garantizar que los análisis realizados a lo largo de los veintinueve meses anteriores se llevaran a cabo de una forma científica. Ni su carrera profesional ni las de sus colegas se habrían visto favorecidas por una metodología chapucera o unos procedimientos de laboratorio descuidados. Llevaba demasiados años luchando a brazo partido con objeto de dignificar el análisis capilar y demostrar sus importantes aplicaciones, para arriesgarse a que en el futuro le acusaran de buscar notoriedad en vez de la verdad que pudiera estar encerrada en aquellos veinte cabellos. Sin embargo, en cuanto Walsh dejó claro su punto de vista, procedió a comunicar a los propietarios del cabello de Beethoven que tenía una información fascinante que había sintetizado en un informe de siete páginas.

Después de llegar de Los Ángeles en mayo de 1996, Walsh secó los cabellos —que aún estaban mojados debido al método de radioinmunoensayo de Baumgartner— en su laboratorio del Instituto de Investigaciones Médicas y luego envió dos de los pelos, uno castaño y otro gris a Max Adams, un forense experto en radiología de alta resolución y fotografía microscópica. Adams examinó los cabellos con aumentos de 100×, 400× y 1000× y, como es lógico, descubrió que empezaban a deteriorarse. «Algunas zonas de la capa exterior de queratina estaban erosionadas y se detectaron numerosos fragmentos de cabello de tamaño minúsculo», escribía Walsh en el informe confidencial. Pero el pelo no se había desintegrado, cosa que puede haber cambiado a estas alturas, y con toda seguridad su buen estado se debía en gran parte al hecho de haber permanecido tanto tiempo en el interior de aquellas piezas de vidrio cerradas herméticamente. Aunque Adams logró determinar la presencia de «elementos gaseosos con elevados coeficientes de difusión» que impregnaban el cabello, estaba convencido de que la capa de queratina que lo recubría se había mantenido lo suficientemente intacta para impedir la penetración de los átomos metálicos más pesados. En otras palabras, Adams pensaba que, si en el futuro se encontraban otros metales en la muestra de cabello, podía afirmarse que no habían penetrado en él después de la muerte de Beethoven. Catorce meses después del examen de Adams, Walsh ya había decidido cuál era el mejor método y la mejor persona para realizar los análisis de residuos metálicos; el elegido fue Walter McCrone, fundador del Instituto de Investigación McCrone. McCrone, que era posiblemente el mejor experto en investigación microscópica del país, había demostrado de forma concluyente en los años setenta que el Santo Sudario se había pintado en el siglo XIV, y por lo tanto no era el lienzo con que se había cubierto el cuerpo de Jesús; y, antes de hacer aquella valoración, McCrone también había demostrado —tras examinar una muestra de su cabello— que, contrariamente a lo que se sospechara siempre, a Napoleón no lo habían envenenado con arsénico.

Para estudiar el cabello de Beethoven, McCrone empezó por incinerar los dos pelos y otros tres cabellos de control pertenecientes a personas vivas en un incinerador de oxígeno de baja temperatura de reciente creación. A continuación, procedió a analizar las cenizas de cada uno de ellos mediante una espectrometría de dispersión de energía, que se realizó con un microscopio electrónico de barrido conocida como EDE/MEG, y una espectrometría de masa realizada con un microscopio de barrido de iones o EMMI: ambas técnicas utilizaban reacciones nucleares en vez de luz y ampliaciones de alta resolución para «escudriñar el interior» de la muestra analizada.

Poco tiempo después de recibir los cabellos, McCrone envió a Walsh un informe con los datos químicos de un total de cincuenta y tres elementos distintos, aunque en las cinco muestras no aparecieron cantidades apreciables de todos ellos. Por su parte, Walsh analizó los resultados en bruto y explicaba en su informe que podía resultar complicado «evaluar los oligoelementos presentes en el cabello, ya que para ello es necesario conocer el metabolismo de los metales, el transporte de nutrientes, los mecanismos de excreción, la eliminación de la bilis y otros muchos procesos y factores bioquímicos». En última instancia, las pruebas efectuadas mediante microscopías electrónicas no detectaron el menor indicio ni en las muestras de cabello de Beethoven ni en las de control de la elevada proporción de cobre y zinc y los altos niveles de sodio y potasio que Walsh encontrara repetidamente en el cabello de las personas de inteligencia superior; ni Beethoven ni los tres sujetos de control mostraban el «patrón de genialidad» que él había establecido. De hecho, las cinco muestras presentaban niveles normales de un total de cuarenta y tres elementos, entre ellos cobre, zinc, arsénico y mercurio. Los cabellos de control mostraban también concentraciones normales de plomo; no así las de Beethoven, que eran espectaculares. Aquella información era la que Walsh estaba impaciente por compartir: las tres muestras de control presentaban concentraciones relativas de plomo de 0,95; 1,4 y 9,8, mientras que, en comparación, los cabellos de Beethoven alcanzaban valores medios de hasta noventa y doscientos ciencuenta.

Se trataba de un descubrimiento absolutamente fascinante, ya que significaba que el cabello de Beethoven contenía una cantidad media de plomo cuarenta y dos veces superior a la media de las muestras de control. Según Walsh, todo hacía pensar que Ludwig van Beethoven había muerto envenenado con una cantidad masiva de plomo, una intoxicación que probablemente se había iniciado muchos años atrás.

Ni Che Guevara ni Ira Brilliant habrían imaginado nunca que pudiera obtenerse una información tan innovadora y trascendental sobre la salud de Beethoven, y mucho menos una explicación exhaustiva de por qué su organismo había sufrido tanto y durante tanto tiempo, a partir de la investigación que pusieran en marcha tres años antes. Sin embargo, de repente aquello parecía posible. Los adultos y los niños ya no sufrían envenenamientos por plomo con tanta frecuencia como en otra época, pero antes de que se conocieran a fondo los efectos altamente nocivos que tenía sobre el cuerpo humano, millones de personas de todo el mundo se habían intoxicado con el plomo que contenían los utensilios de cocina, las vajillas, las cuberterías, las cañerías y otras muchas cosas, a veces de forma muy sutil pero a menudo con consecuencias desastrosas.

Aunque los efectos fisiológicos del envenenamiento por plomo en los niños se han venido debatiendo durante la mayor parte del siglo XX hasta alcanzar un amplio conocimiento de los mismos, el metal también puede producir consecuencias devastadoras en los adultos. El catálogo de los síntomas más comunes —una enfermedad denominada saturnismo— parece una sombría lista de los padecimientos que aquejaron a Beethoven durante toda su vida. El contacto continuado con el plomo suele ocasionar problemas gastrointestinales intermitentes pero crónicos que incluyen fuertes calambres abdominales, vómitos, estreñimiento y/o diarrea; son comunes los ataques de gota, así como diferentes tipos de reumatismo, palidez e ictericia. Con frecuencia se habla de la existencia de migrañas recurrentes, pérdida del apetito, irritabilidad, mala memoria y comportamiento imprevisible, además de una especie de torpeza generalizada que viene causada por una parálisis parcial de los músculos extensores de los brazos y las piernas. En la mayor parte de la bibliografía médica se mencionan otros síntomas —que, por supuesto, no se dan en todos los casos—, como las deficiencias visuales y una progresiva pérdida de oído originada por un daño permanente de los nervios óptico y auditivo.

Basta comparar unos síntomas tan debilitantes como los anteriores con un compendio de los males que padeciera el compositor a lo largo de su vida, por ejemplo el realizado por Hans Bankl y Hans Jesserer, del Instituto de Historia de la Medicina de la Universidad de Viena, en su libro *Die Krankheiten Ludwig van Beethovens* (Las enfermedades de Ludwig van Beethoven), que se publicó en 1986. En 1795, el compositor, que por entonces contaba veinticuatro años de edad, empezó a sufrir frecuentes dolores abdominales, a menudo de gran intensidad; en 1798, se dio cuenta por primera vez de que era incapaz de oír lo que la gente decía, con las consiguientes molestias que ello le acarreaba, y al cabo de poco también empezó a oír zumbidos y chirridos. En 1801, Beethoven experimentó continuos ataques de diarrea y calambres abdominales, síntomas que se repitieron durante la década siguiente; en 1807 le sacaron varias muelas con la esperanza de que las extracciones aliviaran sus frecuentes «migrañas gotosas»; su capacidad auditiva continuó decreciendo y a menudo se vio obligado a llevar algodón en las orejas para amortiguar los «desagradables chirridos», o tinnitus, que oía. Aunque sus problemas intestinales disminuyeron entre los años 1811 y 1816, luego reaparecieron corregidos y aumentados, lo mismo que los «horribles ataques de reumatismo», que culminaron en una grave fiebre reumática en 1820 que lo mantuvo en cama durante seis semanas. Beethoven sufrió un ataque de ictericia y nuevos brotes agudos de diarrea y estreñimiento en 1821, un ataque de «gota pulmonar» en 1822, dolores oculares persistentes y un nuevo rosario de «espantosos» calambres en 1823; durante los cinco años anteriores, su oído había empeorado tanto que la gente con la que estaba en contacto había empezado a escribir lo que quería comunicarle. En 1824 tuvo que guardar cama a menudo, y en 1825 padeció una inflamación en el intestino grueso, la nariz le sangraba con frecuencia y también vomitaba con regularidad. Al cabo de un año empezó a hinchársele el vientre; tenía un intenso dolor de espalda, la ictericia se le agudizó muchísimo, sufrió un brote de neumonía y a finales de año entró en la fase terminal de su enfermedad, que culminó tres meses más tarde en un «coma hepático», una insuficiencia del hígado que le causó la muerte. Además de aquel conjunto de dolencias, lo cierto es que el compositor solía mostrarse irritable y se comportaba de un modo imprevisible; a principios de 1800, dijo a sus amigos que había comenzado a consumir una considerable cantidad de vino en las comidas con la esperanza de estimular un apetito cada vez más escaso y mitigar el dolor que sentía.

Incluso su extraño modo de caminar, conocido por todos, también hace pensar en los efectos de un envenenamiento por plomo de carácter crónico.

Naturalmente, los elevados niveles de plomo que Walter McCrone detectó en el cabello de Beethoven sólo prueban que el compositor sufrió un envenenamiento masivo por plomo durante sus últimos meses de vida, pero si se tiene en cuenta el creciente número de enfermedades que padeció a lo largo de treinta años, su mal genio y la torpeza que siempre le caracterizó, parece muy probable que hubiera consumido grandes cantidades de dicho metal mucho antes. Es posible que hacia 1795, Beethoven hubiera ingerido por alguna razón una enorme cantidad de plomo de una sola vez; el plomo se deposita rápidamente en los huesos, donde permanece sin problemas durante muchos años y luego se va desprendiendo poco a poco para introducirse en el riego sanguíneo. Por otra parte, es posible que durante la segunda mitad de su vida hubiera sido envenenado de forma insidiosa por el plomo procedente de una misma fuente. Aunque el inquieto Beethoven cambió de domicilio una y otra vez durante aquella época, entre las posesiones que se subastaron a su muerte figuraban «14 platos de porcelana, parte de una vajilla de barro cocido, 1 taza de estaño, algunos vasos, botellas y tazones, 4 candelabros de latón, 1 mortero de latón, 1 tina de cobre, 1 asador, un surtido de sartenes y ollas de hierro y los típicos accesorios de cocina». Sin duda, hay razones para sospechar que los recipientes de barro tenían un recubrimiento de plomo, lo mismo que la porcelana; por su parte, la taza de «estaño» y las ollas de «hierro» también podrían ser causa de la intoxicación. Dado que Beethoven cambió de domicilio con mucha frecuencia, no parece probable que las cañerías soldadas con plomo envenenaran al compositor y, en cambio, no dañasen a los demás ciudadanos de Viena, pero el hecho de que consumiera considerables cantidades de vino, al que en aquella época se añadía plomo para suavizar su sabor amargo —una práctica a la que mucha gente se oponía porque se sabía que el consumo de vino con plomo daba lugar a lo que se conocía como «el cólico»—, significa que no se puede descartar el vino como posible origen del metal. Y existe otro culpable aún más triste y más fácil de señalar: Beethoven componía a menudo con ayuda de un lápiz de plomo; las cartas y las notas también las escribía a lápiz y, cuando sus problemas auditivos se agravaron, solía morder el lápiz por una punta y luego apretaba el otro extremo contra el piano para percibir mejor sus vibraciones. En la bibliografía sobre Beethoven no se menciona su afición a masticar lápices, pero por supuesto es posible que lo hiciera, y sería una cruel ironía que la misma humilde herramienta con la que escribiera su música fuese en realidad la causa de sus graves dolencias gastrointestinales e incluso de su sordera.

Durante el otoño de 1998, mientras permanecían en Tucson y empezaban deliberar sobre el mejor modo de hacer públicos sus descubrimientos, Bill Walsh, Ira Brilliant y Che Guevara llegaron a la conclusión de que sería casi imposible identificar de forma concluyente la causa de que el nivel de plomo del cabello de Beethoven fuera cuarenta veces superior al de la media actual. Los tres hombres tampoco creían conveniente anunciar sin más que habían descubierto el origen de la sordera del compositor y de su mala salud crónica, un misterio que había desafiado el paso de los siglos. Sin embargo, tres años antes habían puesto en marcha el proceso de análisis del cabello con la esperanza de obtener más información sobre la muerte y los problemas de salud del compositor, un objetivo sencillo que parecía haberse alcanzado de una forma bastante sorprendente.

Aunque un periodista los acusó de estar únicamente interesados por encontrar obscenidades propias de la prensa amarilla, las pruebas se habían llevado a cabo sin un plazo definido y de acuerdo con una estricta metodología científica. En aquel momento, Guevara, un médico clínico que se había pasado catorce años estudiando su oficio y otros tantos practicándolo, y Walsh, que había luchado a brazo partido para lograr el reconocimiento del que gozaba entonces, creían que, ante todo, había que anunciar los descubrimientos con gran cautela, un punto de vista que Brilliant compartía por completo. Al final decidieron que Guevara y Walsh escribirían un artículo de forma conjunta y lo enviarían a una revista científica para que se publicara. El artículo expondría en detalle los métodos analíticos y las técnicas de laboratorio que habían empleado; explicaría los sorprendentes descubrimientos de Walter McCrone; citaría estudios presentados en artículos similares durante los últimos veinticinco años, en los que se demostraba la capacidad del plomo para causar deficiencias auditivas debilitantes; y, por supuesto, compararía el historial médico de Beethoven con el conjunto de síntomas que suele producir el saturnismo. Pero, al igual que hiciera el reumatólogo británico Thomas Palferman en 1992 cuando propuso en el *Beethoven Journal* que la sarcoidosis podía proporcionar un diagnóstico unitario de los múltiples padecimientos del compositor, ellos también admitirían que existía la posibilidad de que Beethoven se hubiera envenenado con plomo pero se viera afectado por enfermedades que nada tenían que ver con dicha intoxicación.

Sin embargo, el propio Palferman sostenía que la búsqueda de una sola causa para explicar una serie de dolencias dispersas es un honorable recurso médico. «Al filósofo franciscano Guillermo de Occam… se le atribuye la máxima *Entia non sunt multiplicanda praeter necessitatem* (No deben multiplicarse las entidades más de lo necesario). Aplicado a la medicina, el Principio de la navaja de Occam fomenta la práctica intelectual de buscar incansablemente un diagnóstico unificado, con independencia de lo confusas o inconexas que puedan parecer las diferentes manifestaciones de un problema clínico.» Teniendo en cuenta la especialidad de Palferman y la información de que se disponía en aquel momento, no es de extrañar que pensara que la sarcoidosis era la que proporcionaba la mejor explicación unitaria de los padecimientos del gran compositor. Pero lo más difícil era explicar la sordera en dicho contexto, como pusieron de relieve el gastroenterólogo escocés Adam Kubba y Madeleine Young, una experta en historia de la música, en la «biografía médica» que apareció publicada en *The Lancet* en enero de 1996, justo en el momento en que empezaba a analizarse el cabello procedente del mechón de Guevara. «Aunque la sarcoidosis explica de un modo satisfactorio los problemas oculares de Beethoven, no pudo ser la causa de su sordera —escribían—. Para que se hubiera producido la pérdida auditiva, el compositor debería haber contraído una neurosarcoidosis con sus correspondientes deficiencias neurológicas.»

Asimismo, Kubba y Young descartaron la propuesta que Edward Larkin hiciera en 1970 respecto a que una enfermedad del tejido conjuntivo podía explicar todos los trastornos de Beethoven excepto la sordera; tampoco estaban convencidos de que la enfermedad ósea de Paget*, la tuberculosis, la inflamación del intestino grueso o la enfermedad de Whipple** —que se habían sugerido

---

* Enfermedad ósea frecuente, no metabólica, de causa desconocida, que suele afectar a personas de edad media y avanzada. Se caracteriza por una destrucción ósea excesiva y por una reparación ósea no organizada. *(N. de la T.)*

** Enfermedad intestinal rara caracterizada por mala absorción intestinal, esteatorrea, anemia, pérdida de peso, artritis y artralgia. Las personas que la padecen presentan malnutrición severa, dolor abdominal y torácico y tos crónica. *(N. de la T.)*

como posibles causas unitarias durante el siglo que estaba a punto de acabar— fueran, de hecho, el origen de todos los síntomas. Los dos escoceses concluían su análisis expresando su creencia de que la pésima salud de Beethoven se debía sin duda a múltiples procesos patológicos, pero en aquel momento los tres norteamericanos que tenían en su poder nueva información de vital importancia —la noticia de que el cabello de Beethoven presentaba unos niveles de plomo asombrosamente altos— estaban impacientes por saber lo que opinarían analistas como Kubba, Young, Palferman y muchos otros acerca de la propuesta de que el saturnismo explicaba la problemática existencia de Beethoven mejor que ninguna otra teoría.

Walsh quería dar un paso más. Sabía que si, por alguna extraña casualidad quedaba algún resto óseo de Beethoven que se pudiera someter a examen, los resultados reforzarían enormemente las conclusiones del análisis capilar; y, lo que es más, si podían comparar el ADN del cabello y los huesos y establecer de modo concluyente que pertenecían al mismo ser humano, dispondrían de poderosos argumentos para probar que habían realizado una labor de gran precisión y que existían muchas posibilidades de que un caso crónico de saturnismo pudiera explicar el historial médico del compositor. Daba la casualidad de que los doctores Bankl y Jesserer de Viena habían examinado pequeños fragmentos del cráneo de Beethoven a mediados de los años ochenta mientras realizaban una investigación para su libro. Más de un siglo atrás, al exhumar el cadáver del compositor un antropólogo se había llevado los restos del esqueleto con el objeto de analizarlos; y, hacía poco, un ciudadano francés de avanzada edad que los había heredado de su abuelo, el antropólogo antes citado, los dejó en préstamo para que se llevara a cabo otro estudio. Brilliant sugirió que tal vez, sólo tal vez, lograran convencer al francés de que los prestara de nuevo para volver a examinarlos.

Habían pasado cuatro años desde que los dos aficionados a Beethoven procedentes de Arizona adquirieran un mechón del cabello del gran hombre y empezaran a plantearse la posibilidad de pedir a los científicos que descubrieran los secretos que guardaba en su interior. También habían transcurrido cuatro años desde que oyeran por primera vez la historia, imprecisa y misteriosa, de cómo el mechón de cabello pasó de Ferdinand Hiller a manos de su hijo para luego viajar hasta Dinamarca, donde se entregó como regalo en el pueblo de Gilleleje. Aunque gracias a él ahora disponían de unas conclusiones muy satisfactorias sobre las razones del prolongado sufrimiento de Beethoven, los dos hombres y sus colegas aún se sentían frustrados por el hecho de que aún no se supiera nada sobre el paradero del cabello durante los meses anteriores a octubre de 1943.

Sí, los investigadores habían descubierto que Erwin Hiller emigró a Estados Unidos, adoptó un nombre nuevo y luego prosiguió su carrera interpretativa; e, indudablemente, el mayor éxito de la investigación fue el descubrimiento de Esther Taylor, su heredera, quien confirmó que el mechón de cabello era una reliquia familiar. Por otra parte, la dedicatoria que Paul Hiller escribiera al dorso de una fotografía que entregó a su hijo —una fotografía que en este momento se hallaba en poder de Esther Taylor— probaba sin ningún género de dudas que también él había redactado la nota explicativa de la parte posterior del guardapelo negro. Por otra parte, Esther Taylor había explicado que Erwin —su Marcel— permaneció en Alemania y Francia durante la guerra, sin pisar Dinamarca; y había dado un nuevo enfoque al problema al afirmar que Marcel creía que su padre había entregado el mechón de cabello a un museo poco antes de morir.

El investigador Alexander Fülling había descubierto que Sophie Hiller había muerto en Colonia en 1942, por lo que todo parecía indicar que tanto ella como Erwin prefirieron quedarse en Alemania en vez de huir a Dinamarca. Su hijo Edgar, el cantante de ópera cuya prometedora carrera se vino abajo a causa de la guerra, había vivido en Zurich desde 1939 hasta 1948, año en que se reunió con su hermano en Estados Unidos durante un corto espacio de tiempo antes de establecerse de nuevo en Hamburgo de un modo permanente. Aunque cabía la posibilidad de que hubiese estado en Dinamarca durante aquellos años, parecía bastante improbable, sobre todo sabiendo que los nazis habían ocupado el país y que él era judío. Si la información de Marcel era correcta, otra persona había robado el guardapelo de una institución desconocida de Alemania para luego huir con él hacia Dinamarca, quizás porque se trataba de una reliquia de capital importancia que había que conservar a cualquier precio o porque era una especie de botín que podría venirle de perlas el día menos pensado.

Hasta el momento, eran ya unos cuantos los daneses que habían tratado de resolver el complicado enigma. En concreto, el escritor Christian Tortzen, el pescador jubilado Julius Jørgensen, el historiador Therkel Stræde, y Paul Sandfort, un musicólogo que era además superviviente de Theriesenstadt, ayudaron a Michele Wassard Larsen a reconstruir los hechos que acaecieron durante los primeros días de octubre de 1943. Gracias al esfuerzo colectivo, ahora podía darse por sentado que Kay y Marta Fremming escondieron en su casa a una serie de refugiados durante aquellos días, que Marta tomó parte activa en ayudar a los fugitivos judíos a ocultarse en la iglesia de Gilleleje y que su marido atendió a uno o varios de ellos la noche que los capturaron. No era tan seguro, aunque así parecían indicarlo las pruebas existentes, que el conocido barítono Henry Skjær —quien también ayudara a los refugiados a llegar a la iglesia— fuera un intermediario clave, al poner en contacto a un judío alemán que llevaba un valioso guardapelo en el bolsillo con el bondadoso médico al que posteriormente le sería entregado el objeto.

Michele Wassard Larsen continuaba buscando información a finales de 1999. Sin embargo, aunque todavía le quedaban unas cuantas piedras por remover, tenía la sensación de que cada vez era más improbable encontrar una explicación satisfactoria debajo de alguna de ellas. Unos meses antes, Paul Sandfort había contado que su familia y él habían ido a Gilleleje en avión siguiendo instrucciones del doctor N. R. Blegvad, el médico del Teatro Real, y Michele aún esperaba poder encontrar a un hijo o hija del médico que tal vez recordara por casualidad si su padre también había ayudado a escapar a un inmigrante alemán. Además, había otra pista que podía seguir: Tina Sandén, una archivista de la ciudad sueca de Lund, había realizado una investigación en los registros de la policía, donde figuraban todas las personas que habían llegado a Suecia sin ningún percance en 1943, y había encontrado el nombre de un joven alemán que se había identificado como M. T. Teodra Hiller. Según los datos oficiales, el hombre había nacido el 10 de octubre de 1915 y, curiosamente, declaró que era actor. El fugitivo llegó a Suecia el 7 de octubre de 1943, el mismo día en que los nazis efectuaron la redada de madrugada en la iglesia de Gilleleje.

Una vez más, Michele daba con algo que añadía nuevos interrogantes a los ya existentes. Si la fecha de nacimiento del hombre era correcta, aquel Hiller tenía ocho años menos que Edgar Hiller y siete menos que Erwin. Los Hiller no tenían primos ni otros familiares que hubieran nacido en una fecha parecida. No obstante, ¿podía tratarse simplemente de otra extraordinaria coincidencia? ¿Era posible que un actor judío llamado Hiller

—un apellido fundamentalmente «cristiano»— viajara en avión hasta Dinamarca y luego huyera a Suecia el día en que decenas de refugiados embarcaron en Gilleleje, y a pesar de todo no tuviera nada que ver con el legendario mechón de cabello?

Por supuesto, era posible; pero resultaba inquietante que se produjeran aquellas casualidades. Antes de la guerra, Erwin Hiller, el actor, había adoptado el nombre de Harry Füster durante un tiempo. Aunque parecían existir pruebas fehacientes de que había permanecido en Alemania, ¿sería posible que en realidad se dirigiera primero a Dinamarca y luego a Suecia, donde lo más prudente era seguir ocultando su identidad? ¿Su hermano Edgar, que en teoría se encontraba en Zurich en ese momento, hizo un viaje parecido y adoptó también un nombre falso? ¿Tal vez alguien —que posiblemente conocía la procedencia del cabello que había dejado en Gilleleje— tenía razones para decirle al comprensivo policía sueco que le atendió que se llamaba Hiller?

Michele Wassard Larsen y su hijo Thomas, Ira Brilliant y Che Guevara, Bill Meredith, Patricia Stroh y los empleados del Centro de Estudios Beethovenianos, así como un montón de gente de los dos continentes que se había sentido cautivada por aquella historia inverosímil, consideraban fascinantes estos interrogantes y las cuestiones, más amplias y absorbentes, sobre el modo, el lugar y las circunstancias en que el venerable guardapelo habría pasado a manos del doctor Fremming. Sin embargo, lo más probable es que se tratara de preguntas sin respuesta; preguntas que seguían ilustrando el heroísmo silencioso que surgiera en las costas danesas; preguntas que constituían un impresionante grito en favor de la libertad que el propio Beethoven tenía en tan alta estima. Eran preguntas que valía la pena contestar y, como la maravillosa música del compositor, seguramente desafiarían el paso del tiempo.

Beethoven: 1826-1827

En 1826, a Beethoven se le había puesto el pelo casi blanco. Ya no poseía la fuerza física ni la vitalidad que le ayudaran a seguir adelante durante tanto tiempo; le seguían doliendo los ojos; no oía nada; los intestinos no paraban de agitarse en su interior, y lo más probable es que el dolor y la persistente diarrea que padecía se vieran agravadas por el hecho de que empezó a beber más vino que nunca: nada más y nada menos que una botella entera en cada comida, según testimonios de sus compañeros de mesa y de los taberneros que solían servirle.

A lo largo de los años, Beethoven buscó el consejo y la ayuda práctica de quince médicos distintos de Bonn y Viena con la esperanza de vencer sus enfermedades. El compositor insistía en que la mayoría eran unos «matasanos», pero lo cierto es que en aquella época la medicina clínica aún estaba en mantillas. A principios del siglo XIX, el uso de sanguijuelas y la práctica de sangrías seguían estando al orden del día; también se creía, de forma errónea, que el mercurio, una sustancia venenosa, era una panacea para multitud de dolencias. Los médicos intentaban hacer más llevadera la carga y aliviar el dolor con morfina siempre que era posible —y el mero hecho de explicar la causa de una enfermedad constituía todo un reto en el campo de la medicina—, pero aún no se conocían tratamientos verdaderamente eficaces. Todos los médicos que atendían a Beethoven buscaban un origen común para los males que había padecido el músico a lo largo de su vida, e interrogaron al paciente en diferentes ocasiones sobre lo que le había ocurrido en la década de 1790 a 1800. El propio compositor sospechaba que aquel «cólico» ininterrumpido era el causante de su sordera y el doctor Franz Wegeler, viejo amigo suyo y fiel consejero en temas médicos, también pensaba que tanto los oídos como los intestinos estaban afectados por el mismo trastorno misterioso. «El germen de todas sus dolencias, de sus trastornos auditivos y de la hidropesía que acabó con su vida se encontraba ya en el organismo enfermo de mi amigo en 1796», conjeturó años más tarde, aunque también es posible que se refiriese a 1797, fecha en que la enfermedad se agudizó. En cualquier caso, Wegeler continuó sospechando mucho después de la muerte de Beethoven que le había ocurrido algo malo durante su juventud, algo que terminaría convirtiéndose en la cuasa de todos los trastornos que el compositor padecería más tarde.

El problema que empezó a aquejar a Beethoven mientras vivía con su hermano en el pueblo de

Gneixendorf en el campo austriaco a finales de 1826 era la hidropesía, una inflamación causada por la retención de líquidos que en la actualidad denominamos edema. Primero se le hincharon los pies, que empezaron a dolerle muchísimo; el abdomen también se le llenó de líquido y, cuando su sobrino Karl y él iniciaron el viaje de regreso a Viena el día 1 de diciembre, apenas podía moverse debido a la gravedad de los síntomas. De camino a casa, Beethoven y Karl se vieron obligados a pasar la noche en una habitación gélida que se hallaba encima de una taberna y, cuando por fin llegaron a su alojamiento, ubicado en un edificio cercano a la universidad que era conocido con el nombre de *Schwarzspanierhaus*, la casa de los españoles negros, Beethoven tenía mucha fiebre, una tos áspera y un dolor penetrante en el costado. El doctor Brauhofer, que en teoría continuaba siendo su médico, se negó a atenderlo por motivos todavía desconocidos; un segundo médico prometió acudir enseguida, pero no lo hizo, y tuvieron que pasar tres días desde el regreso de ambos hombres a la ciudad para que Karl consiguiera contratar los servicios del doctor Andreas Wawruch, que era profesor de patología y medicina clínica del Hospital de Viena. «Alguien que le tiene en el más alto concepto hará todo lo posible para que se recupere pronto», garrapateó el médico en el libro de conversación cuando le presentaron al famoso hombre al que la debilidad mantenía postrado en la cama, con el rostro amarillento y respirando con dificultad mientras le salía un hilo de sangre de la boca. Aunque ese día Wawruch logró aliviar el estado del paciente administrándole «un tratamiento muy severo para rebajar la inflamación», cuando volvió al cabo de cinco días para efectuar la visita diaria descubrió a un Beethoven moribundo y furioso por su situación:

Lo encontré muy agitado y con signos de ictericia por todo el cuerpo. La noche anterior había sufrido un ataque de ira que había puesto en peligro su vida. La ingratitud y la humillación inmerecida de que había sido objeto eran la causa del tremendo estallido de cólera y la gran aflicción. Se retorcía de dolor entre temblores y escalofríos debido al dolor insoportable que le atenazaba el hígado y los intestinos, y la hinchazón de carácter moderado que padecía en los pies se había convertido en una terrible inflamación… Sus amigos le rogaron amablemente que se calmara, y aquello consiguió aplacar la peligrosa tempestad que se desarrollaba en su mente; aquel hombre comprensivo olvidó entonces todas las humillaciones que había padecido. Pero la enfermedad seguía avanzando a pasos agigantados.

Tres semanas después de la crisis, Beethoven presentaba el abdomen tan hinchado que Wawruch concluyó que no había más remedio que extraer el líquido en una operación, procedimiento que se llevó a cabo el 20 de diciembre y que, literalmente, produjo varios litros de líquido acuoso y séptico. Beethoven se sintió un poco mejor cuando se despidió de Karl el 2 de enero de 1827, con motivo de la incorporación del joven a su destacamento militar de Moravia, y al día siguiente redactó un testamento en el que lo nombraba su único heredero. El 8 de enero se le practicó un nuevo drenaje en el que incluso se le extrajo más fluido que en la primera ocasión. Era tal la cantidad que el compositor casi estaba inmerso en su propio líquido; las mantas y el colchón quedaron empapados, el enorme barreño de madera que había debajo de la cama estaba lleno a rebosar y la paja que esparcieron para proteger el suelo también se impregnó del fluido nauseabundo y se llenó de cucarachas que se acercaron atraídas por el hedor.

Era una forma de morir horrible, indecorosa y degradante. Pero, aunque los bichos le daban asco, Beethoven poco a poco fue tranquilizándose. Escribía música, y con la ayuda de un metrónomo corregía una partitura de la Novena sinfonía para sus benefactores de la Sociedad la Filarmónica de Londres. Éstos, al enterarse de la difícil situación que el compositor atravesaba, le hicieron un préstamo de cien libras esterlinas para que las invirtiera en asistencia médica. A Johann Pasqualati, que, aparte de haber sido su casero en bastantes ocasiones, era un amigo de toda la vida, le pidió golosinas: «Por favor, envíame más compota de cerezas; pero sólo fruta, sin nada de limón. También me encantaría tomar un puding ligero, con una textura parecida a la de las gachas». En una carta dirigida a su editor de música de Alemania pedía vino, en concreto el vino del Rin que siempre había sido su favorito.

También comenzó a recibir un montón de visitas. En ausencia de Karl Holz, Anton Schindler se había prestado voluntariamente a entrar de nuevo al servicio de Beethoven. Así, durante las semanas siguientes recibió y acompañó junto al lecho del compositor a sus actuales amigos y benefactores, a antiguas amistades decididas a aclarar las cosas y a algunos desconocidos deseosos de conocer al gran hombre antes de que fuera demasiado tarde. Había otra persona que también iba cada día: Gerhard von Breuning, el chico de trece años a quien Beethoven llamaba «botón de pantalón» y cuya compañía le encantaba. Breuning, por su parte, aunque sabía perfectamente que Beethoven se estaba muriendo, se sentía atraído por el trato que recibía de aquel antiguo amigo de la familia, que se comportaba con él como un abuelo. Acudieron a verlo los compositores austriacos Antonio Diabelli, Jan Dolezálek, Tobias Haslinger y Anselm Hüttenbrenner, algunos de ellos a menudo. El compositor Johann Hummel —uno de los primeros amigos y rivales que Beethoven tuviera en Viena— recorrió el largo trayecto que separaba su casa de Weimar de la *Schwarzspanierhaus* con su esposa y un alumno suyo de quince años llamado Ferdinand Hiller y presentó al muchacho, que según él tenía un gran futuro como músico. La presentación se produjo de una manera que recordó a Beethoven el momento en que él había conocido a Mozart cuarenta años atrás.

Pero, aunque se animaba mucho al ver el interés que la gente mostraba hacia él —además de disfrutar del simple placer de su compañía—, el organismo de Beethoven continuaba debilitándose de manera inexorable. En febrero fue preciso practicarle otras dos punciones abdominales y, después de la cuarta, al sufrido paciente no le quedó más remedio que admitir que no le quedaba mucho tiempo de vida. *«Plaudite, amici, comoedia finita est»*, dijo con una leve sonrisa en los labios a Schindler y al joven Breuning, después de que el doctor Wawruch y sus asesores abandonaran la casa con una expresión grave en el rostro tras una de las visitas diarias: «Aplaudid, amigos, la función ha terminado».

A finales de marzo y a petición de su hermano, Beethoven aceptó a regañadientes que le administraran los últimos sacramentos, y ese mismo día llegó de Maguncia el vino que había pedido al editor. «Qué lástima, demasiado tarde», susurró a Schindler, que había traído una botella para que la viera. Fueron sus últimas palabras. Esa noche entró en coma y estuvo así dos días, hasta que a última hora de la tarde del 26 de marzo, en plena tormenta de nieve, mientras junto al lecho mortuorio sólo se hallaban presentes Hüttenbrenner y una mujer desconocida —quizás la criada o una de las dos cuñadas a las que siempre se resistía a ver— se produjo un relámpago, cuya brillante luz, seguida de un trueno que hizo temblar la casa, lo desveló por un instante. Abrió los ojos, levantó la mano derecha con el puño apretado, como si quisiera rechazar la orden del cielo, y luego la dejó caer en la cama. Ludwig van Beethoven había muerto.

Como la muerte del compositor representaba todo un acontecimiento en la ciudad donde había vivido treinta y cinco años, se permitió que el artista Josef Danhauser entrara en el dormitorio de Beethoven para realizar una máscara de yeso de su cara y algunos dibujos del cuerpo en el interior del ataúd de madera bruñida que se encontraba junto a su cama; Beethoven tenía el rostro consumido, el cabello echado hacia atrás y desparramado sobre la almohada en que apoyaba la cabeza, los ojos otrora brillantes firmemente cerrados y el cuerpo rodeado de flores. Pero según Carl, el hermano de Danhauser, que había acompañado a éste a hacer el encargo, antes de aplicar el yeso le cortaron al compositor dos mechones de cabello de las sienes como «recuerdos de aquella ilustre cabeza».

Unos años antes de que se inventara la fotografía, la gente solía cortar mechones de cabello para recordar a sus hijos, padres y amantes fallecidos con mucha más frecuencia que en la actualidad. Si las circunstancias lo permitían, se procedía de igual modo con el pelo de los grandes personajes que habían alcanzado la fama, como era el caso del hombre cuyo cuerpo maltrecho yacía en aquel momento a la vista de todos. Dos días después de la muerte de Beethoven, Hüttenbrenner también se llevó otro mechón como recuerdo; Franz von Hartmann y su amigo, el joven compositor «Fritz» Schubert cortaron dos más, y lo mismo hicieron otras muchas personas —tanto amigos y conocidos como extraños— durante las horas de tranquilidad que precedieron al momento en que el cuerpo de Beethoven fue sacado de la casa.

Los habitantes de Viena, que se sentían atraídos desde hacía varias décadas por el boato y la profunda emotividad de las óperas y conciertos, también eran conocidos por su afición a los funerales refinados y lacrimógenos. Así, a las tres de la tarde del 29 de marzo una enorme multitud —veinte mil personas, según algunos cálculos— había invadido la calle Schwarzspanier y una parte de la muchedumbre conseguía abrirse paso hasta el patio de la casa donde el cuerpo de Beethoven yacía en capilla ardiente en un ataúd decorado con gran profusión. Había tantos ciudadanos ansiosos por participar en el acto que el cortejo fúnebre tardó noventa minutos en recorrer las cuatro manzanas que separaban la vivienda de la Alsergasse, donde se encontraba la iglesia de la Trinidad de los Minoritas. Portaban el féretro ocho *Kappellmeister*, entre ellos Johann Hummel; los músicos más importantes de la ciudad, muchos de los cuales habían mantenido una estrecha relación con Beethoven, portaban antorchas; un coro formado por miembros de la Real Ópera de la Corte cantó el *Miserere* del propio compositor, adaptado para voces con motivo del funeral, y detrás del féretro iban Gerhard von Breuning y su padre, Stephan, Johann van Beethoven —el hermano a quien a pesar de sus débiles intentos Beethoven jamás logró amar— y Johanna van Beethoven, la cuñada a quien, a pesar de todos sus esfuerzos, no había conseguido odiar.

Tras la misa de réquiem que se celebró en la iglesia, se puso el ataúd en una carroza fúnebre tirada por cuatro caballos negros, seguida nada más y nada menos que por doscientos coches de caballos que se dirigieron al cementerio parroquial, situado en el barrio de Währing. Allí el actor Heinrich Anschütz leyó una oración de lenguaje florido y encomiástico que Franz Grillparzer, uno de los poetas preferidos por el público vienés, había escrito para la ocasión:

> Los que nos hemos reunido aquí, junto a la tumba del difunto, representamos en cierto sentido a toda una nación que ha venido a llorar la muerte de una persona célebre que fue la mitad de lo que nos quedaba del pasado esplendor artístico de nuestra patria... [Goethe], el héroe de la poesía en lengua alemana sigue vivo y ojalá disfrute de una larga vida. Pero el último maestro de voz resonante, la graciosa boca por la que la música hablaba... ha dejado de existir; y nos hallamos aquí, llorando por las cuerdas rotas de un instrumento que ha quedado en silencio...

Decían que era hostil porque vivía aislado del mundo; e insensible porque rechazaba el sentimentalismo. [Pero] quien siente en exceso evita los sentimientos. Él huyó del mundo porque su bondadosa naturaleza no le proporcionó un arma con la que hacerle frente. Él se aisló de los demás después de haberles dado todo sin recibir nada a cambio. Permaneció solo porque no encontró un alma gemela. Pero, hasta su muerte, su corazón continuó rebosando humanidad hacia sus semejantes, amor paternal hacia sus compatriotas, hacia el mundo entero. ¡Murió tal como vivió, y del mismo modo su nombre vivirá eternamente!

Así pues, regresad a vuestros hogares afligidos pero serenos. Y, cuando a lo largo de vuestras vidas la fuerza de su música os abrume como una tormenta cercana, cuando mostréis impetuosamente vuestro entusiasmo a una generación que aún no ha nacido, recordad este momento y pensad: «¡Nosotros asistimos a su entierro y lloramos cuando murió!».

Cuando Anschütz acabó de hablar, el espléndido día de primavera había dado paso a la noche y era hora de clavar el ataúd y bajarlo a la tumba. El gran compositor ofrecía un aspecto muy distinto al que tuviera en vida; el semblante le había cambiado por completo, no sólo por culpa de la autopsia y porque la muerte hubiera hecho presa en él, sino también porque había sufrido el asalto de las tijeras de un gran número de ciudadanos que, movidos por la adoración que sentían hacia el maestro, le habían cortado mechones de cabello para guardarlos como recuerdo.

Coda

En el otoño de 1802, cuando estaba a punto de finalizar su estancia de seis meses en el pueblo de Heiligenstadt, Ludwig van Beethoven se sentía tan consternado ante el inexorable avance de la sordera que durante un tiempo se planteó la posibilidad de acabar con su vida de una vez por todas. Pero, tal como explicaba a sus hermanos en la vehemente misiva que finalmente decidió no enviar, «sólo el arte detuvo mi mano. Ah, me parecía imposible abandonar este mundo hasta no haber dado forma a todo lo que llevaba en mi interior, y por eso decidí continuar con esta vida miserable…». Veinticinco años después, cuando su vida estaba a punto de llegar a su fin, había creado ciento treinta y ocho composiciones únicas y extraordinarias a las que asignó números de opus y otras doscientas canciones, canon y danzas que consideraba obras menores. Durante ese tiempo, el hombre que se consideraba por encima de todo un «poeta tonal» dio un rumbo nuevo, revolucionario y apasionado a la música clásica, que nunca volvió a ser lo que era, y lo hizo a pesar de las desgarradoras decepciones afectivas que sufrió, de las enfermedades incapacitantes que lo dejaron postrado y abatido y de la sordera que en última instancia consiguió robarle la compañía de los demás y el placer de oír su propia música. La suya había sido una vida moldeada por una pasión avasalladora y un sufrimiento implacable y por su habilidad para extraer de su interior composiciones que, aún hoy día, dos siglos después de que se escribieran, siguen emocionando a millones de personas de todo el mundo. Según una opinión generalizada que ha desafiado el paso del tiempo, aquel hombre aquejado de multitud de defectos y problemas físicos creó una música que lo ha elevado a la categoría artística de un Miguel Ángel Buonarroti, un Leonardo da Vinci o un William Shakespeare; una música que brota «directamente de la conciencia humana», según el musicólogo británico Burnett James. «Beethoven da testimonio del destino del hombre gracias a su conocimiento exhaustivo y en extremo profundo de los más recónditos misterios de la existencia, donde se combina lo consciente y lo inconsciente —escribía James en la introducción a su libro *Beethoven y el destino humano*—, y sobre todo gracias a su asombrosa habilidad para convertir en música la esencia de dicha experiencia.»

A pesar de todo, en una carta a Franz Wegeler, su amigo de toda la vida —y al que ya había confesado sus problemas auditivos—, Beethoven se mostraba optimista con respecto a su porvenir aunque fuera por poco tiempo. Creía que estaba aprendiendo a desenvolverse en un mundo cada vez más silencioso; volvía a estar enamorado de una mujer por la que se sentía fascinado y estaba seguro de que no tardaría en salir a recorrer el mundo. «Agarraré al destino por el cuello, no dejaré que me venza por completo —escribía—. Ah, sería estupendo vivir mil vidas.»

Karl Beethoven, sobrino y único heredero del compositor, murió en 1883, nueve años antes de que Ferdinand Hiller entregara a su único hijo el pequeño tesoro que había cortado de la cabeza del magistral compositor; a los setenta y un años de edad, la larga carrera de Ferdinand Hiller había entrado en su etapa final; seguía componiendo, como el envejecido y enfermo Beethoven, pero —a diferencia del hombre que había conocido brevemente y por el que sintió una profunda veneración a partir de entonces— el público empezaba a perder interés por sus obras y su influencia en el mundo de la música disminuía a pasos agigantados.

En los días anteriores a su muerte, Ludwig van Beethoven había instado a Ferdinand Hiller, que por entonces contaba quince años de edad, a dedicar su vida al arte y a trabajar sin descanso para alcanzar la perfección.

Hiller siguió el consejo al pie de la letra, e incluso siendo muy exigentes podemos afirmar que alcanzó un éxito rotundo.

Cuando todavía era un adolescente, su talento dejó asombrados a algunos de los músicos más importantes de Europa; a los veinte años, mientras estaba en París, se erigió en líder de un círculo de jóvenes compositores que no tardarían en alcanzar la fama y que estaban decididos a dotar a su música de una emoción trascendente siguiendo el ejemplo de Beethoven, transformado por entonces en un auténtico dios; y, a lo largo de las décadas siguientes, Hiller se mantuvo como una figura de vital importancia tanto para la legión de músicos de los que era amigo y a los que apoyaba, como para el público que asistía a los conciertos y al que poco a poco había ido enseñando a apreciar la música. A principios de la década de 1880, mientras su salud se deterioraba y se hacía evidente que le quedaba poco tiempo de vida, Ferdinand Hiller continuó componiendo, no porque esperase que la posteridad cambiara de idea y un día se interesase por su música, sino sencillamente porque el placer de convertir el sonido en arte continuaba siendo sinónimo de vida.

A medida que llegaba el momento de entregar a su hijo el mechón del cabello de Beethoven que había guardado durante tanto tiempo, fue apoderándose de Ferdinand Hiller una profunda aflicción al ver cómo el antisemitismo se extendía por Europa a un ritmo acelerado. Fue entonces cuando hizo la escalofriante predicción de que el siglo XX estaría marcado por la sangre y el horror. Paul

Hiller y su familia empezaron a experimentar en carne propia los efectos de aquel odio étnico poco después de la muerte del padre. Aunque siguiendo los pasos del viejo Hiller, el hijo había dedicado su vida desde hacía mucho tiempo a la mejor parte de la cultura teutónica —las artes musicales—, fue en la Alemania de Hitler, y no en la de Beethoven, donde murió de forma repentina en 1934 mientras su mujer y sus hijos se veían en la apremiante necesidad de redactar un panegírico en el que tuvieron que ocultar su ascendencia judía con la esperanza de escapar de la muerte.

«Nos espera una época de grandes criminales y de grandes crímenes —recordaba Marcel Hillaire, el hijo a quien Paul Hiller llamó Erwin, que les había dicho Sophie, su madre, a los dos hermanos después de la muerte del padre—. A partir de ahora, o sois lo bastante listos para mentir o echar a correr, o moriréis.» Años más tarde, estando ya en Los Ángeles, Marcel Hillaire escribió un extenso manuscrito —un libro inédito dedicado a Esther Taylor— en el que describía su feliz infancia en Colonia, el imparable y sigiloso ascenso de los nazis y la decisión que tomaron tanto su hermano Edgar como él de abandonar Colonia cuando se hizo evidente que «algo enormemente maligno y perverso se había apoderado de nuestro país». En un primer momento, Edgar Hiller huyó a Hamburgo y encontró empleo en una compañía de ópera donde esperaba mantenerse a salvo gracias a su apellido de apariencia aria. Sin embargo, después de un corto período de tiempo en el norte, un grupo de aficionados a la ópera le obligó literalmente a abandonar el escenario en plena representación, gritándole que no se podía consentir que un judío interpretara la obra de un gran patriota como Wagner. Después de ser expulsado del escenario, Edgar Hiller se pasó un tiempo viajando sin rumbo fijo —y, naturalmente, es posible que fuera a Dinamarca, aunque su hermano no mencione los lugares en los que estuvo— antes de establecerse en Zurich en 1939, donde permaneció durante toda la guerra, mientras veía cómo su prometedora carrera de cantante quedaba prácticamente truncada antes de comenzar.

Por su parte, Marcel —Erwin—, que por entonces ya trabajaba como actor, decidió que el mejor sitio para esconderse era en una compañía teatral itinerante. Adoptó el nombre de Harry Füster e interpretó numerosos papeles que iban desde Hamlet a paletos de pueblo, pero siempre andaba metido en problemas por culpa de la enorme atracción que suscitaban en él los encantos femeninos y de su intenso apetito sexual, que estuvo a punto de costarle la vida en más de una ocasión. Fue precisamente una cita con la mujer del director de la compañía lo que provocó su despido y llevó al director a revelar a las autoridades alemanas que el joven Herr Füster era en realidad judío. Pero al cabo de poco, se embarcó en otro romance y gracias a la ayuda de su nueva amante consiguió —contra todo pronóstico, pero de una forma muy oportuna— un empleo de oficinista en la Organización Todt, el cuerpo de constructores del ejército nazi. Fue enviado a Bretaña, donde los trabajadores de la Todt estaban levantando la línea defensiva conocida como Muralla del Atlántico*, y tras recuperar su verdadero nombre llegó tan lejos en el escalafón administrativo que acabó hablando cara a cara con Albert Speer, el jefe de la Todt. El puesto que ocupaba le permitió almacenar a escondidas una serie de documentos falsos, uno de los cuales empleó para simular que el Tercer Reich precisaba con urgencia los servicios de Frau Sophie Hiller en Bretaña. Pero en el otoño de 1942, justo en el momento en que su madre estaba a punto de subir al tren en Colonia para reunirse con él en Francia —donde ambos esperaban que ella disfrutara al menos de una mínima seguridad—, Sophie Hiller tuvo un ataque al corazón y murió.

El personal de la Todt y la totalidad del ejército alemán destacado en Francia había empezado a retirarse hacia Alemania antes de que se descubriera que Erwin Hiller era judío. Hiller fue encarcelado cerca de Weimar y se le condenó a muerte tanto por su astuto engaño como por su ascendencia judía. Sin embargo, antes de que se cumpliera la sentencia lo trasladaron a una cárcel de Berlín, donde hacía seis años, unos días antes de que estallara la guerra la madre de una adolescente que adoraba a Hiller lo acusó de violar a su hija. Fue precisamen-

* Sistema de fortificaciones escalonadas de 2.600 km de longitud, que Hitler ordenó construir en la costa del Atlántico para evitar cualquier invasión americana o inglesa en Europa. *(N. de la T.)*

te mientras se pudría en Berlín, a la espera de responder a la acusación de engatusar a una menor, cuando el ejército ruso puso cerco a la ciudad y la liberó, junto a Erwin Hiller, en abril de 1945.

Sin embargo, aún deberían transcurrir tres años para que Erwin Hiller emigrara a Estados Unidos; hasta junio de 1948 no se paseó por las calles de Nueva York convertido en Marcel Hillaire, el actor teóricamente «francés» que suponía que a un alemán no le esperaba un porvenir demasiado brillante en Norteamérica, fuera cual fuese su origen étnico. Marcel permaneció seis años en Nueva York, donde desempeñó durante un tiempo el humilde empleo de ayudante de camarero, pero al final consiguió una serie de papeles como actor de carácter tanto en el teatro como en la televisión. Edgar Hiller, que había pasado la década anterior en Zurich, al principio se reunió con su hermano durante un corto espacio de tiempo, pero por alguna razón no se adaptó a Estados Unidos —le parecía imposible introducirse en su ambiente musical— y regresó a Hamburgo, la ciudad en la que le abuchearan diez años antes y donde viviría hasta su muerte, que acaeció el 20 de noviembre de 1959, a la temprana edad de cincuenta y tres años, como consecuencia de una profunda depresión de carácter crónico y de su drástica decisión de dejar de comer por completo.

Marcel Hillaire llevaba cinco años viviendo en Los Ángeles cuando se enteró de la muerte de su hermano, y se sintió culpable al creer que podría haberla evitado si hubiera insistido en que Edgar se quedara con él en Estados Unidos, manteniendo un contacto más asiduo con él y esforzándose un poco más por animarlo. Sin embargo, a partir de mediados de los años cincuenta, Marcel Hillaire, el «francés» elegante y desenvuelto, lograba convertirse por fin en un actor cotizado. En 1954 consiguió un papel secundario en la película *Sabrina* y en 1959 participó en varios episodios de la serie de televisión *La dimensión desconocida*; en los años sesenta se reveló como el mejor actor de carácter de origen europeo de Hollywood y apareció en multitud de películas, entre las que figuran *Seven Thieves*, *Los cuatro jinetes del Apocalipsis*, *Regalo para soltero*, *Matt Helm, agente muy especial* y *Toma el dinero y corre*, de Woody Allen, además de numerosas series de televisión, entre ellas *El agente de CIPOL*, *Misión imposible*, *Adventures in Paradise* y *I Spy*.

Su ritmo de trabajo descendió en los años posteriores al accidente que estuvo a punto de costarle la vida en la primavera de 1974 —los ocho años que pasó junto a Esther Taylor, quien no se separó ni un momento de su lado—. Durante esa etapa, con un aplomo no exento de naturalidad y entusiasmo, se convirtió en presentador de una serie de conciertos que se celebraban en su propia sala de estar varias veces por semana, y cuyos programas seleccionaba con sumo cuidado entre su colección de discos de ópera y música orquestal antes de ser interpretados ante un público que a menudo se reducía a Esther y a él y su banda de gatos y pájaros. Los compositores favoritos de Marcel eran los románticos; él mismo se encargaba de repetir a su

«Estherchen» que el Romanticismo había arraigado con gran fuerza gracias a Beethoven, para después recordarle que en aquel momento podría tener en su poder un mechón de cabello del gran músico si su querido pero sin duda equivocado padre no hubiera decidido entregarlo al pueblo de Renania.

Marcel Hillaire contrajo un cáncer de vesícula en 1987 y decidió someterse a una operación quirúrgica de carácter experimental a finales de aquel mismo año. Dos semanas después de la operación, mientras permanecía hospitalizado, una repentina embolia pulmonar puso fin a su vida el día 1 de enero de 1988. Dado que siempre se había opuesto con gran vehemencia a todas las religiones habidas y por haber —obsesionado como estaba con los horrores cometidos en nombre de la religión que él mismo presenciara—, Esther Taylor, convertida por entonces en esposa y madre de un hijo de corta edad, y Richard Angarola, un viejo amigo de Marcel, decidieron honrar su memoria reuniendo simplemente a una serie de personas que le apreciaban de verdad, para evocar brevemente la felicidad que él les había aportado antes de esparcir sus cenizas en el océano Pacífico.

Lo más probable es que jamás lleguemos a saber si Edgar Hiller se dirigió realmente a Dinamarca durante los días y meses posteriores a su expulsión del ambiente musical de Hamburgo, ni tampoco sepamos con certeza el camino que tomó el mechón de cabello para ir de Colonia al pueblecito de Gilleleje. Sin embargo, lo cierto es que el siglo se acercaba a su fin en el pequeño puerto situado junto a la confluencia del estrecho de Sund con las aguas del mar de Kattegat y sus habitantes rara vez hablaban entre ellos de los hechos ocurridos durante el otoño de 1943, lo cual no significa que, ni mucho menos, los hubieran olvidado. En el interior de un edificio de reciente construcción que albergaba tanto la biblioteca como el museo municipal, había un segundo piso cubierto por completo de fotografías, artilugios y mapas donde se conmemoraba el hecho excepcional de que los ciudadanos de Gilleleje lograran salvar a mil trescientos judíos de las garras de los nazis. En el césped que había en el exterior —donde los visitantes podían contemplar un mar oscuro y a menudo turbulento y las lejanas colinas de las costas de Suecia— se alzaba una estilizada figura de bronce que tenía una mano levantada en señal de júbilo mientras en la otra sostenía un cuerno que sin duda simbolizaba el sonido de la libertad. La estatua, obra del escultor Teka Bashofar Gadol, era un regalo que el pueblo de Israel les había hecho en 1997, un conmovedor reconocimiento de que, a pesar de todo, existieron oasis de heroísmo y profunda humanidad en medio de los horrores del Holocausto, y de que tal vez uno de los más destacados fue el pueblo danés de Gilleleje.

A primera vista, Gilleleje parecía haber cambiado poco respecto a cómo debía de ser en octubre de 1943, pero casi todos los que participaron de forma activa en la operación de salvamento habían muerto. Julius Jørgensen, el pescador jubilado cuyo padre trabajaba como conserje de la iglesia en la época del salvamento, era viudo y estaba cada vez más achacoso, pero aún le brillaban los ojos mientras fumaba sus pequeños puros de marca y recordaba un tiempo lejano, del que seguía sintiéndose orgulloso. Daba la casualidad de que en aquel momento el doctor Steffen Herman, uno de los médicos del pueblo, vivía y trabajaba en la misma casa y la misma clínica que construyeran Kay y Marta Fremming; el pequeño puerto servía aún de refugio a la flota de pesqueros, y el triforio de la iglesia de Gilleleje conservaba el mismo aspecto que tenía aquella madrugada de hacía más de cincuenta años en que los agentes de la Gestapo obligaron a bajar a grito limpio a más de doscientos refugiados.

Michele Wassard Larsen, que había pasado parte de su niñez en Gilleleje, cumplió sesenta años en enero de 1999 y se jubiló del empleo de bibliotecaria que desempeñara tanto tiempo. Aunque había vivido en la isla de Seeland durante más de medio siglo, seguía echando de menos su país natal y hablaba a menudo con su hijo Thomas de la posibilidad de pasar los años que le quedaban junto a su hermana Rolande en un tranquilo pueblecito del sur de Francia. Marta Fremming, la madre adoptiva de Michele, murió mientras dormía el día 6 de junio de 1999 a la edad de noventa años, ajena por completo a lo que sucedía a su alrededor. Michele sospechaba que, aun en el caso de haber interrogado a su madre con detenimiento antes de que la enfermedad le robara la memoria, preguntándole cómo llegó a manos de su padre un mechón de cabello de Beethoven que no había parado de dar vueltas por el mundo, no sabría más de lo que sabía ahora. Michele estaba segura de que si Marta conocía algún secreto relacionado con el cabello, lo habría compartido con ella el día en que le enseñó el guardapelo por primera vez, y tenía la profunda sospecha de que Kay Fremming había ocultado los detalles de la entrega incluso a su esposa.

«Cuando miro atrás y pienso que, al parecer, estaba escrito que jamás descubriríamos el secreto del guardapelo, no puedo evitar preguntarme por qué —escribió a las puertas de un nuevo siglo, aunque su hijo Thomas pensaba que había una respuesta lógica—. Me habría llenado de orgullo poder colgar algún día el guardapelo en la pared de la sala de estar de mi casa, aunque en tal caso no habría tenido la oportunidad de experimentar nada semejante a lo que he vivido durante los años transcurrido desde que lo vendiéramos. Jamás habría llegado a conocer en profundidad la figura de Beethoven, su vida y su música. Ni tampoco habría contactado con tanta gente de todo el mundo como desde que nos propusimos desentrañar el misterio.»

Aunque para entonces la investigación se desarrollaba a un ritmo muchísimo más lento —y sólo aparecían nuevas pistas muy de tarde en tarde—, lo cierto es que ya duraba más de un siglo. Michele Wassard Larsen y su hijo continuaron estudiando cualquier pista que les ofreciera alguna esperanza y rara vez se desanimaban al toparse con otro callejón sin salida, porque daban por sentado que los misterios más insondables son también los más fascinantes.

El mechón de pelo que Ira Brilliant y Che Guevara compraran a Michele Wassard Larsen se hizo muy famoso durante los años posteriores a su llegada a Estados Unidos, por lo que no era extraño que su valor económico también se hubiera multiplicado de forma espectacular. Aunque ninguno de los quinientos ochenta y dos cabellos procedentes de la cabeza del gran compositor estaban a la venta —y probablemente nunca lo estarían—, su creciente valor se hizo patente, en el verano de 1998, cuando un entusiasta de la figura de Beethoven afincado en Michigan pagó tres mil setecientos dólares por dos presuntos cabellos del compositor. La empresa R&R de Bedford, New Hampshire, le había garantizado de forma equivocada, si no fraudulenta, que provenían del entonces célebre mechón de pelo que era propiedad de Guevara. Cuando el comprador receloso se puso en contacto con Ira Brilliant, éste denunció el fraude y al final el hombre de Michigan consiguió que le devolvieran el dinero; la empresa de subastas se deshizo en disculpas por lo que dijo ser un desafortunado «error textual».

Por otra parte, la reliquia auténtica —que en ese momento estaba a salvo en San José, al igual que los cabellos que guardaba Nogales— había sido la culpable de que se pusiera en marcha una aventura insólita pero estimulante que duró cinco años. Brilliant no tenía el menor reparo en reconocer que, de no ser por el repentino entusiasmo de Che Guevara, la insistencia de William Meredith, el director del Centro de Estudios Beethovenianos, la conservadora Patricia Stroh y Tom Wendel, el presidente del consejo, no había intentado conseguir el mechón de cabello y, por tanto, quizás nunca hubiera experimentado la intensa emoción de tenerlo en sus manos. Cuando se celebró la subasta de Sotheby's, Brilliant tenía los ojos puestos en la primera edición del Opus 1: ése era el tesoro que anhelaba conseguir para el centro. Sin embargo, los días que el histórico guardapelo que albergaba un mechón de cabello en su interior permaneció sobre la mesa de Brilliant a la espera de ser abierto, así como en los meses y los años posteriores, el extraño viaje que el objeto realizara a través del tiempo, junto al misterioso papel que desempeñó en la salvación de uno o quizás de muchos refugiados judíos y la fascinante explicación que más tarde proporcionó de los suplicios médicos que padeciera el compositor, se unieron para hacer sentir a Brilliant una enorme gratitud hacia sus amigos por haberlo empujado a actuar en diciembre de 1994 y hacia sí mismo por entregarse veinte años atrás a aquella singular pasión. «Había logrado hacer realidad mi antiguo deseo de llevar una vida que mereciera la pena —escribió sólo unos días antes del cambio de siglo y nueve meses antes de cumplir setenta y ocho años—, y siempre me quedará la satisfacción de saber que mucha gente se ha embarcado en esta gran aventura gracias a mí.»

Y no era ésta la única satisfacción que Ira Brilliant se había llevado durante aquel tiempo: con la ayuda de Albi Rosenthal, un anticuario especializado en música clásica, logró adquirir una primera edición excelente de los tríos para piano del Opus 1, que presentó en el Centro de Estudios Beethovenianos que llevaba su nombre en una gala celebrada en octubre de 1997 con ocasión del quincuagésimo centenario de su boda con Irma, su esposa; ésta, por su parte, también había establecido una relación bastante estrecha con Ludwig van Beethoven, compartiendo con el maestro la mitad de su vida de casada.

Che Guevara sentía que el hecho de ser el encargado de custodiar el mechón de cabello lo había unido al compositor y a su música de un modo incluso más profundo e íntimo que nunca. A lo largo de treinta años había aprendido muchas cosas sobre el sufrimiento gracias a Beethoven y también cómo superarlo; no obstante, al médico aún le costaba hacerse a la idea de que cada día, mientras realizaba su trabajo, algo del maestro permanecía a su lado.

Durante los primeros días del nuevo siglo, Che Guevara y el neurocientífico William Walsh se pusieron a trabajar en la ponencia que esperan presentar en una de las diversas conferencias científicas de otoño, y William Meredith, el director del Centro de Estudios Beethovenianos, tuvo que dedicar cada vez más tiempo a organizar la exposición «Los tesoros de Beethoven en Estados Unidos», que se inauguraría en la Biblioteca del Congreso de Washington, D.C. en abril de 2001, momento en que el mechón de cabello del compositor se exhibiría por primera vez fuera de San José. Hacía mucho tiempo que Meredith, el único director permanente con que contaba el Centro de Estudios Beethovenianos desde que se fundara en 1983, había transformado su pasión por Beethoven en su principal tema de interés académico y más tarde en el eje de su carrera profesional, y no podía por menos que sorprenderse de que, por una milagrosa casualidad, lo que empezó con un simple gesto sentimental —Ferdinand Hiller dando un corte inocente al cabello de aquel hombre genial— acabara por resolver algunos de los principales interrogantes que planeaban sobre la vida de Ludwig van Beethoven.

En aquel soleado mes de julio del año 2000, Bill Meredith y los miembros de la Sociedad Beethoveniana de Estados Unidos organizaron una reunión en San José a la que invitaron a personas que habían desempeñado un papel clave en la venta y posterior compra del cabello de Beethoven en 1994, a todos los que habían luchado —hasta entonces en vano— por determinar con exactitud cómo salió el cabello de Alemania para acabar convirtiéndose en un regalo en Gilleleje y también a los que habían logrado desentrañar los secretos científicos que guardaba el cabello.

El heterogéneo grupo se reunió con el único objetivo de relacionar por fin las caras con los nombres, de celebrar las enormes casualidades y los pequeños milagros que habían permitido que sus vidas entraran en contacto al menos durante un tiempo y, por supuesto, para contemplar una vez más el puñado de cabellos castaños y grises que, por distintos motivos, seguía teniendo un gran valor para todos ellos. Como los huesos de los antiguos mártires cristianos que se consideraban sagrados, como los venerados cuerpos de los Dalai Lama fallecidos en el Tíbet, el mechón de cabello de Beethoven que llevaba tanto tiempo guardado como un tesoro también era una auténtica reliquia, un resto físico de un ser humano que un día existió y cuyo espíritu permanecía maravillosamente vivo. Y en el caso de Beethoven era muy apropiado que fuera ése el fragmento de su persona que había sobrevivido. La melena salvaje que enmarcaba su rostro sombrío durante los años de declive físico caracterizó de tal modo su fascinante personalidad como su temperamento indómito; simbolizaba su perenne excentricidad, pero también su indudable genio; era la marca de su talla artística; el signo evidente de su dolor. Cuando a finales de marzo de 1827 Ferdinand Hiller y muchos otros le cortaron el cabello para tener un recuerdo de él, lo hicieron pensando que existían sobradas pruebas de que su música sobreviviría al paso del tiempo.

En las distintas épocas que han seguido a la muerte de Beethoven, ha prevalecido la opinión de que su música conserva toda la frescura y la vitalidad que poseía en un principio, además de la capacidad de reflejar la esencia de la experiencia humana. «Tal vez esa experiencia compartida sea el sufrimiento —observó Bill Meredith—, o quizás sea la esperanza, pero en cualquier caso Beethoven consiguió captar en su música algo indefinible que lleva dos siglos transformando a la gente.»

Fue precisamente la capacidad de su música para cambiar literalmente la vida de la gente que la escuchaba la que indujo a Ferdinand Hiller a cortar el mechón de cabello que guardó como un tesoro durante el resto de su vida, la que lo convirtió en un regalo de un profundo significado durante un período terriblemente crítico, la que lo llevó a Estados Unidos en respuesta a las grandes expectativas que surgieron en torno a él y la que impulsó la investigación de sus secretos químicos. Y fue también la fuerza transformadora de la música de Beethoven la que alentó a un grupo, por lo demás totalmente heterogéneo, a ir a California ese verano para rendir homenaje a la reliquia de una forma colectiva.

Antes de que la reunión se celebrara, Brilliant, Guevara y Meredith consiguieron localizar los fragmentos del cráneo de Beethoven que se habían estudiado en Viena en la década de los ochenta. Su propietario les permitió examinar los huesos, tanto para confirmar los espectaculares descubrimientos relacionados con la presencia de plomo —que habían proporcionado las pruebas— como para comprobar que el cabello y los huesos pertenecían a la misma persona mediante una comparación con su ADN.

La comparación con el ADN arrojó unos resultados extraordinarios, sobre todo por la siguiente razón: por primera vez en los ciento setenta años que habían transcurrido desde que Ferdinand Hiller tratara de convencer a sus amigos compositores de París de que el mechón de cabello que tanto les gustaba procedía de la cabeza del maestro; en los ochenta y ocho años transcurridos desde que Paul Hiller entregara el guardapelo al fabricante de marcos con la esperanza de que pudiera arreglarlo; en los cincuenta y seis años que habían pasado desde que Kay Fremming aceptara quedarse con el cabello que apretaba entre sus enormes manos; y en los cuatro años transcurridos desde que Che Guevara sometiera el pelo por primera vez a una investigación de carácter científico, se tenía la absoluta certeza de que el preciado mechón de cabello que había efectuado aquel viaje inverosímil, transformando tantas vidas a su paso, era, para asombro y satisfacción de todos, el cabello de Beethoven.

Agradecimientos

Esta obra dio comienzo cuando mi agente, Jody Rein, creyó que podía hacerse, y quiero darle las gracias por su intuición, su perspicacia y su apoyo. John Sterling y William Dempsey también abogaron por él, y les estoy muy agradecido por ello; Luke Dempsey fue un magnífico editor y un amigo que siempre me tranquilizó y me dio ánimos para seguir adelante, y hubo mucha gente en Broadway Books que dejó la huella de su talento ejemplar en el libro durante el largo proceso de elaboración del mismo. A todos ellos, un millón de gracias.

Habría sido imposible reunir las innumerables historias que figuran en estas páginas sin la extraordinaria ayuda de muchas personas que se hallan lejos de aquí. En Dinamarca encontré numerosos colaboradores, entre los que deseo destacar a Anne Sørensen, Christian Tortzen, Paul Sandfordt, Julius Jørgensen, Sanne Bloch, Therkel Stræde, Christian Pedersen, Ulrich Alsterklug, Tereza

Burmeister, Anne Lehmann, Ulf Haxen y Rasmus Kreth.

En Alemania, Hans-Werner Küthen, del Beethoven-Archiv de Bonn, se ofreció a ayudarme desde el principio y el investigador Alexander Fülling, de Gummersbach, realizó descubrimientos decisivos casi siempre que necesitaba uno con urgencia. Christian Jesserer y Manfred Skopec en Viena, Myriam Provence en París, Robert Eagle en Londres y Oxana Korol y Richard Oestermann en Jerusalén me brindaron una ayuda de vital importancia. En Estados Unidos, Patricia Stroh, Robert Portillo, Leo Goldberger, Stan Lindaas, Richard Angarola, Werner Baumgartner, Marcia Eisenberg, Amy Foxson, Erwin Hiller (que no guarda relación alguna con el personaje), Kathleen Jacobs y Maury Calder me prestaron cada uno a su manera una ayuda valiosísima. Karen Holmgren, Dottie Peacock y Ruth Slickman no dejaron de animarme ni un momento, brindándome un apoyo sin el que no habría llegado hasta aquí.

Asimismo, estoy profundamente agradecido a las personas sobre las que he escrito y que con tanta generosidad compartieron su tiempo y sus recuerdos conmigo. Michele Wassard Larsen y Thomas Wassard Larsen se prestaron de muy buen grado a ayudar a desentrañar los misterios del mechón de cabello del que fueran propietarios en otra época, y no encuentro palabras para describir la amabilidad con la que siempre me trataron. Gracias a Bill Meredith, el director del Centro de Estudios Beethovenianos de San José, dispuse en todo momento de unas críticas decisivas y de un apoyo lleno de afecto. Esther Taylor, el único vínculo vivo con la familia Hiller, respondió a una extraña llamada telefónica con un interés y un entusiasmo inmediatos, proporcionándome una información que fue una especie de tesoro escondido. Bill Walsh, filántropo y científico, me introdujo con gran paciencia en una serie de temas muy complejos y trabajó con diligencia para que las pruebas practicadas arrojasen unos resultados incuestionables. El doctor Alfredo Che Guevara compartió conmigo su contagioso entusiasmo y su particular pasión, haciéndome sentir como un compadre en todos los sentidos. Y, casi cada día, a lo largo de más de dos años, Ira Brilliant estuvo encantado de responder a mis preguntas, indicarme las líneas de investigación que debía seguir e insistir una y otra vez en que la música de Beethoven es de fundamental importancia. Muchísimas gracias a todos ellos.

A los lectores que deseen profundizar en la vida y el legado del compositor les recomiendo que se hagan socios de la Sociedad Beethoveniana de Estados Unidos [American Beethoven Society] (San José State University, 1 Washington Square, San José, California, 95192-0171, teléfono 408-924-4590), lo que incluye una subscripción al *Beethoven Journal*, una publicación autorizada de aparición semestral.

R.M.
Dolores, Colorado

377

Índice

Biografía

Russell Martin es autor de una novela y cinco libros de ensayo, entre los que se encuentra *Out of Silence*, que ha merecido el aplauso de la crítica internacional. Russell Martin vive en Colorado.